皇位传承与中古政治

姜望来 著

中国社会科学出版社

图书在版编目（CIP）数据

皇位传承与中古政治／姜望来著．—北京：中国
社会科学出版社，2023.7（2023.9 重印）
ISBN 978 - 7 - 5227 - 2201 - 6

Ⅰ.①皇… Ⅱ.①姜… Ⅲ.①政治制度—研究—
中国—古代 Ⅳ.①D691.2

中国国家版本馆 CIP 数据核字（2023）第 123082 号

出 版 人 赵剑英
选题策划 宋燕鹏
责任编辑 金 燕
责任校对 李 硕
责任印制 李寡寡

出 版 中国社会科学出版社
社 址 北京鼓楼西大街甲 158 号
邮 编 100720
网 址 http://www.csspw.cn
发 行 部 010 - 84083685
门 市 部 010 - 84029450
经 销 新华书店及其他书店

印刷装订 三河市华骏印务包装有限公司
版 次 2023 年 7 月第 1 版
印 次 2023 年 9 月第 2 次印刷

开 本 710×1000 1/16
印 张 15
插 页 2
字 数 209 千字
定 价 79.00 元

前　言

中国中古时期（魏晋南北朝隋唐时代）① 历史发展迎来新的形势、新的问题、新的动力和新的机遇，因而整体呈现出与之前秦汉、之后唐宋有着显著差异之独特风貌与路径。在此时期，政治发展纷繁复杂，门阀制度长久盛行，民族融合不断深入，统一国家重新凝聚，是故中古政治史历来是学界关注的重点。但是，由于问题本身的复杂性和相关史料的相对缺乏与混乱，中古政治进程及其内在矛盾与规律诸问题，仍然存在颇多历史疑难或学术研究空白点，需要在进一步梳理、挖掘、审视资料之基础上，从新的视角进行细致考察和系统阐释。众所周知，中国古代皇权政治的核心在于皇帝及其家族，此点在中古时代尤为明显，皇位的传承与争夺、皇室的参政与矛盾往往是关涉中古政治走向之关键。本书聚焦于皇位传承这一中古皇权政治之核心问题，力图揭示在特殊时代背景下皇位传承在不同时期之具体表现、前后联系、变迁轨迹与一般规律，对相关重要政治事件与人物等做出新的阐释，系统梳理中古皇位传承中相关个体、家族与国家之命运纠缠，深入思考影响皇位传承之民族传统、

---

① 近代以来，在中国历史分期上，海内外学者越来越习惯于使用之"中古"称谓，一般而言主要指魏晋南北朝隋唐时代。有关中国史学上"中古"一词的运用、演变及其含义之基本固定，谢伟杰先生有专文予以细致梳理和讨论，其明确指出："当今学界中，'中古'一词被普遍运用于指称魏晋南北朝和隋唐时代，相当于3—9世纪。"谢伟杰：《何谓"中古"——"中古"一词及其指涉时段在中国史学中的模塑》，载《中国中古史集刊》第2辑，商务印书馆2016年版，第4页。

门阀政治等关键因素，以藉此管窥中古时代之特殊性质。

按照学界日渐凝聚、日渐清晰之共识，中古确实是中国古代历史上相当特殊和重要之时期。陈寅恪、唐长孺、田余庆及日本学者川胜义雄、谷川道雄等海内外诸位前辈大家有关中古史之经典论断、深入研究和卓著成绩，已经有力地证实此点；近来学界对中古时代特色与地位等之反思与总结，则在前人基础上更有推进。诸家之说，各有胜义，限于篇幅，恐有遗漏，故不一一列举，而以笔者颇为赞同且本书多受其启发之陈寅恪先生隋唐制度三源说、唐长孺先生南朝化理论及楼劲先生魏晋至唐初周期说为例略加申说。陈先生云：

> 隋唐之制度虽极广博纷复，然究析其因素，不出三源：一曰（北）魏、（北）齐，二曰梁、陈，三曰（西）魏、周。所谓（北）魏、（北）齐之源者，凡江左承袭汉、魏、西晋之礼乐政刑典章文物，自东晋至南齐其间所发展变迁，而为北魏孝文帝及其子孙摹仿采用，传至北齐成一大结集者是也。……所谓梁、陈之源者，凡梁代继承创作陈氏因袭无改之制度，迄杨隋统一中国吸收采用，而传之于李唐者，易言之，即南朝后半期内其文物制度之变迁发展乃王肃等输入之所不及，故魏孝文及其子孙未能采用，而北齐之一大结集中遂无此因素者也。……所谓（西）魏、周之源者，凡西魏、北周之创作有异于山东及江左之旧制，或阴为六镇鲜卑之野俗，或远承魏、（西）晋之遗风，若就地域言之，乃关陇区内保存之旧时汉族文化，所适应鲜卑六镇势力之环境，而产生之混合品。所有旧史中关陇之新创设及依托周官诸制度皆属此类，其影响及于隋唐制度者，实较微末。故在三源之中，此（西）魏、周之源远不如其他二源之重要。[①]

[①] 陈寅恪：《隋唐制度渊源略论稿》之"一、绪论"，生活·读书·新知三联书店2009年版，第3—4页。

陈先生指出隋唐制度渊源有三，其中主要承自汉魏而加以发展变化之（北）魏齐与梁陈二源较为重要，既承袭汉魏传统又杂以六镇鲜卑风俗之（西）魏周一源则较为次要。虽就制度而言，实则已将魏晋至隋唐历史演进之大势抠要挑明，即随魏晋以来分裂之势，传统中原王朝之主流政治文化与北族政权之暂时特殊因素各自发展演化、互相影响吸收，至隋唐帝国统一之时，则北族特殊因素之痕迹与影响愈趋消退，而绵延不绝蔚为主流之汉魏传统继续向前发展。至于唐代前期主要仍属此前时代之延续，及武周时期变化渐生，再到玄宗时期则系新旧交替之关键时期，陈先生亦在它处予以说明①。综合而言，陈先生以魏晋至唐前期为中国历史上一特殊时期，显然可见。继陈寅恪先生之后，唐长孺先生就魏晋南北朝隋唐历史发展主流与路径问题进一步提出著名之南朝化理论。唐先生云：

> 由于晋末动乱和北方少数族政权的建立，北方封建社会的发展走上了一条特殊道路，从而与直接继承汉末魏晋传统的南朝出现了显著的差异。这样一些差异是在一种特殊的历史条件下产生的，它必将随着这些特殊历史条件的消失而消失。唐代的变化，正是随着这些特殊历史条件的消失而产生的。这些变化从北朝传统来说，是十分巨大的，其中一部分也的确是新的变化。而另外一些部分，应该说是最重要的部分，却只是东晋南朝的继承。从更长的历史视野来看，唐代的变化和对东晋南朝的衔接，即唐代的南朝化倾向，绝非偶然，乃是封建社会合乎规律的必然发展。当然，我们决不能把唐代发生的变化都归

---

① 陈寅恪："武周之代李唐，不仅为政治之变迁，实亦社会之革命。若依此义言，则武周之代李唐较李唐之代杨隋其关系人群之演变，尤为重大也……迄至唐玄宗之世，遂完全破坏无遗。而天宝安史乱后又别产生一新世局，与前此迥异矣。""是以论唐史者必以玄宗之朝为时代划分界线。"陈寅恪：《唐代政治史述论稿》，生活·读书·新知三联书店2009年版，第202、235页。

之于继承南朝……我们在这里只是相对而言，最足以反映历史发展过程的方面是南朝化或南朝因素。①

唐先生明确提出东晋十六国南北朝时期北方封建社会特殊道路出现之根本原因与终将回归传统轨辙之必然走向，将魏晋与隋唐以南朝化理论紧密衔接起来，并将魏晋至隋唐之历史视为一个连续而有其内在发展规律之整体②。结合其所主张之魏晋封建论，唐先生进一步将唐代作为中国封建社会前后分期之关键节点③，尽管先生并没有明言唐代前期与后期迥然有别，但从其具体论述中仍可感受到此种差别大致上存在。近年来，楼劲先生提出魏晋南北朝至唐初历史发展周期说。楼先生云：

今后一个时期魏晋南北朝史研究的发展方向，就是要以更多精深的个案和局部讨论来进一步说明这个断代的基本特点及其在中古史上的地位。因此，就不能不注意到一个各领域学者熟知、却远未被整体得到重视的事实：从门阀等级、占田均田、三省制度、古文经学、文学自觉、玄学兴衰、谶纬符命、方技术数，乃至于北族汉化或各族融合、法律儒家化、佛教中国化等，这些对当时各领域具有头等重要意义的大事均在汉魏至隋唐经历了势头形成、特征凸显直至消退终结的完整周期。这些

---

① 唐长孺：《魏晋南北朝隋唐史三论》，中华书局 2011 年版，第 473 页。

② 罗新："在《隋唐制度渊源略论稿》中，陈寅恪先生考察隋唐制度的三个主要来源及其整合过程，有力地论证了汉唐历史的内在连续性。这种连续性经唐长孺先生著名的'南朝化'理论阐述之后，更加呈现出历史学的纵深感和层次感。"［罗新：《内亚视角的北朝史》，收入《黑毡上的北魏皇帝（修订本）》，上海三联书店 2022 年版，第 123 页。］罗新先生在此意谓陈寅恪先生与唐长孺先生相关学说理论均重在阐发魏晋隋唐间历史之内在连续性，相当扼要而准确。唐长孺先生将其《魏晋南北朝隋唐史三论》一书副标题定名为"中国封建社会的形成和前期的变化"，亦清楚表明先生将魏晋南北朝隋唐时代视为一个连续而特殊之整体。

③ 唐长孺："唐代经济、政治、军事以及文化诸方面都发生了显著的变化，它标志着中国封建社会由前期向后期的转变。"《魏晋南北朝隋唐史三论》，第 468 页。

周期的存在和展开，不仅揭示了在此背后存在着更为基本的历史过程，否定了仅在其内部，或仅以其中一二来解释这些事态的合理性；且亦分别在终点和起点上指明了秦汉和唐宋历史的发展方向，从而直接关联着先秦和近代中国的发展态势。而魏晋南北朝正是相关事态从定型展开到消亡完成、同时又新绪再发而源流间出的关键时期。①

楼先生认为汉魏至隋唐间历史发展的各个重要方面基本上皆经历了完整周期，周期的终点和起点又分别连接着秦汉与唐宋。在别处楼先生又明白指出："这些周期明确的起讫点大都可断在魏晋至唐初……大略亦皆孕育于汉，至于魏晋则因某种标志性举措或事件而定型展开，并随原有问题的消解和新问题的发生而趋于终结。"② 楼先生之周期说，接续和深化前述陈寅恪先生、唐长孺先生有关中古时代整体定位之判断，不仅揭示出魏晋至唐初时期之基本特点和特殊地位，更具体拈出各种重要周期并指出相关个案或局部研究有待

---

① 楼劲：《构建中古各时期的历史场景和发展脉络》，收入《六朝史丛札》，南京大学出版社 2022 年版，第 17—18 页。关于魏晋南北朝直至唐初时代历史发展之特殊性质、整体定位、主要线索等重要问题，楼劲先生近年来在撰写系列专题研究论著予以深入探讨之外，也多次提出一些宏观而精辟之概括性见解，如本段引文，又如："隋文帝开皇九年灭陈统一南北，以及统一以后隋朝速亡和唐初以来的历史，归根结底仍须以贯穿于魏晋南北朝历史的基本脉络来加以解释……这条脉络即是汉代以来社会定型过程所生身份等级、土地占有、民族关系、意识形态等重大结构性问题的逐渐消解、变迁和不断调整其处理方式的过程。此期南、北各朝的兴衰起伏与诸重要事态的生灭轮回，要皆围绕着这一过程的展开态势而被注定。"（楼劲：《北魏开国史探》，中国社会科学出版社 2017 年版，第 12 页）再如："现代中国史学有一个显著现象，即在中古史领域有一些大家，他们一开始研究的不是魏晋南北朝史，像陈寅恪先生早年所写文章，可以归为域外文字，唐长孺先生一开始兼治文史和关心宋辽金元史，后来他们才把注意力集中在魏晋南北朝史。原因是他们确实认为魏晋南北朝史构成了中国古代历史展开的某种枢纽，不同时期、不同性质的很多重要问题都聚焦于汉唐之间，不通过魏晋南北朝研究可能很难得到满意的解释……以上事实，印证了魏晋南北朝史可以从整部中国史的各种角度来加以考虑，这个时期的种种个案和现象也可以从更大的背景和纵深来考察，这是这个时期本身特点和地位的要求。"楼劲：《魏晋南北朝史研究的三个增长点》，收入《六朝史丛札》，第 20 页。

② 楼劲：《贯穿于魏晋南北朝史的诸多发展周期》，收入《六朝史丛札》，第 3—5 页。

深入，相当程度上廓清了中古史领域未来发展之一些重要方向。而笔者以为，皇位传承问题乃是既关乎中古历史连续性与整体性、关乎中古时代特质，亦很可能具有某种周期规律，从而有待深入研究之重要个案或局部。

自上古禅让政治结束以来，夏商周三代以下，历代王朝皆以家天下为其基本特征。虽国祚有长短，兴衰难预期，而无论何家何姓之王朝，莫不以传之万世为孜孜以求之目标与理想。典型如秦始皇下令云："朕为始皇帝。后世以计数，二世三世至于万世，传之无穷。"① 故王朝政治范畴之内，关系王权（皇权）代代传递与维持不坠之储君建立与王（皇）位传承，几乎始终是头等重要之大事。

秦始皇加强中央集权建立皇帝制度之后，历代皇权政治运作与实践及社会普遍观念中，一国之内，储君即太子之地位仅次于皇帝，所谓国之根本是也②；而除去开国之君，皇帝一般亦经历由太子而皇帝之历程。从传统文化与制度而言，皇权主要由代表国家的皇帝掌

---

① 《史记》，中华书局 1959 年版，第 236 页。

② 如《白虎通疏证》卷四《封公侯》："国在立太子者，防篡煞，压臣子之乱也。《春秋》之弑太子，罪与弑君同。"（汉·班固撰，清·陈立疏证，吴则虞点校：《白虎通疏证》，中华书局 1994 年版，第 147 页）《三国志》卷五七《吴书·朱据传》"遭二宫构争，据拥护太子"条裴注："殷基《通语》载据争曰：'臣闻太子国之本根（后略）。'"（《三国志》，中华书局 1959 年版，第 1341 页）又如《北史》卷五六《魏收传》："收谓杨愔曰：'古人云：太子国之根本，不可动摇（后略）。'"（《北史》，中华书局 1974 年版，第 2033 页）《新唐书》卷一一八《宋务光传》载宋务光于神龙元年上书云："臣闻太子者，君之贰，国之本，所以守器承祧，养民赞业。"（《新唐书》，中华书局 1975 年版，第 4276 页）而《册府元龟》卷二五六《储宫部·总序》对此有清晰概括与强调："大《易》述主器之义，寔长于震宫；《书》纪元良之重，以正万国……承万代之业，居群后之上，帝宸之贰体，率土之系心，当副君之任，为天下之本。故其礼秩之尤重，而安危之斯属焉。"（北宋·王钦若等编：《册府元龟》，中华书局 1960 年版，第 3049 页上一下）现代学人对此看法当然亦与古人大体一致，仅举周良霄先生所述为例："作为储君，太子的问题，也就被认为是关系国本的大问题……择立皇太子、培养皇太子，并保证传位的顺利完成，确是一个关涉国家根本的重大政务；同时，也一直成为折腾和苦恼老皇帝，使他往往死不瞑目的老大难问题。"周良霄：《皇帝与皇权》，上海古籍出版社 2014 年版，第 171 页。

控，而宗王因与皇帝的血缘亲属关系得以在不同程度上分享皇权。太子之位既如此关键，宗王之势既难以尽抑，自然在皇族之内难免觊觎与纷争，故须有制度加以规范，使立储之事有轨可循，使皇位传承有序而行，由此周代以来主要依儒家之说而确立之嫡长之制，便成为保障皇位传承稳定有序之基本制度，并大体上为历代汉族政权所遵循①。尽管制度与现实之间难免存在差距，但父子相继、嫡长承统，终究是中国古代王朝内部皇位传承之基本原则和主流事实②；即使改朝换代皇家易主，而新朝皇位传承仍遵前代之规。所以，在通常之时代，在儒家思想居于主导地位之汉族政权之下，皇位传承原则上按照嫡长继承之方式有序进行。然而，此种汉魏以来渊源有自、通常而普遍之皇位传承模式，在中古即魏晋南北朝隋唐时期遭遇挑战和冲击，而呈现较之无论之前还是之后时代更为复杂激烈之局面。其主要原因，一方面与东晋十六国时代北族纷纷进入中原、建立政权，其制度与现实（包括皇位传承之制度与现实）往往杂糅胡汉传统而致诸多矛盾冲突有关，如田余庆先生所揭示北魏建国前后后权干政现象与子贵母死制度即是典型③；另一方面则与魏晋至唐

---

① 张星久："所谓程序上的合法性，是指君主的选择、君主权力的授予符合传统政治规范所认可的制度安排，或者说符合传统的礼法和惯例，中国传统文化中所讲求的'有所授受'就大体上包含有这种意思……在中国历史的大多数情况下，嫡长子继承制是具体体现这种程序合法性要求的基本制度。"张星久：《"圣王"的想象与实践——古代中国的君权合法性研究》，上海人民出版社 2018 年版，第 104—105 页。

② 张星久老师在对中国古代嫡长子继承制实施情况做出详细统计后总结道："嫡长制及其补充形式（入继）的确是中国历史上皇位继承的基本形式，基于这种继承制度的皇权也是最不容易引起争议的……尽管存在着这样那样的问题，嫡长制仍然是被历史反复证明的、害处最小的一种皇位继承制度，最主要还是因为它比较能够减少皇位争夺的冲突，对于统治秩序的稳定最为有利。"张星久：《"圣王"的想象与实践——古代中国的君权合法性研究》，第 119—123 页。

③ 参见田余庆先生《北魏后宫子贵母死之制的形成和演变》《贺兰部落离散问题》《独孤部落离散问题》《关于子贵母死制度研究的构思问题》诸篇，均收入田余庆：《拓跋史探（修订本）》，生活·读书·新知三联书店 2011 年版。

初盛行之门阀统治有关，唐长孺先生已关注到此点并予以精辟提示①。进而言之，皆与前述陈寅恪、唐长孺、楼劲诸先生所言及之中古时代之特殊性质、特殊道路有关。那么，在中古皇位传承问题上，前人已揭示之一些事实和已得出之一些判断之外，北族遗俗与汉家传统如何交互影响、纠缠演变？民族因素与门阀因素是否和如何共同作用？从魏晋至唐初皇位传承是否如其他重要方面一样亦存在从分化发展到合流复归之历程？皇位传承如何受制于中古时代之特殊性及反过来又如何参与中古时代特殊性之塑造？前人之相关研究是否还有检讨或深化之余地？诸如此类问题，皆迫切需要予以探索和加以回答。

总而言之，由于中古时代之特殊性质与重要地位及此种特殊与重要并未得到足够全面与充分的挖掘与揭示，由于作为皇权政治核心问题之皇位传承与中古时代特质之深相关联及此种关联仍有待于进一步细致考释与系统阐发，皇位传承与中古政治此一已有深厚学术积累之传统论域仍存在诸多待发之覆和未解之谜，将之继续推进既有其需要亦具其可能。而此大概也正是本书得以成稿之动力、目的与意义所在。

本书主体部分包括七章，所论具体时代及于西晋至唐初且重点在于北齐与隋至唐初两段，然探索之大背景则在于整个中古，更试图考察中古在传统中国历史中之特殊性，故以中古为名。本书主要篇幅在于讨论历史关键节点之事件与人物及其前后联系与因果、政治现象所体现之传统与制度及其纠葛与流变。亦需说明，所谓传统或制度，并不必然呈现出我们今天所认知的相对明确之概念和意义，

① 中古皇位传承与争夺中，皇族成员（主要是太子以外之皇子和远近亲属关系不等之宗室王公，本书统一称之为宗王）牵入极深，无论是结党纷争还是待机而动直接夺取皇位皆颇有宗王之身影，故其与皇位传承颇有密切关联，于皇位正常传承实有相当威胁，但宗王政治在中古时代始终盛行，此一特殊而令人费解之现象亦引起唐长孺先生关注重视并予以揭示，大致上认为与此时代盛行之门阀统治有关。参见唐长孺《西晋分封与宗王出镇》，收入氏著《魏晋南北朝史论拾遗》，中华书局2011年版。

而是后人难以完全了解的权力洗礼和历史积淀之后果，其产生、巩固与消散一般而言皆由参与权力角逐的人和群体所主导，如罗新先生所揭示："这样跨越时间的实践累积下来，形成某种颇有制约力的传统，使得子贵母死有了一定的制度意义。当然，权力场域的参与者对制度或传统的选择性利用，才是制度成其为制度、传统成其为传统的主导力量。"① 因此，本书关注之重心不在于传统或制度本身，而在于体现、利用、影响传统和制度的特定人物与事件，也即是说，主要是对政治实践而非对政治制度之研究。本书主体结构也体现出此点：除第一章关于两晋南北朝"皇太弟"名号之考释相对较为综合地勾勒南北不同传统与制度，并不聚焦于某个人物或事件之外，余下六章皆为具体而集中之个案研究，只有在这些典型而重要、似曾相识实则各具风貌之政治断面和政治过程中，传统或制度及其背后之支撑因素才有可能较为真切地显现出来。特定时空中之人物和事件以及主要由他们所演绎之现实政治，当然不应成为我们考证的目的和认识的终点，但确确实实是本书尝试宏观把握皇位传承、辩证分析历史进程、整体观照中古时代之根本依赖。

本书是笔者曾经一段时期断续思考中古皇位传承与政治演进的一个粗略而不成熟之小结。最初接触此领域，并没有明确目的和清晰规划，甚至可以说是相当偶然，然而与之相关却另有让我常常感念之往事和感慨之机缘。

2002 年夏天，我从湖南师范大学历史系本科毕业，考入武汉大学魏晋南北朝隋唐史专业继续求学。在师大本科阶段，其实颇遇上不少学问渊博、为人宽厚的老师，如秦汉史方向冷鹏飞先生、魏晋南北朝隋唐史方向曹松林先生与张灿辉先生、中国历史文献学李绍平先生，但因年少懵懂，胡乱看书，不乐上课，不知沉潜，以致荒废四年基础极差。及进武大入冻国栋先生门下，可谓自我感觉良好

---

① 罗新：《漫长的余生：一个北魏宫女和她的时代》，北京日报出版社 2022 年版，第 90 页。

而实际一窍不通。冻老师第一学期即给我们开设"隋唐史籍阅读与指导"课程，到 2003 年初上交课程论文时，我依往常杂沓浮华之作风，花了一个月时间撰成一篇有关《隋炀帝三记》（《海山记》《开河记》与《迷楼记》）版本及史源之作业，洋洋洒洒约万言，毫不担心地交给冻老师。很快冻老师返回仔细批注过的文稿，没有给出具体的成绩，封面上写了长长一段评语，其中几句是："不谙写作方法，故在行文上颇显混乱，十分拉杂……建议日后为文，多注意逻辑性、条理性，多阅读前辈学者之朴实论著，掌握为文之法。"最后要求："本文所述散乱不堪，完全不得为文之要领。必须重写。"原本昏昏聩聩不知轻重深浅的我，被陡然一盆凉水浇醒，又焦虑于课程论文需推倒重来之压力，于是依着冻老师之前提示的多读基本史料的原则，抱着"书读百遍其义自见"的古人所传笨方法，认认真真对照《资治通鉴》重读《隋书》。读了大概一两个月，做了一些摘记，但总没有找到可以下笔撰文之处。直到某天读到已经看过数回的《隋书》卷四五《文四子·房陵王勇传》记太子杨勇被废时，杨素检举其罪状之一段文字：

> 臣奉敕向京，令皇太子检校刘居士余党。太子奉诏，乃作色奋厉，骨肉飞腾，语臣云："居士党尽伏法，遣我何处穷讨？尔作右仆射，委寄不轻，自检校之，何关我事？"①

脑中突然有所促动和领悟，觉得此处描述相当突兀怪异，似乎潜藏着某些隐秘。遂开始围绕刘居士查阅相关资料，后撰成短篇札记《刘居士案与太子勇之废黜》作为课程论文重新上交，得到冻老师大致之肯定并建议在此基础上继续挖掘资料、加强论述。这是我在中古史求学之路上第一次撰写出有所心得之文字，虽稚拙简略，于我个人而言却具有相当特殊之意义；再往后，2004 年在《魏晋南

---

① 《隋书》，中华书局 1973 年版，第 1233 页。

北朝隋唐史资料》第 20 辑发表的第一篇习作《隋末粮仓与群雄盛衰》，以及 2006 年发表的《太子勇之废黜与隋唐间政局变迁》（《魏晋南北朝隋唐史资料》第 23 辑）、2016 年发表的《李渊晋阳起兵左右军考略》（《魏晋南北朝隋唐史资料》第 34 辑）等文，其实皆属最初《刘居士案与太子勇之废黜》一文之扩展和深入，本书第五、六、七章即主要由以上诸篇发展而来。可以说，正是初入师门时老师的严格要求、及时提醒和悉心教导，既促使我蹒跚走上中古史研究之路，也成为本书今天得以呈现的最重要因缘。

2007 年秋，我在工作两年之后重入师门攻读博士学位。2008 年开始，参与朱雷老师和冻老师牵头负责之国家"点校本二十四史暨《清史稿》修订工程"之北朝四史修订，主要承担《北史》之部分初稿修订。在修订《北史》过程中，学习和研究重心逐渐前移到十六国北朝时代，并结合校勘整理时有关东魏北齐高氏储位争夺与传承之一些发现和思考，于 2009 年撰成《高洋所谓"殷家弟及"试释》一文（后刊于《武汉大学学报》2010 年第 2 期），其后发表的《北齐功臣配飨小考》（《中国史研究》2014 年第 1 期）、《两晋南北朝"皇太弟"考略》（《魏晋南北朝隋唐史资料》第 30 辑，2014 年）、《祖宗与正统：北齐宗庙变迁与帝位传承》（《首都师范大学学报》2015 年第 1 期）及《家国之间：北齐宗王政治变迁与末年皇位争夺》（《魏晋南北朝隋唐史资料》第 35 辑，2017 年）等文，所关注之主题皆属同类且联系比较紧密，而本书第一、二、三、四章亦主要由以上诸篇增补而来。

从 2003 年开始，前后跨度十年左右，我围绕中古皇位传承问题，陆续撰写如上所列数篇小文，然而多率性而为，既无整体之事先谋划，亦有不少悔其初作之事后遗憾。后来渐渐发现，此组文稿基本围绕相近之主题在自然延展，故产生将之进一步修订、调整、补充、组织成书之想法。从前述本书各部分初步形成之大致情形，显而易见并非深思熟虑之后方始执笔并按部就班推进之产物，而是过往学习和研究生涯之某个侧面，是那些偶然、随意产生之足迹在渐渐增加之后必然留下某种轨迹之体现。因此，我难于也不愿强行按照学术著作之常见写法，在本书成稿之际，再加上一个包括诸如选题缘起、学术史回顾、研究思路等内容在内的八股式样之绪论或前言。当然，前辈学者、当代学人历来所积累之相关丰硕成果，一直都是本书各部分当初撰写和今日修补时极为重要之借鉴和依凭，具体援引、启发之处，在相关行文中皆有尽量之呈现。

从初次接触皇位传承与中古政治此一论域开始，至今已有整整二十年，尽管我本人之研究兴趣和重心早已转移，但整合书稿重理旧作之际，必然避不开自我检讨和学习新知并努力加以提炼和归纳。虽思虑间有所得，论述略有所补，然行文之际，往日所思所撰之错讹疏漏颇有所见，深感学无止境论无终时；虽在仓促之间尽力加以补正调整，整体篇幅亦增加小半，但必然还存在种种未能妥善处理或未及留意关注之问题，故诚恳期待学界师友、同仁予以批评和教正。

本书在申请出版与后期修订过程中，冻老师、楼劲老师、黄正建老师予以热心鼓励与指导，朱海、万军杰、靳强、吴羽、马志立诸位兄长及同门黄楼博士、李永生博士提供诸多建议与帮助；本书选题策划人、中国社会科学出版社宋燕鹏兄事无巨细倾力指点，尤其在编辑过程中严谨审校摘谬正误，为顺利出版付出无数心血；第一至六章此前分别在各刊物发表，相关编辑先生和审稿人多有赐教；部分内容曾作为会议论文提交讨论，多位专家学者对之提出宝贵批评意见和修改建议，受益良多，难于尽举。谨在此一并致以诚挚谢意。

目　　录

第 一 章

南北与胡汉：两晋南北朝
"皇太弟"考略

众所周知，自西周时代确立嫡长世及制以来，中国古代皇（王）位传承以父死子继为合乎制度的、主要的模式，一般预建为储副、待先皇驾崩后继承帝位者，从制度上而言应是皇帝之"嫡长子"即所谓"皇太子"；尽管在现实政治中因为种种复杂原因，继位者未必为嫡长子（有时甚至未必为子），然而父死子继的合法性，无论在帝国的政治、儒家的理论中，还是在社会的舆论、民众的观念中，都得到普遍的承认①。

但是，历史总有例外。作为皇储的名号，除普遍性的属于父死子继范畴的"皇太子"（以及偶尔由此派生出的"皇太孙"）以外，尚有由与父死子继制度相对立的兄终弟及制度而来的"皇太弟"之称出现，尤其在两晋南北朝时期较为显著。清代著名学者赵翼已注意及此，其于《廿二史札记》卷一四"皇太弟"条谓：

> 皇太孙之称已非古法，晋以后更有所谓皇太弟者。晋惠帝皇太孙臧及尚俱死，因河间王颙奏，乃诏立成都王颖为皇太弟。（小注：惠帝弟。）后颖兵败，又废之，而立豫章王炽为皇太弟。

---

① 周良霄："从西周开始，王位继承的原则，基本上是明确的，即'立嫡以长不以贤，立子以贵不以长'。"《皇帝与皇权》，上海古籍出版社2014年版，第172页。

（小注：亦惠帝弟。）既即位，是为怀帝。刘渊死，其太子和为刘聪所害，聪让位于弟北海王乂，乂固请聪即位，乃立乂为皇太弟，后乂为聪子粲所害。慕容暐为苻坚所擒，官于长安，后暐弟冲起兵，高盖等立冲为皇太弟，檄书与坚，自称皇太弟致书，请奉送家兄皇帝出城。苻丕败死，其子懿奔于苻登，时登已称帝，乃立懿为皇太弟。此古来所创见也。唐文宗崩，中尉仇士良等立颖王瀍为皇太弟，即位，是为武宗。僖宗崩，军容使杨复恭立寿王为皇太弟，即位，是为昭宗。此皆仓促拥立，非预建为储副者。（小注：又南唐元宗李璟立弟齐王景遂为皇太弟，然未尝传位。）然兄终弟及，名号尚非不经。（小注：唐武宗崩，宦官马元贽立光王为皇太叔，即位，是为宣宗，此又古所未有。安乐公主请中宗以已为皇太女，则更不经之甚矣。）①

赵翼概括了历代有皇太弟名号者大致情形，认为"预建为储副"之皇太弟主要在西晋末与十六国时，并指出其"兄终弟及，名号尚非不经"。赵氏所言基本不误，但其对两晋南北朝时期皇太弟名号兴起与衰落之缘由、皇太弟名号所反映的子继与弟及两种相对立的继承制度间之矛盾及背后的文化冲突等并无讨论；赵氏以后，似亦未见其他学者对此深加关注；而此事涉及中古皇位传承之关键。故而，本章拟在赵氏所论基础之上，进一步梳理两晋南北朝时期皇太弟名号之兴衰，并力求揭示在此特定历史时期，经由此一名号所反映的政治、制度、文化变迁及历史演进趋势。

一 两晋南朝"皇太弟"名号之滥觞与消歇

周代父死子继确立以后、西晋以前，正统王朝中舍子立弟的企

---

① 清·赵翼著，王树民校证：《廿二史札记校证》，中华书局1984年版，第290—291页。

图不是没有出现过，显著例子如西汉景帝弟梁孝王之事①；但正式以皇太弟名号预建皇储，却是西晋末才出现。《晋书》卷四《孝惠帝纪》：

> （永兴元年三月）河间王颙表请立成都王颖为太弟。戊申，诏曰："朕以不德，纂承鸿绪，于兹十有五载。祸乱滔天，奸逆仍起，至乃幽废重宫，宗庙圮绝。成都王颖温仁惠和，克平暴乱。其以颖为皇太弟、都督中外诸军事，丞相如故。"……十二月丁亥，诏曰："天祸晋邦，冢嗣莫继。成都王颖自在储贰，政绩亏损，四海失望，不可承重，其以王还第。豫章王炽先帝爱子，令问日新，四海注意，今以为皇太弟，以隆我晋邦（后略）。"②

按，西晋惠帝在立皇太弟之前，已立过数次皇太子、皇太孙：惠帝本立有太子即愍怀太子遹，愍怀为惠帝皇后贾南风所谮构而被废，后为贾后遣人毒杀；八王之乱起，愍怀长子司马虨先薨，次子

---

① 《史记》卷五八《梁孝王世家第二十八》："太后谓帝曰：'吾闻殷道亲亲，周道尊尊，（《索隐》：殷人尚质，亲亲，谓亲其弟而授之。周人尚文，尊尊，谓尊祖之正体。故立其子，尊其祖也。）其义一也。安车大驾，用梁孝王为寄。'景帝跪席举身曰：'诺。'罢酒出，帝召袁盎诸大臣通经术者曰：'太后言如是，何谓也？'皆对曰：'太后意欲立梁王为帝太子。'帝问其状，袁盎等曰：'殷道亲亲者，立弟。周道尊尊者，立子。殷道质，质者法天，亲其所亲，故立弟。周道文，文者法地，尊者敬也，敬其本始，故立长子。周道，太子死，立适孙。殷道，太子死，立其弟。'帝曰：'于公何如？'皆对曰：'方今汉家法周，周道不得立弟，当立子。故《春秋》所以非宋宣公。宋宣公死，不立子而与弟。弟受国死，复反之与兄之子。弟之子争之，以为我当代父后，即刺杀兄子。以故国乱，祸不绝。故《春秋》曰"君子大居正，宋之祸宣公为之"。臣请见太后白之。'袁盎等入见太后：'太后言欲立梁王，梁王即终，欲谁立？'太后曰：'吾复立帝子。'袁盎等以宋宣公不立正，生祸，祸乱后五世不绝，小不忍害大义状报太后。太后乃解说，即使梁王归就国。"（中华书局1959年版，第2091—2092页。）汉景帝母窦太后欲使景帝舍其子而立其弟梁孝王为储，景帝狐疑，问于通经术之儒臣，袁盎等坚决表示反对，并将儒家那一套当立子不当立弟的大道理讲了出来，窦太后不便坚持，后来此事自然也就作罢。

② 《晋书》，中华书局1974年版，第102—104页。

临淮王臧、三子襄阳王尚先后立为皇太孙又都先后被杀；惠帝嫡系子孙陨灭殆尽之后，惠帝又立侄子清河王覃为皇太子，永兴元年（304）废①。清河王覃被废乃因不见容于当时控制朝政的河间王颙（惠帝从叔）及与河间王合谋起兵之成都王颖（惠帝弟），所以废清河王后，司马颙借惠帝之手下诏立司马颖为"皇太弟"，此时作为皇储的皇太弟名号在西晋历史上，也是在中国古代历史上第一次正式出现。司马颖失势，挟持惠帝的河间王颙又通过惠帝废司马颖皇太弟之号，将豫章王炽扶上皇太弟之位。

西晋末司马颖与司马炽，作为中国历史上最早，也是晋代仅有的两位正式册立为皇储的皇太弟，前者立而旋废，后者则于惠帝崩后继立，是为西晋怀帝。怀帝虽终于以皇太弟之身份登上皇位，其即位之时其实颇为凶险。《晋书》卷五《孝怀帝纪》：

> （永兴元年）十二月丁亥，立为皇太弟。帝以清河王覃本太子也，惧不敢当。典书令庐陵修肃曰："二相经营王室，志宁社稷，储贰之重，宜归时望，亲贤之举，非大王而谁？清河幼弱，未允众心，是以既升东宫，复赞藩国。今乘舆播越，二宫久旷，常恐氐羌饮马于泾川，蚁众控弦于霸水。宜及吉辰，时登储副，上翼大驾，早宁东京，下允黔首喁喁之望。"帝曰："卿，吾之宋昌也。"乃从之。光熙元年十一月庚午，孝惠帝崩。羊皇后以于太弟为嫂，不得为太后，催清河王覃入，已至尚书阁，侍中华混等急召太弟。癸酉，即皇帝位，大赦，尊皇后羊氏为惠皇后，居弘训宫，追尊所生太妃王氏为皇太后，立妃梁氏为皇后。②

---

① 参《晋书》卷五三《愍怀太子传》《愍怀太子附子彰传》《愍怀太子附子臧传》《愍怀太子附子尚传》，卷六四《清河康王遐附子覃传》相关记载。

② 《晋书》，第115—116页。

同书卷三一《后妃上·惠羊皇后传》：

> 会帝崩，后虑太弟立为嫂叔，不得称太后，催前太子清河
> 王覃入，将立之，不果。怀帝即位，尊后为惠帝皇后，居弘
> 训宫。①

按，惠帝子孙相继陨灭，但子继模式渊源已久深入人心，故再立惠帝侄清河王覃为太子；在权臣欲废清河王太子位、改立司马炽为皇太弟时，司马炽尚因清河王之故心存狐疑；惠帝崩后羊皇后因立子、立弟之不同将导致自身权位之差异，复欲迎立前太子清河王，皇太弟司马炽在大臣华混等支持下才得以涉险登位。此都反映出皇位传承上弟及代替子继之艰难，即使是在皇帝无后且政出权臣之特殊情势下。

永嘉五年（311）匈奴刘聪破洛阳俘怀帝，永嘉七年（313）怀帝于平阳被毒杀，风雨飘摇中怀帝侄司马邺于长安即位，是为愍帝。建兴四年（316）愍帝降于匈奴汉赵政权，西晋覆亡。建武元年（317），司马睿在江南称帝重建晋廷，是为东晋元帝，历史也由此进入南北分裂的东晋十六国南北朝时期。

终东晋一代，虽然在皇帝驾崩无后时兄弟相继的情形仍有出现（如废帝海西公以母弟继哀帝立，恭帝以母弟继安帝立），但并无预先正式建立皇太弟之举动；南朝宋、齐、梁、陈四代亦约略相似，虽偶有以弟继兄（往往通过残酷武力争斗，如宋孝武帝刘骏弑在帝位之兄长刘劭而自立），皇太弟名号再无出现，影响趋于衰微。可以说，皇太弟名号，滥觞于西晋末，东晋南朝则归于消歇。

---

① 《晋书》，第967页。

二 十六国北朝"皇太弟"名号之盛行与隐退

当皇太弟名号在南方的东晋南朝趋于消歇时，在北方的十六国北朝则呈现另一番发展气象，尤其在十六国时期影响甚深。

西晋未亡之时，北方所谓五胡（匈奴、鲜卑、羯、氐、羌）等少数民族已逐鹿中原，并先后建立政权，史称十六国。五胡十六国诸政权，在皇位传承中兄终弟及现象相当常见，而西晋所创立的皇太弟名号此时也较为流行。

十六国政权中首先采用皇太弟名号建立皇储的是匈奴刘氏前汉政权。《晋书》卷一〇二《刘聪载记》：

> 既杀其兄和，群臣劝即尊位。聪初让其弟北海王乂，乂与公卿泣涕固请，聪久而许之，曰："乂及群公正以四海未定，祸难尚殷，贪孤年长故耳。此国家之事，孤敢不祗从。今便欲远遵鲁隐，待乂年长，复子明辟。"于是以永嘉四年僭即皇帝位，大赦境内，改元光兴。尊元海妻单氏曰皇太后，其母张氏为帝太后，乂为皇太弟，领大单于、大司徒。①

刘聪为刘渊妃张氏之子，刘乂为刘渊皇后单氏之子，二人为同父异母之兄弟，而乂母身份更尊，故聪初有让于弟乂之举②。刘乂虽

---

① 《晋书》，第2658页。
② 《十六国春秋辑补》卷三《前赵录三·刘聪》："聪以北海王乂，单后之子也，以位让之。"北魏·崔鸿撰，清·汤球辑补，聂溦萌、罗新、华喆点校：《十六国春秋辑补》，中华书局2020年版，第24页。

为皇太弟，终为刘聪所忌而被废被杀，其中牵涉弟及与子继之矛盾①。前汉刘聪以后，相继采用皇太弟名号建立皇储或企图获得皇太弟名号以为皇储之举动，陆续在鲜卑西燕慕容氏、氐前秦苻氏、賨成汉李氏诸政权中出现。《晋书》卷九《孝武帝纪》：

> （太元九年）六月癸丑朔，崇德皇太后褚氏崩。慕容泓为其叔父冲所杀，冲自称皇太弟。②

慕容冲为前燕末主慕容暐弟，前燕衰亡时慕容暐为前秦苻坚所俘，苻坚淝水败后前秦乱，慕容氏乘机谋复国，慕容冲此时称皇太弟，即以慕容暐之继承者自居，后称帝。又同书卷一一五《苻登载记》：

> （前秦太初二年）登复改葬坚以天子之礼。又僭立其妻毛氏为皇后，弟懿为皇太弟。遣使拜苻纂为使持节、侍中、都督中外诸军事、太师，领大司马，进封鲁王……纂怒谓使者曰："渤海王世祖之孙，先帝之子，南安王何由不立而自尊乎？"③

苻登为苻坚族孙，苻懿为苻坚孙，苻登以疏属继前秦帝位，为安众心，故立族弟苻懿为太弟，而当时已引发宗室之严重质疑与不满，苻懿旋于次年（前秦太初三年，东晋孝武帝太元十三年，388）

---

① 《十六国春秋辑补》卷三《前赵录三·刘聪》："呼延氏，渊后之从父妹，有美色，恭孝称于宗族。渊后爱聪姿色，故以配焉……每谓聪曰：'父终子绍，古今之大典。陛下自承高祖之嗣，太弟何为者哉！陛下百年之后，粲兄弟必无种也，愿陛下深思之。'聪亦信之曰：'然。吾当为计。'后曰：'事留变生。太弟见粲兄弟并大，必有不安之志矣，或有小人构间其中，未必不祸发于今日。妾尝闻陛下说隐公，一何相似，窃为陛下寒心。'聪深然其言，于是相图之计起焉。"《十六国春秋辑补》，第27页。

② 《晋书》，第233页。

③ 《晋书》，第2949页。

卒，死因不明，大概有些蹊跷，颇疑与政治斗争有关①。又同书卷一二一《李势载记》：

> 势弟大将军、汉王广以势无子，求为太弟，势弗许。马当、解思明以势兄弟不多，若有所废，则益孤危，固劝许之。势疑当等与广有谋，遣其太保李奕袭广于涪城，命董皎收马当、思明斩之，夷其三族。贬广为临邛侯，广自杀。②

李势无子情形下，李广求为皇太弟尚且不果，并致兄弟猜忌相残，李广自杀，大臣诛夷。

以上匈奴刘义、鲜卑慕容冲、氐苻懿、賨李广诸例，虽或得立为皇太弟或不得立，或得登帝位或不得登，其背后有种种复杂原因与剧烈政治斗争，尤以弟及与子继之矛盾为甚。除此以外，十六国诸政权中兄弟代立或兄弟争立之事例甚多，较著者如前燕慕容氏、后赵石氏，此人所熟知无需赘述。十六国政权常见皇太弟之建立和兄弟相继、兄弟相争、叔侄相争，皆反映出皇太弟之名号与制度在其时确实颇为流行和影响甚深。

十六国中之鲜卑拓跋部所建北魏政权，后逐渐吞并诸国统一北方，北魏及其后东魏北齐、西魏北周，与南朝诸政权对立，史称北朝。北朝表面上和南朝一样，皇太弟名号也趋于消歇，更未有正式建立皇太弟为皇储者：北魏一朝皇位传承基本以父子相继为主，皇太弟名号从无踪影；北齐、北周时代，兄终弟及又突然流行，虽然未曾正式建立皇太弟，但皇太弟名号也隐约出现和对现实政治发生影响，如北齐孝昭帝高演曾许愿立弟长广王高湛为皇太弟、北周武

---

① 《资治通鉴》卷一〇七东晋孝武帝太元十三年（388）："五月，秦太弟懿卒，谥曰献哀。"中华书局1956年版，第3384页。

② 《晋书》，第3047页。

帝宇文邕弟齐王宪对人自称"太弟"①。笔者认为,皇太弟名号虽然在北朝发展颇为曲折,其影响则不容忽视,与南朝存在差异,只是比较隐晦而已,而从中似亦可窥见南北历史发展差异的某些特点与线索,这是下节将要探讨的主题。

三　南北与胡汉:两晋南北朝"皇太弟" 名号所见政治、文化变迁

如前所述,皇太弟名号滥觞于西晋末,西晋以后,则在南北发展有所不同:在北方,皇太弟名号流行于十六国,北朝北魏时无所踪迹,至北齐、北周时又隐约出现;在南方,东晋南朝均无所谓皇太弟名号,影响也趋于式微。那么,此种差异,是否有某些深层的原因与背景、是否反映了南北不同的政治文化?

一般而言,相较于父死子继,兄终弟及乃是非常规、非主流之中国古代皇位传承方式,难以从制度上得到承认②。汉代以下儒者往往将兄终弟及归之为殷(商)制,将父死子继归之为周制,殷周之别,即汉儒所谓质文之别,寓含着落后与先进之意,盖周嫡

---

① 《北史》卷五一《齐宗室诸王上·上洛王思宗附子元海传》:"皇建末,孝昭幸晋阳,武成居守,元海以散骑常侍留典机密。初,孝昭之诛杨愔等,谓武成云,事成,以汝为皇太弟。及践位,乃使武成在邺主兵,立子百年为皇太子,武成甚不平。先是,恒留济南于邺,除领军库狄伏连为幽州刺史,以斛律丰乐为领军,以分武成之权。武成留伏连而不听丰乐视事。乃与河南王孝瑜伪猎,谋于野,暗乃归。"(中华书局1974年版,第1853页)《周书》卷一二《齐炀王宪传》:"齐领军段畅直进至桥。宪隔水招畅与语,语毕,宪问畅曰:'若何姓名?'畅曰:'领军段畅也。公复为谁?'宪曰:'我虞候大都督耳。'畅曰:'观公言语,不是凡人,今日相见,何用隐其名位?'陈王纯、梁公侯莫陈芮、内史王谊等并在宪侧。畅固问不已。宪乃曰:'我天子太弟齐王也。'"中华书局1971年版,第192页。

② 周良霄:"嫡长继承之外,又有兄终弟及的事例……所谓兄终弟及,在我们所论及的范围内(不包括殷商时期)至少在中原王朝中,是不曾作为制度存在过的。"《皇帝与皇权》,第181—182页。

长世及之制为历代汉儒所宣扬，殷商弟及之制则弃而不取①。西晋为河内大族司马氏所创立之正统王朝，在皇位传承模式的变化上自然不存在先进与落后文化之争，西晋末年皇太弟名号之出现，主要应归结于当时特殊情势（惠帝无后，八王之乱，五胡肆虐）以及西晋立国之前父子兄弟创业奠基（司马懿与其二子司马师、司马昭先后执曹魏大政）之历史背景，故笔者认为西晋皇太弟名号并不具有

---

① 如《礼记·檀弓上》："公仪仲子之丧，檀弓免焉。仲子舍其孙而立其子。檀弓曰：'何居？我未之前闻也。'趋而就子服伯子于门右，曰：'仲子舍其孙而立其子，何也？'伯子曰：'仲子亦犹行古之道也。昔者文王舍伯邑考而立武王，微子舍其孙腯而立衍也。夫仲子亦犹行古之道也。'子游问诸孔子，孔子曰：'否，立孙。'"（汉·郑玄注，唐·孔颖达疏，龚抗云整理，王文锦审定：《礼记正义》，北京大学出版社1999年版，第167—168页）《春秋公羊传·隐公元年》："立適以长不以贤，立子以贵不以长。"何休注曰："適，谓適夫人之子，尊无与敌，故以齿。子，谓左右媵及姪娣之子，位有贵贱，又防其同时而生，故以贵也。礼，適夫人无子，立右媵；右媵无子，立左媵；左媵无子，立嫡姪娣；嫡姪娣无子，立右媵姪娣；右媵姪娣无子，立左媵姪娣。质家亲亲，先立娣；文家尊尊，先立姪。嫡子有孙而死，质家亲亲，先立弟；文家尊尊，先立孙。其双生也，质家据见立先生，文家据本意立后生。皆所以防爱争。"（汉·公羊寿传，汉·何休解诂，唐·徐彦疏，浦卫忠整理，杨向奎审定：《春秋公羊传注疏》，北京大学出版社1999年版，第13页）从人类历史发展而言，弟及也确实更多是较落后时代、较落后民族所更多采用的储位传承方式，子继基本上随着文明程度的提升而逐渐占据主流，可参考恩格斯《家庭、私有制和国家的起源》（《马克思恩格斯选集》第4卷，人民出版社2012年版）关于古代由母系氏族社会向父系氏族社会转变时期继承制度的论述。辜燮高先生聚焦于古代英国、日本和中国之历史，对人类社会早期之兄终弟及制与父死子继制、两种继承制度斗争与发展之过程，有过系列精彩研究，其云："兄终弟及或类似兄终弟及的继承制，可溯源于母系氏族社会，但其延续的时间颇长，存在于阶级社会之中颇久。它不仅在摩尔根和恩格斯提到的易洛魁人中有，在大洋洲的土著民族中有，即使在早已建立国家的地方，如中国、苏格兰、日本等处也有……再从发展趋势上看，代替兄终弟及制的都是父死子继制。而从这一继承制过渡到那一继承制，都有维护旧继承制与推进新继承制的冲突，酿成争夺王位和互相残杀。"（辜燮高：《从继承制看马克白斯在苏格兰历史上的地位》，《世界历史》1981年第6期，第62页）"国家的形成已当父系氏族社会之末，此后父死子继应是当然的继承制，按理导源于母权制的兄终弟及制会很快消失，但却延续了很久，在本文列举的地区内，它都不是自动消失的，从它转变到父死子继时，都有维护前者和推进后者的冲突，酿成争夺王位和互相残杀……苏格兰、日本和英格兰之向父死子继制过渡，都与各自的社会走向封建化有关，即使是商代，也与较低级的奴隶社会发展到较高级的奴隶社会有关。我们不能脱离社会发展来看待继承制的转变问题，形成国家前如此，形成国家后也是如此。"辜燮高：《苏格兰、日本、英格兰和中国的兄终弟及制》，《世界历史》1983年第1期，第23—25页。

特殊的民族与文化上的意义①。但是西晋以后，由于北方五胡等少数民族先后建立政权，南方则是汉族政权偏安江南，皇太弟名号在南北不同的发展历程则具有了较为明显的民族与文化特点。

西晋之后十六国政权多数由当时北方较为落后的五胡等族创建，这些少数民族在进入中原之前基本处于部落时代，即使进入中原建立政权之后部落旧传统也得到了相当的保留或至少不会一时消弭，而兄终弟及正是部落或部落联盟中普遍存在的现象，弟及观念在五胡诸族中得到普遍承认。如《资治通鉴》卷八七晋怀帝永嘉四年（310）记汉刘聪皇太弟刘义之言:

> 天下者，高祖之天下，兄终弟及，何为不可！粲兄弟既壮，犹今日也。②

同书卷九五晋成帝咸和八年（333）记前燕慕容皝初即位，其母弟慕容仁、慕容昭谋反，昭对仁言:

> 吾辈皆体正嫡，于国有分。③

同书卷一〇一晋穆帝升平四年（360）记前燕慕舆根说慕容恪之言:

> 兄亡弟及，古今成法。④

---

① 赵翼注意到了晋代兄终弟及之传统与现象，其于《廿二史札记》卷八"晋帝多兄终弟及"条谓:"晋司马师、司马昭相继专魏政，是开国时已兄弟相继。后惠帝以太子太孙俱薨，立弟豫章王炽为皇太弟，即位，是为怀帝。哀帝崩，母弟奕立，是为废帝海西公。安帝崩，母弟德文立，是为恭帝。以后惟北齐文宣、孝昭、武成，亦兄弟递袭帝位，然孝昭废济南王而自立，武成废乐陵王而自立，非晋之依次而立也。"（《廿二史札记校证》，第163页）晋代兄终弟及与北齐兄终弟及存在差别，这在下文还将论及。

② 《资治通鉴》，第2757页。

③ 《资治通鉴》，第2990页。

④ 《资治通鉴》，第3180页。

所以笔者认为：弟及较之子继是相对落后的制度，五胡较之汉族也是相对落后的民族，而皇太弟名号在十六国时代之流行，不过是北方少数民族中原来存在的部落传统的反映；尽管十六国统治者采用这个具体的名号很可能受到了西晋的影响①，但十六国时代流行的皇太弟名号与西晋皇太弟名号在内涵与背景上却存在着差异，即在西晋是汉族政权内部临时性的不具有民族、文化差异的名号，在十六国则有着鲜明的少数民族部落传统色彩。

十六国之后的北魏政权，虽然亦是出自五胡中的鲜卑拓跋部创立，但北魏时代皇太弟名号却销声匿迹，这与上文所论十六国时代的情形并不矛盾，而恰恰反映了北魏立国前后政治、文化之变迁。拓跋部落于拓跋珪（即北魏太祖道武帝）正式建立北魏之前与之后，其君位传承存在较大差异，即道武帝之前的拓跋部落时期以兄终弟及为主（同时兄弟相争特别频繁与残酷，传子制亦在此期逐渐萌芽和发展）②，而道武帝之后的北魏国家则以父死子继为主③；由拓跋部落向北魏国家过渡的过程，也是兄终弟及与父死子继两种继承模式激烈斗争并逐渐确立父死子继主导地位之过程，在这一过程中，皇后或母后干预继承秩序和所谓子贵母死制度有着重要

---

① 如十六国时代第一个建立皇太弟以为皇储的匈奴刘聪，其父刘渊曾为西晋皇太弟司马颖之太弟屯骑校尉，其后以皇太弟登帝位之西晋怀帝又为刘聪所俘，匈奴刘氏于西晋立皇太弟之故事自然相当熟悉，所以推测刘氏之建立皇太弟，应是阳借汉人所创名号，阴附匈奴旧有之传统。

② 楼劲："拓跋氏早期的君长传子制，大体要到神元帝前不久的献帝之时方启其渐……神元帝欲行传子制虽付出身死国灭的惨重代价，却毕竟已为传子制开出了一条得以不绝若缕地延伸、展开的血路。上述事态也表明，昭、桓、穆三帝以来，兄弟相及规则虽仍在君位传承中起着某种基本作用，但父死子继从观念到实际的发展，应当已经构成了烈帝末年考虑传位问题的一个重要选项。"楼劲：《北魏开国史探》，中国社会科学出版社 2017 年版，第 231—239 页。

③ 关于北魏帝系及诸帝亲属关系，可参《魏书》之《序纪》及诸帝纪；又李凭《北魏平城时代》附录之"力微至北魏建国前拓跋氏世系表"与"北魏王朝世系表"对于北魏建国前后诸帝继承序列与亲属关系有简明的显示，《北魏平城时代（修订本）》，上海古籍出版社 2011 年版，第 412—413 页。

的作用与地位①。道武帝以后，北魏帝位传承中父死子继传统基本确立、兄终弟及现象基本消失，汉制取代原来的胡制；与之相应，北魏时代始终未见有皇太弟名号出现。可以说，北魏时皇太弟名号之消失，如同田余庆先生所揭示的皇后或母后干预继承秩序与子贵母死制度之变迁一样，从一个侧面反映了拓跋鲜卑由部落向国家、由胡化而汉化的历史进程。

　　北魏末叶，一定程度上作为对北魏立国以来汉化渐深，尤其是孝文帝全面汉化政策的反动，主要为胡化所浸染的六镇发生变乱，其后以高欢为首的东魏北齐统治集团与以宇文泰为首的西魏北周统治集团均出自六镇，其胡化色彩较之北魏大为增加②。所以北齐、北

---

　　①　田余庆:"这个阶段（按，指拓跋部落时期）的历史，实际上也是两种继承秩序的激烈竞争。更为古老的兄终弟及制符合立长君以维持部落势力的原则，有它存在的理由，因而往往得到部落大人更多的支持。但是同辈兄弟以及父辈兄弟众多，选择中易生纠纷，兄终弟及制归根结柢也不利于拓跋社会秩序的稳定。而且兄弟之数毕竟是有限的，拓跋权位还得让下一辈来传承。所以皇后或母后干预继承秩序，在艰难的斗争中为父死子继制开辟道路，也是拓跋社会发展的客观需要。皇后或母后干预继承秩序，助长兄终弟及，一般只限于同母兄弟，最多也不过同父异母兄弟，而不及于从兄弟。""文帝沙漠汗以后出现的后权（包括皇后、母后）支撑君权的反复竞逐，是形成父死子继秩序的艰难而必不可少的阶段；而道武帝时出现的子贵母死之制，又是既否定后权又巩固父死子继秩序的决定性的一步。"（田余庆:《拓跋史探（修订本）》，生活·读书·新知三联书店 2011 年版，第 14—15、17。）田先生的学生李凭亦有类似看法:"在皇权的继承问题上，道武帝的原则是与拓跋社会旧的传统习俗相违背的……在尚处于脱离母权制不久的父家长制社会阶段的拓跋部内，部落首领的继承实行兄终弟及制。但是，道武帝却要按照中原汉族社会的制度，实行父子相继的皇位继承制。与此同时，道武帝还制定了子贵母死制度，企图杜绝拓跋部政治生活中长期存在的母权干预政治现象，并藉以抑制与拓跋皇室联姻的部落贵族势力。"前揭李凭《北魏平城时代（修订本）》，第 67 页。

　　②　陈寅恪:"自鲜卑拓跋部落侵入中国统治北部之后，即开始施行汉化政策……此汉化政策其子孙遵行不替，及魏孝文帝迁都洛阳，其汉化程度更为增高，至宣武、孝明之世，则已达顶点，而逐渐腐化矣。然同时边塞六镇之鲜卑及胡化之汉族，则仍保留其本来之胡化，而不为洛都汉化之所侵染。故中央政权所在之洛阳其汉化愈深，则边塞六镇胡化民族对于汉化之反动亦愈甚，卒酿成六镇之叛乱。……（六镇鲜卑及胡化汉族）其大部分辗转移入高欢统治之下……其他之小部分，由贺拔岳、宇文泰率西徙，割据关陇，亦能抗衡高氏。"（陈寅恪:《唐代政治史述论稿》上篇"统治阶级之氏族及其升降"，生活·读书·新知三联书店 2009 年版，第 197 页）又参万绳楠整理《陈寅恪魏晋南北朝史讲演录》第十七篇"六镇问题（附魏齐之兵）"、第十八篇"北齐的鲜卑化与西胡化"。（黄山书社 1987 年版，第 268—291、292—300 页）陈寅恪先生所论精辟深邃，影响极大，为学界主流所认同，笔者当然也赞同陈寅恪先生之看法。

周时代，原本在北朝消失已久的皇太弟名号重又出现与发生影响，北齐、北周皇位传承也多次出现兄终弟及①。当然，随着民族融合的深入与文化的交流，受限于人类社会发展由落后而先进之一般规律，汉化的大趋势自然不可逆转，正式册立皇太弟之举动在北朝终究未能出现，兄终弟及即使在北齐、北周也得不到公开的承认与制度上的确认，父死子继仍然是北朝皇位传承的主流。

从皇太弟名号在十六国北朝的流行、消失与有所重现，我们可以窥见西晋以后北方诸少数民族政权不同的文化色彩与倾向，亦映照出诸少数民族在胡化与汉化间的艰难选择、曲折反复以及由胡化而汉化的历史大趋势；与十六国北朝同时代的南方东晋南朝汉族政权，则不见对西晋末权宜创立的皇太弟名号有所继承，也正因为南方并不存在明显的胡汉冲突与转化问题。

西晋乱亡以后，直至隋文帝统一南北以前，南方与北方长期处于分裂对峙局面，而由于具体历史环境之差异，南方与北方也有着不同的发展路径，十六国北朝时代北方封建社会的发展道路有其特殊性，直至唐代才又逐渐回归汉魏以来的历史传统轨辙。对此唐长孺先生有着精辟的概述，即先生有关中古史理论思考与概括之最重要结晶——南朝化理论②。本章所论皇太弟名号在两晋南北朝的变迁，或亦可视为从某一侧面为唐先生有关南北历史发展差异以及南

①　北周孝闵帝宇文觉、明帝宇文毓、武帝宇文邕及对齐人自称"太弟"之齐王宇文宪为兄弟四人。北齐弟及观念更为强烈，弟及现象更为明显，文襄帝高澄、文宣帝高洋、孝昭帝高演、武成帝高湛为兄弟四人，高演亦曾许诺夺取皇位后以弟高湛为皇太弟；有关北齐兄终弟及现象，本书第二章《萧墙之变：北齐高洋所谓"殷家弟及"试释》有详细讨论。

②　唐长孺："由于晋末动乱和北方少数族政权的建立，北方封建社会的发展走上了一条特殊道路，从而与直接继承汉末魏晋传统的南朝出现了显著的差异。这样一些差异是在一种特殊的历史条件下产生的，它必将随着这些特殊历史条件的消失而消失。唐代的变化，正是随着这些特殊历史条件的消失而产生的。这些变化从北朝传统来说，是十分巨大的，其中一部分也的确是新的变化。而另外一些部分，应该说是最重要的部分，却只是东晋南朝的继承。从更长的历史视野来看，唐代的变化和对东晋南朝的衔接，即唐代的南朝化倾向，决非偶然，乃是封建社会合乎规律的必然发展。"唐长孺：《魏晋南北朝隋唐史三论》，中华书局2011年版，第473页。

朝化理论提供了一个小小的注脚。

四　结论

与皇位传承中兄终弟及密切相关之皇太弟名号，滥觞于西晋末，其出现与惠帝无后的特殊情势、当时政治乱局及司马氏创业阶段兄弟相继有关。西晋以后，皇太弟名号在南北发展有所不同：在北方，流行于十六国，消失于北魏，至北齐、北周时又有所出现；在南方，东晋南朝均无所谓皇太弟名号，影响也趋于式微。在南方与北方分别为汉族与胡族政权统治之大背景下，皇太弟名号在南、北发展的差异反映了南北不同的政治路径、民族传统与文化色彩，其在南北同趋于消歇之结局也表明中古民族融合、文化发展不可逆转的大趋势；可以说，两晋南北朝时期所谓"皇太弟"并非一个简单称谓符号，其发展变迁有着丰富政治、文化内涵，亦从侧面再次佐证了唐长孺先生南北历史发展差异及南朝化理论之精确与独到。当然，唐先生所拈出的西晋末以来北方地区历史发展之特殊性，所涉及范围极为宽广，所产生影响相当深远；即使仅仅就皇位传承一端而言，也绝不限于"皇太弟"名号之演变，而是在纷繁复杂的中古皇权政治实践中多有体现并往往影响到历史的走向；而且，历史是一个多面相的动态的过程，所谓特殊性并非一成不变、并非和其他方面绝缘。因此，后文我们将聚焦皇位传承，进一步关注具体的时代、人物、事件和制度等，把握发展主流，抓住关键因素，选择若干典型问题，展开对西晋至唐初皇位传承与政治变迁之研究。

第 二 章

萧墙之变：北齐高洋所谓
"殷家弟及"试释

　　由高氏所建立的北齐是南北朝后期一个重要而特殊的王朝：前期强盛而后期衰乱，矛盾重重而终难解决，立国短暂而影响深远。与之相关，北齐政治史研究历来是学界关注的重点并已取得丰富的成果[①]。但是，由于问题本身的复杂性，由于相关史料的相对缺乏与

---

　　① 有关北齐政治史研究成果相当丰富，笔者仅能就己所知、与本书关系较近者略加回顾。其一，有关北齐史料、史事之考订。如清人钱大昕《廿二史考异》（清·钱大昕著，方诗铭、周殿杰校点：《廿二史考异》，上海古籍出版社 2004 年版）、赵翼《廿二史札记》、王鸣盛《十七史商榷》（清·王鸣盛著，黄曙辉点校：《十七史商榷》，上海书店出版社 2005 年版）之北齐部分，近人周一良《魏晋南北朝史札记》（中华书局 2007 年版）北齐部分，唐长孺之点校本《北齐书》（中华书局 1972 年版）"校勘记"等。其二，有关北齐史之通论。如吕思勉《两晋南北朝史》（上海古籍出版社 1983 年版）、万绳楠《陈寅恪魏晋南北朝史讲演录》、王仲荦《魏晋南北朝史》（下）（上海人民出版社 1980 年版），对于北齐王朝之盛衰及相关重要政治人物与事件，作了较详细的梳理；尾形勇《中国古代的"家"与国家》（［日］尾形勇著，张鹤泉译：《中国古代的"家"与国家》，中华书局 2010 年版）虽不是以北齐时代为重点，但其讨论中国古代皇帝与家及国家之关系，从方法论上对本书有着重要启迪。其三，有关北齐史之专论，主要集中在三个方面：（1）北齐制度研究。陈寅恪《隋唐制度渊源略论稿》（生活·读书·新知三联书店 2009 年版）论述了北齐一朝制度流变与对隋唐制度之影响，奠定了北齐制度研究之基础与规模，对学界有着深远影响，但陈先生高屋建瓴所论宏大精深，某些具体制度如本书所关注之皇位传承制度仍待深入。（2）北齐政治集团与国家兴亡研究。如毛汉光《北魏东魏北齐之核心集团与核心区》（收入毛汉光《中国中古政治史论》，上海书店出版社 2002 年版）、谷川道雄《隋唐帝国形成史论》（［日］谷川道雄著，李济沧译：《隋唐帝国形成史论》，上海古籍出版社 2004 年版）之第二章《北齐政治史与汉人贵族》、吕春盛《北齐政治史研究——北齐衰亡原因之考察》（台湾大学出版委员会 1987（见下页）

混乱，北齐政治运作与演进及其内在矛盾之问题，仍然存在颇多令人迷惑的历史疑难或学术研究之薄弱处；已有研究所遗留的分歧、所未及关注或深入之处仍然存在，尤其北齐皇帝及其家族在皇权政治中之动向、矛盾与背景未得到足够的重视。众所周知，皇权政治的核心在于皇帝及其家族①，尤其皇位传承往往与政局关系密切，甚至直接关涉王朝盛衰，此在北齐高氏统治时期尤为明显。北齐高氏之皇位传承，情形较为复杂，既有传子，亦有弟及，而以弟及为主；传子与弟及之矛盾始终存在，并伴随复杂而残酷之政治斗争，从而深刻影响到北齐政权之命运。因此，自本章以下三章，笔者拟以北齐皇位传承与争夺为中心，从前人较少或未曾措意之一些细微处入手，如高洋所谓"殷家弟及"一语、北齐宗庙与配饗制度变迁等，重点考察北齐的皇权、皇帝与皇族在其中的表现与挣扎，从家族盛衰与国家兴亡之角度探讨北齐皇权政治之演进，试图揭示在北朝后期特殊历史环境下高齐皇族与皇帝在家国之间的困境与冲突。

《北史》卷七《齐本纪中·废帝纪》云："初，文宣命邢卲制帝名殷字正道，从而尤之，曰：'殷家弟及，"正"字一止，吾身后儿不得也。'"②北齐文宣帝高洋寥寥数语，却道出高氏储位继承之关键，盖高氏自高欢执东魏朝政至北齐承光元年（577）为北周所灭，

（接上页）年版）、王怡辰《东魏北齐的统治集团》（文津出版社 2006 年版），从阶级、地域、胡汉、新旧等多个层面对北齐政治进行了分析。（3）北齐胡汉冲突。此方面成果尤多，如缪钺《东魏北齐政治上汉人与鲜卑人之冲突》（收入缪钺《读史存稿》，生活·读书·新知三联书店 1963 年版）、孙同勋《北魏末年与北齐时代的胡汉冲突》（《思与言》第 2 卷第 4 期，1964 年）、萧璠《东魏北齐内部的胡汉问题及其背景》（《食货月刊（复刊）》第 6 卷第 8 期，1976 年）、胡胜源《东魏北齐政治与文化问题新探》（硕士学位论文，新竹清华大学，2004 年），但论者对于北齐是否存在明显的胡汉冲突问题或赞成或反对，论证方法、角度与所得结论也不尽一致。

①　参见尾形勇《中国古代的"家"与国家》序章第一节"序论——所谓'国家家族观'"，第1—14 页。

②　《北史》，中华书局 1974 年版，第 266 页。按，《北齐书》卷五《废帝纪》原缺，后人以《北史》卷七《齐本纪中·废帝纪》补，故此处径引《北史》之文，以下引文有类似情形者均如此处理，不另出注。

其储位继承之形式以兄终弟及为主，即高洋所谓"殷家弟及"是也。本章将结合相关史料及前人研究成果①，从高洋所谓"殷家弟及"入手，寻其含义，溯其源流，并就高氏"殷家弟及"之政治文化背景及其与高氏衰亡之关系试加论析。

一　高洋所谓"殷家弟及"之含义及其源流

东魏孝静帝武定八年（550）五月，高洋篡魏建齐，年号天保，"（六月）丁亥，诏立王子殷为皇太子"②。高洋初登帝位，即立子殷为太子，高殷储君之位早定，但高洋却常忧其不得继立，前引《北史》卷七《齐本纪中·废帝纪》中"殷家弟及"之语即是，今更详引如下：

> 初，文宣命邢卲制帝名殷字正道，从而尤之，曰："殷家弟及，'正'字一止，吾身后儿不得也。"卲惧，请改焉。文宣不许，曰："天也。"因谓昭帝曰："夺时但夺，慎勿杀也。"③

"昭帝"，即高洋母弟高演，初封常山王，后夺废帝（高殷）之位而自立。"殷"，殷商也，殷代王位继承，多兄终弟及④。高洋所

---

① 有关高氏储位继承问题之论述，参见吕思勉《两晋南北朝史》第十四章第三节、缪钺《东魏北齐政治上汉人与鲜卑人之冲突》、吕春盛《北齐政治史研究——北齐衰亡原因之考察》下篇第五章《北齐统治阶层内部之冲突及其演变》、周双林《从北齐废立皇后的冲突看北朝皇后的政治作用》（载中国魏晋南北朝史学会、大同平城北朝研究会编《北朝研究》第二辑，北京燕山出版社 2001 年版）、庞骏《北齐储君制度探论》（《许昌师专学报》2001 年第 1 期）等，吕思勉先生罗列材料甚备，缪钺、周双林二氏均因其他论题而略有涉及，吕春盛之研究非专题而较细致，庞骏之研究则为专题，侧重于东宫建制、储君前途、宫官作用方面，亦论及高氏"兄终弟及"之现象，但重心不在此，论述亦较简略。

② 《北齐书》卷四《文宣帝纪》，中华书局 1972 年版，第 52 页。

③ 《北史》，第 266 页。

④ 参见王国维《殷周制度论》，收入王国维《观堂集林》，《王国维全集》第 8 卷，浙江教育出版社、广东教育出版社 2010 年版；张光直《论王亥与伊尹的祭日并再论殷商王制》，收入张光直：《中国青铜时代》，生活·读书·新知三联书店 2013 年版。

谓"殷家弟及"，意即弟高演终将代子高殷而继其帝位。据《北史》卷七《齐本纪中·文宣帝纪》："（天保二年七月）辛卯，改殷州为赵州以避太子之讳。"① 则高殷之名至迟在天保二年（551）七月已由邢邵制定，亦即高洋"殷家弟及"之语不得晚于天保二年七月。终天保之世，高洋忧其子不得继立之言行并非只此一处。同书同卷同纪：

> 又帝曾问太山道士曰："吾得几年为天子？"答曰："得三十年。"道士出后，帝谓李后曰："十年十月十日，得非三十也？吾甚畏之，过此无虑。人生有死，何得致惜，但怜正道尚幼，人将夺之耳。"帝及期而崩，济南竟不终位，时以为知命。②

高洋既对身后之事有所预料并"尤之"，自然当极力防范；但又谓"天也"，有所顾忌而无可奈何之情显而易见。高洋此种矛盾之态度，在其对诸弟之行事上有鲜明之反映：既刻意防范骨肉相残，又在子继或弟及之抉择上犹豫不决。

高洋弟十三人，四为同母生：常山王演（孝昭帝）、长广王湛（武成帝）、襄城王淯、博陵王济；九为异母弟：永安王浚、平阳王淹、彭城王浟、华山王凝、上党王涣、任城王湝、高阳王湜、冯翊王润、汉阳王洽。《北齐书》卷四《文宣纪》：

> （天保二年）三月丙午，襄城王淯薨……（七年）五月丙申，汉阳王洽薨……（九年）杀永安王浚、上党王涣。③

永安、上党二王为高洋所杀，史有明言。襄城、汉阳二王均薨

---

① 《北史》，第248页。
② 《北史》，第262页。
③ 《北齐书》，第55、61、66页。

于天保时，或亦与洋有关①。又博陵王济，"帝（文宣）怒，临以白刃，因此惊悸"②。

高洋诸母弟中常山王演居长，尤受高洋猜忌。《北史》卷七《齐本纪中·孝昭帝纪》：

> 武明皇太后早所爱重……（天保时）因间极言，遂逢大怒……帝性颇严，尚书郎中剖断有失，辄加捶楚，令史奸慝，便即考竟。文宣乃立帝于前，以刀环拟胁，召被帝罚者，临以白刃，求帝之短，咸无所陈，方见解释……后赐帝魏时宫人，醒而忘之，谓帝擅取，遂令刀环乱筑，因此致困。皇太后日夜啼泣，文宣不知所为。③

同书卷二四《王宪附王晞传》：

> 及文宣昏逸，常山王数谏……居三年，王又固谏争，大被殴挝，闭口不食。太后极忧之。帝谓左右曰："儿子死，奈我老母何！"于是每问王疾……王抱晞曰："吾气息惙然，恐不复相见。"晞流涕曰："天道神明，岂令殿下遂毙此舍。至尊亲为人兄，尊为人主，安可与计？殿下不食，太后亦不食，殿下纵不自惜，不惜太后乎？"言未卒，王强坐而饭……后王承间苦谏，遂致忤旨。帝使力士反接伏，白刃注颈，骂曰："小子何知，欲以吏才非我！是谁教汝？"王曰："天下嗫口，除臣谁敢

---

① 高洋诸弟中永安、上党、襄城三王较有才干器望，当因此见忌，参《北史》卷五一《齐宗室诸王传上》三王本传。又襄城王淯、上党王涣各自有墓志出土，所载与史传基本吻合并可互相印证，参见《高淯墓志》，收入赵超《汉魏南北朝墓志汇编》，天津古籍出版社 2008 年版，第 408 页；《高涣墓志》，收入王连龙《新见北朝墓志集释》，中国书籍出版社 2015 年版，第 148—154 页。

② 《北史》卷五一《齐宗室诸王上·博陵王济传》，第 1867 页。

③ 《北史》，第 266—267 页。

有言？"帝催遣捶楚，乱杖数十。①

同书卷四一《杨播附杨愔传》：

> 文宣大渐，以常山、长广二王位地亲逼，深以后事为念。②

常山王虽蒙太后救护（武明娄太后在高齐诸帝继立中之影响，俟下节详论），犹屡遭殴挞，几至于死。然而文宣对高演言"夺时但夺，慎勿杀"，及其终未致高演于死地，似也表明其对弟及之某种认可，且曾有传弟之意，《北史》卷五六《魏收传》：

> 文宣每以酣宴之次，云太子性懦，宗社事重，终当传位常山。收谓杨愔曰："古人云：太子国之根本，不可动摇。至尊三爵后，每言传位常山，令臣下疑贰。若实，便须决行；若戏此言，魏收既忝师傅，正当守之以死，但恐国家不安。"愔以收言奏帝，自此便止。③

可以说，高洋"殷家弟及"之语，正反映其对身后皇位子继抑或弟及之矛盾，其私心固然希望子继，然而对弟及之可能似乎又无可奈何，其因何而顾忌，下节再论。

天保十年（559）十月，高洋薨，子殷继立，是为废帝，《文馆词林》卷六六八《北齐废帝改元大赦诏》云：

> 属当正体，上奉宗祐。便以即日，恭承大命。④

---

① 《北史》，第886—887页。
② 《北史》，第1504页。
③ 《北史》，第2033页。
④ 唐·许敬宗编，罗国威整理：《日藏弘文本文馆词林校证》，中华书局2001年版，第343页。

　　所谓"正体",指废帝为高洋嫡子并立为太子之皇位继承人身份,可见子继系合法皇位继承制度。废帝以"属当正体"而"恭承大命",其继立本是顺理成章之事,而诏书特意加以强调,显然颇不寻常①,也隐约表明废帝之继立受到一定威胁,此种威胁即来自前述从天保初年以来已存在之弟及之威胁。乾明元年(560)八月,高殷被废,高演(孝昭帝)得立,高洋所虑之"殷家弟及"终成事实。而且,高洋所谓"殷家弟及",不仅应验于孝昭之立,也是高氏自高欢之后储位继承之关键所在,其间颇多隐秘与曲折,以下略加辨析。

　　高欢崛起于北魏末,遂执魏政,东魏武定五年(547)正月,高欢卒,长子高澄嗣王位,继执魏政。高澄顺利得嗣,固然与高欢较早着意栽培、树其威权有关②,同时也在于高欢在位时早作谋划成功排除兄终弟及之可能。高欢有异母弟赵郡王琛,助其草创霸图。《北齐书》卷一三《赵郡王琛传》:

> 少时便弓马,有志气……恭勤慎密,率先左右……永熙二年,除使持节、都督定州刺史、六州大都督。琛推诚抚纳,拔用人士,甚有声誉。及斛斯椿等衅结。高祖将谋内讨,以晋阳根本,召琛留掌后事,以为并、肆、汾大行台仆射,领六州九酋长大都督,其相府政事琛悉决之。天平中,除御史中尉……

----

①　此诏为著名文人魏收所撰,其中"属当正体"一句相当浅露直白,在极为重视典雅的诏敕文体中相当不协;而且高殷被立为太子已历十年,天下皆知其为国之储君,本不须强调却偏偏加以强调,亦不正常。《北史》卷五六《魏收传》:"(崔)悛为帝(按指出帝即孝武帝,其为孝文之孙、广平王怀之子)登阼敕云:'朕托体孝文。'收嗤其率直。"(第2026页。)魏收于北魏末出帝即位时嘲笑崔悛所撰敕诏中"托体孝文"之辞率直粗鄙,及己为北齐废帝撰即位敕诏时亦作类似之"属当正体"之辞,可见也是形势所迫,不得不然,以致前后自相矛盾,顾不得文字风流与文人风雅。

②　吕春盛:《北齐政治史研究——北齐衰亡之原因考察》第五章第一节,第197—199页。

寻乱高祖后庭，高祖责罚之，因杖而毙，时年二十三。①

同书卷二五《张纂传》:

　　魏武帝末，高祖赴洛，以赵郡公琛为行台，守晋阳。②

晋阳为高氏根本所在，琛永熙（532—534）末年居守晋阳，"相府政事琛悉决之"，委寄极重。然而琛既居重位，"甚有声誉"，又以高祖弟之亲，自然可能对高欢身后高澄之嗣位造成威胁，高欢父子显然也有觉察与防范。当霸业初定，高澄亦已年长之后，天平二年（535）即以琛为御史中尉，去其威权，其后更因"乱高祖后庭"被杖而死。所谓乱高祖后庭，指其与高祖妾小尔朱氏私通事③，但高氏本无礼法，父子兄弟之间奸妻淫妾之事屡见不鲜，琛以通高祖一小妾致毙，借机而已。高琛既死，高欢王位兄终弟及之可能便不复存在；高琛之死，也暗示高氏自高欢时起，即存在兄终弟及之威胁。

武定七年（549）八月，高澄暴崩，母弟高洋继立，高氏储位继承之"殷家弟及"初次实现，然此未必高澄之本意，而可能是高洋阴谋之结果。

高澄在位时，高洋颇见猜忌。《北史》卷七《齐本纪中·文宣帝纪》:

　　帝善自晦迹，言不出口，恒自贬退，言咸顺从，故深见轻，虽家人亦以为不及。文襄嗣业，帝以次长见猜嫌。④

① 《北齐书》，第169页。
② 《北齐书》，第359页。
③ 《北史》卷一四《后妃下·齐武成太妃尔朱氏附小尔朱氏传》:"神武纳之，生任城王。未几，与赵郡公琛私通，徙于灵州。"第518页。
④ 《北史》，第257页。

　　高洋既被嫌猜，以赵郡王琛致毙于前之例，洋亦不免危惧，其晦迹贬退，正见处境之艰难微妙。当高澄初嗣王业未行禅代之时，诸子年幼，尚须仰仗诸弟尤其同母长弟高洋之力，故洋虽被猜忌犹能自保；若澄禅代之后，诸子渐长，则洋之命运殊难预料。当武定七年（549）八月高澄将受魏禅之时，突遇刺暴亡，史谓为奴兰京所杀，然考以当时情势，其为高洋所谋之可能性更大，前人已有论述①，今略加补充申说。

　　《北史》卷六《齐本纪上·文襄帝纪》：

　　　　（武定七年）八月辛卯，遇盗而崩。初，梁将兰钦子京见虏，文襄以配厨，钦求赎之，不许。京再诉，文襄使监厨苍头薛丰洛杖之曰："更诉，当杀汝。"京与其党六人谋作乱。时文襄将受魏禅，与陈元康、崔季舒屏左右谋于北城东柏堂……因见弒。②

　　同书卷七《齐本纪中·文宣帝纪》：

　　　　（武定）七年八月，文襄遇贼，帝在城东双堂，事出仓卒，内外震骇。帝神色不变，指麾部分，自脔斩群贼而漆其首，秘不发丧。徐言奴反，大将军被伤，无大苦也。当时内外，莫不惊异。乃讽魏朝立皇太子，因以大赦。③

　　同书卷五五《陈元康传》：

<hr />

　　① 参见何德章《高澄之死臆说》，载《魏晋南北朝隋唐史资料》第16辑，武汉大学出版社1998年版。

　　② 《北史》，第235—236页。

　　③ 《北史》，第244页。按，《北齐书》卷四《文宣纪》叙事略同，但无相当关键之"乃讽魏朝立皇太子，因以大赦"之语。

属将受魏禅，元康与杨愔、崔季舒并在坐，将大迁除朝士，共品藻之。文襄家仓头兰固成掌厨，与其弟阿改，谋害文襄。阿改时事文宣，常执刀从，期闻东斋叫，即加刃于文宣。时文宣别有所之，未还而难作……时杨愔狼狈走出，遗一靴，崔季舒逃匿于厕，库直纥奚舍乐捍贼死，散都督王师罗战伤。①

《北齐书》卷二四《陈元康传》：

是日，值魏帝初建东宫，群官拜表。事罢，显祖出东止车门，别有所之，未还而难作。②

同书卷二五《王纮传》：

世宗暴崩，纮冒刃捍御。③

文襄（高澄）遇刺之经过大略如此，而疑窦甚多。

其一，兰京弟阿改"事文宣，常执刀从"，则阿改为文宣（高洋）亲信可知。

其二，兰京与其党六人作乱，阿改事文宣，则行刺时不过六人。文襄遇刺时亦至少有六人在座：高澄、陈元康、杨愔、崔季舒、纥奚舍乐、王纮。杨愔、王纮（字师罗）并勇干之士④，陈元康、纥奚舍乐殊死捍卫。又文襄与诸人密议禅代，岂能外无禁卫？而竟不

---

① 《北史》，第 1985 页。
② 《北齐书》，第 345 页。
③ 《北齐书》，第 365 页。
④ 《北史》卷四一《杨播附杨愔传》："韩陵之战，愔每阵先登。朋僚咸共怪叹曰：'杨氏儒生，今遂为武士，仁者必勇，定非虚论。'"（第 1502 页）同书卷七《齐本纪中·文宣帝纪》："都督高元海、王师罗并无武艺，先称怯弱，一旦交锋，有逾骁壮。"第 259 页。

敌厨奴六人，极为可怪。

其三，文襄遇刺在城北东柏堂，时文宣在城东双堂，东、北悬隔，仓促之中而文宣能即刻往赴平乱，若非预谋，实难解释。

其四，文宣之在城东双堂，《北史·陈元康传》谓其乃"别有所之"，《北齐书·陈元康传》则言"是日，值魏帝初建东宫，群官拜表。事罢，显祖出东止车门，别有所之"。魏帝立太子及大赦之时间，《魏书》卷一二《孝静帝纪》《北齐书·陈元康传》《资治通鉴》卷一六二梁武帝太清三年（东魏武定七年，549）八月条均谓立太子在八月辛卯（八日），即文襄遇刺当日，大赦在癸巳（十日）。但据上引《北史·齐本纪中·文宣帝纪》"乃讽魏朝立皇太子，因以大赦"语，则魏帝立太子及大赦均在文襄遇刺后且因文宣所请，与前诸书所载时日矛盾，其间必有所隐讳。按，魏帝若八月辛卯立太子，群官皆往拜表，文襄岂能不贺？《魏书》乃魏收所撰，魏收于天保年间为高洋所重用，"（天保）二年，诏撰《魏史》"①，天保五年（554）三月奏上《魏书》，"众口諠然，号为'秽史'"②，自必回护修饰高洋之短。故《魏书》所记孝静帝立太子及大赦时间当有改窜，《北齐书》《资治通鉴》沿其误，《北史》所书则近实。又《文馆词林》卷六六六《后魏孝静帝立皇太子大赦诏一首》：

> 今令月嘉辰，少阳崇建……可大赦天下，自武定七年八月十日昧爽已前……皆听免。③

与《北史》所载相符。因此，文襄遇刺当日，所谓文宣因魏帝立太子而"别有所之"之记载不可信，所以如此，乃为掩饰文襄遇刺时文宣之动向及文襄遇刺之真相。

---

① 《北史》卷五六《魏收传》，第 2030 页。
② 《北史》卷五六《魏收传》，第 2032 页。
③ 《日藏弘文本文馆词林校证》，第 286 页。

由此推论，高澄遇刺，极可能由高洋策划：洋以母弟之尊处嫌猜之地，故谋弑兄自立，并因亲信近侍阿改而与其兄兰京发难；高澄遇刺时在场之五人除死难之陈元康、纩奚舍乐外，余免死之杨愔、崔季舒、王纮三人皆高洋党[1]；高澄遇刺时高洋因魏帝立太子而"别有所之"之记载乃伪造，魏帝立太子及因之大赦实皆在文襄遇刺之后；高洋远在城东而能速至平难，当系先有预谋。

高澄既死，高洋嗣业，高氏储位继承之"殷家弟及"由此开端，其后遂成为高氏储位继承之常态。

高洋死，子废帝殷立，旋为洋弟常山王演即孝昭帝所夺，已见前述。

孝昭之废黜废帝，本与弟长广王湛即武成帝共谋。《北史》卷五一《齐宗室诸王上·上洛王思宗附子元海传》：

> 初，孝昭之诛杨愔等，谓武成云，事成，以汝为皇太弟。及践位，乃使武成在邺主兵，立子百年为皇太子，武成甚不平。[2]

孝昭既许立武成为皇太弟，登位后则立子为太子，其欲传子不欲传弟之意图与高洋如出一辙，其犹豫不决亦一同高洋。《北史》卷二四《王宪附王晞传》：

> 时百官请建东宫，敕未许，每令晞就东堂监视太子冠服，导引趋拜。寻拜为太子太傅。晞以局司奉玺授皇太子。太子释奠，又兼中庶子。[3]

---

① 杨愔，天保间最为高洋所重并受临终托孤（参《北史》卷四一《杨播附杨愔传》）；崔季舒，天保间"大被恩遇"（《北史》卷三二《崔季舒传》，第1185页）；王纮，"颇为文宣所知，为领左右都督"（《北史》卷五五《王纮传》，第1998页）。

② 《北史》，第1852页。

③ 《北史》，第889页。

按，孝昭初不许建东宫，后终立太子，"敕未许"三字下有脱文①，其转变之经过不得而详，其矛盾之心态则可想见。孝昭既立太子，武成心不平，互致猜忌不可避免。

《北史》卷五一《齐宗室诸王上·上洛王思宗附子元海传》：

> （孝昭）恒留济南于邺，除领军厍狄伏连为幽州刺史，以斛律丰乐为领军，以分武成之权。武成留伏连而不听丰乐视事。乃与河南王孝瑜伪猎，谋于野，暗乃归……既而太史奏言，北城有天子气，昭帝以为济南应之，乃使平秦王归彦之邺，迎济南赴并州。武成先告元海，并问自安之计……答曰："济南世嫡，主上假太后令而夺之，今集文武，示以此敕，执丰乐，斩归彦，尊济南，号令天下，以顺讨逆，此万世一时也。"武成大悦，狐疑，竟未能用……又令巫觋卜之，多云不须举兵，自有大庆。②

《北齐书》卷四九《方伎·吴遵世传》：

> 世祖以丞相在京师居守，自致猜疑，甚怀忧惧，谋将起兵。③

孝昭谋分武成之权，武成谋举兵，传子与弟及之矛盾一触即发。然孝昭享祚不永，一年而崩，太子年幼，孝昭遂惩前事而遗诏传位武成，"遣使诏追长广王入纂大统。又手书云：'宜将吾妻子置一好

---

① 参《北史》卷二四校勘记〔一二〕（第903页）、《北齐书》卷三一校勘记〔九〕（第425页）。
② 《北史》，第1852—1853页。
③ 《北齐书》，第677页。

处，勿学前人也。'"① 兄弟间矛盾消弭于无形，高氏"殷家弟及"再次亦是最后一次重演。

武成嗣立，大宁二年（562）正月立子高纬为太子，河清四年（565）四月禅位于纬，自为太上皇。《北史》卷四七《祖莹附子珽传》：

> 珽（说和士开）曰："宜说主上云：襄、宣、昭帝子俱不得立，今宜命皇太子早践大位，以定君臣（后略）。"士开许诺。因有慧星出，太史奏云除旧布新之征，珽于是上书，言："陛下虽为天子，未是极贵。案《春秋·元命苞》云：'乙酉之岁，除旧革政。'今年太岁乙酉，宜传位东宫，令君臣之分早定，且以上应天道。"并上魏献文禅子故事。帝从之。②

则武成壮年禅位，乃有鉴于"襄、宣、昭帝子俱不得立"之事实，因而传位后主以早定大位。天统四年（569）武成崩，距河清四年后主受禅已四年，其时内廷仍有后主帝位不稳之虑而秘不发丧之举，《北齐书》卷四十《冯子琮传》："及世祖崩，仆射和士开先恒侍疾，秘丧三日不发。子琮问士开不发丧之意。士开引神武、文襄初崩并秘丧不举，至尊年少，恐王公有贰心，意欲普追集凉风堂，然后与公详议。"可知武成禅位后主虽然结束自文襄以来子不得立、弟得为及之传统，但壮年禅位之不寻常举动及武成崩后内廷之忧虑，亦正说明高氏"殷家弟及"传统之强大与潜在之威胁。

高氏"殷家弟及"之传统，可谓源远流长。高欢虽传子高澄，其时已受弟及之威胁；高澄欲传子而遇刺身亡，弟高洋继立，澄之遇刺当即起因于传子与弟及之矛盾；高洋欲传子，而终为弟高演所夺；高演亦欲传子，临终惩前事而遗诏传弟高湛；高湛以壮年禅位

---

① 《北史》卷七《齐本纪中·孝昭帝纪》，第273页。
② 《北史》，第1739—1740页。

之非常举动，方得以结束弟及之传统，然此时高齐已近衰亡之期，不久即为宇文周所并。高氏诸帝（王）均欲传子而终多及弟，并非偶然之结果而是有其深厚政治文化背景，且与高氏之衰亡不无关系，下节将做进一步之分析。

二 高氏"殷家弟及"之原因及其影响

高氏"殷家弟及"之储位继承方式，与高欢妻武明娄太后关系密切。盖高欢十五子，六为娄后所生，文襄帝高澄、文宣帝高洋、孝昭帝高演、武成帝高湛皆出娄后，为同母兄弟，高氏之"殷家弟及"实即娄后诸子间之兄终弟及。高洋猜忌孝昭屡加迫害，娄后殷勤救护保全，前已论及，今更将娄后在诸子继立中之作用稍加论列①。

《北史》卷一四《后妃下·齐武明皇后娄氏传》：

> 济南即位，尊为太皇太后。尚书令杨愔等受遗诏辅政，疏忌诸王。太皇太后密与孝昭及诸大将定策诛之，下令废立。孝昭即位，复为皇太后。孝昭崩，太后又下诏立武成帝……（大宁二年）四月辛丑，崩于北宫。②

《资治通鉴》卷一六八陈文帝天嘉元年（北齐皇建元年，560）二月条：

> 齐显祖之丧，常山王演居禁中护丧事，娄太后欲立之而不果。③

---

① 北齐帝位继承中娄后之作用，吕春盛、周双林二氏已有所论及，参前揭二氏论著。
② 《北史》，第517页。
③ 《资治通鉴》，第5196页。

《北史》卷七《齐本纪中·废帝纪》：

（乾明元年）秋八月壬午，太皇太后令废帝为济南王，全食一郡，以大丞相、常山王演入纂大统。①

同书同卷《齐本纪中·孝昭帝纪》：

太皇太后寻下令废少主，命帝统大业。②

同书卷四一《杨播附杨愔传》：

太皇太后临昭阳殿，太后及帝侧立……太皇太后怒且悲，王公皆泣。太皇太后曰："岂可使我母子受汉老妪斟酌。"……太皇太后谓帝："何不安慰尔叔？"帝乃曰："天子亦不敢与叔惜，岂敢惜此汉辈！但愿乞儿性命，儿自下殿去，此等任叔父处分。"③

《文馆词林》卷六六八《北齐孝昭帝即位大赦诏一首》：

太皇太后流圣善之念，弘厚载之仁，虑深艰危，情兼家国。爰诏寡薄，缵承鸿绪。④

《北史》卷八《齐本纪下·武成帝纪》：

孝昭崩，遗诏征帝入统大位。及晋阳宫，发丧于崇德殿。

---

① 《北史》，第 265 页。
② 《北史》，第 269 页。
③ 《北史》，第 1505—1506 页。
④ 《日藏弘文本文馆词林校证》，第 344 页。

皇太后令所司宣遗诏。①

《北齐书》卷四九《方伎·吴遵世传》：

赵郡王奉太后令以遗诏迫世祖。②

文宣崩，娄太后本欲立孝昭而未果；孝昭政变之成功，关键亦在于娄后之支技；其后废废帝、以孝昭为帝，皆以太后令之名义行之。武成之继统，虽有孝昭遗诏，犹须"奉太后令"以遗诏迫之；且"皇太后令所司宣遗诏"，所谓遗诏是否出自孝昭本意，亦存疑问③。

娄后在世，高氏皇位始终在娄后诸子间传承，大宁二年（562）娄后崩之后，武成于河清四年（565）禅位后主，方结束高氏"殷家弟及"之局面。高氏兄弟之兄终弟及，娄后作用甚巨。

娄后不愿立孙而愿立子，其原因，有学者归之为胡汉冲突与立子立孙之间娄后身份权位之变化④。娄后之影响固属高氏"殷家弟及"形成之重要原因，但文襄、文宣、孝昭在位时均猜忌诸弟，文宣、孝昭均早建东宫欲传位于子，且诸帝皆雄杰之士，非娄后所能牢笼⑤，故高氏之"殷家弟及"，当有更深刻之原因。

----

① 《北史》，第281页。

② 《北齐书》，第677页。

③ 史载孝昭遗诏立武成，其中甚有疑窦，很可能遗诏系伪造，大概在娄太后支持下武成发动宫廷政变而夺取皇位，有关论述可参黄寿成《北齐高演高湛兄终弟及事考释》，载《北大史学》第15辑，北京大学出版社2010年版。

④ 参前揭周双林《从北齐废立皇后的冲突看北朝皇后的政治作用》；又黄永年《六至九世纪中国政治史》（上海书店出版社2004年版）第一章第三节亦有类似看法。

⑤ 如《北史》卷七《齐本纪中·文宣帝纪》载："太后尝在北宫，坐一小榻，帝时已醉，手自举床，后便坠落，颇有伤损。醒悟之后，大怀惭恨，遂令多聚柴火，将入其中。太后惊惧，亲自持挽。又设地席，令平秦王高归彦执杖，口自责疏，脱背就罚……遂幸李后家，以鸣镝射后母崔，正中其颊，因骂曰：'吾醉时尚不识太后，老婢何事！'马鞭乱打一百有余。"（第260页。）文宣举床使娄后坠伤并自谓"醉时尚不识太后"，娄后亦对之"惊惧"。

前已论及文宣、孝昭在传子与传弟之间之犹豫与矛盾，此种犹豫与矛盾，既有文化之背景，亦是解析高氏"殷家弟及"储位继承方式之关键所在。

高齐之氏族，据《魏书》卷三二《高湖传》及《北史》卷六《齐本纪上·神武帝纪》，出自汉族高门渤海高氏。但此记载一直受众多学者怀疑，但由于史料缺乏，高氏氏族究竟何属，迄今尚无定论①；但高氏及高氏治下东魏北齐之鲜卑化，则史载甚明，陈寅恪先生等学者论之已详，此不赘。高氏虽崇胡化，对汉化亦甚企羡，时加依托标榜，如自称渤海高氏，诸后妃多出汉族高门②，娄后为博陵王济纳清河崔㥄妹为妃时言"好作法用，勿使崔家笑人"③。高氏对胡化与汉化之矛盾态度，亦反映在储位继承问题上。《北史》卷五六《魏收传》："文宣每以酣宴之次，云太子性懦，宗社事重，终当传

---

① 高氏氏族问题，王鸣盛《十七史商榷》（上海书店出版社 2005 年版）卷六八《北史合魏齐周隋书四》"高允与神武为近属"条、钱穆《国史大纲》（商务印书馆 1996 年版）、吕思勉《两晋南北朝史》、姚薇元《北朝胡姓考》（中华书局 2007 年版）"内篇·内入诸姓·高氏"条、周一良《领民酋长与六州都督》（收入周一良《魏晋南北朝史论集》，商务印书馆 2020 年版）、缪钺《东魏北齐政治上汉人与鲜卑人之冲突》（收入前揭《读史存稿》）及谭其骧附于缪钺文后之信函、吕春盛《北齐政治史研究——北齐衰亡原因之考察》上篇第一章第一节、黄永年《六至九世纪中国政治史》第一章第一节、张金龙《高欢家世族属真伪考辨》（《文史哲》2011 年第 1 期）、王连龙《北魏高树生及妻韩期姬墓志考》（《文物》2014 年第 2 期）、滨口重国《高齐出自考——高欢の制霸と河北の豪族高乾兄弟の活跃》（载《史学杂志》第 49 篇 7、8 号，1961 年）等均有论说，可参考；大致上，尽管其他方面或细节看法颇有差异，但高齐所谓出自渤海高氏之记载不可信则是学界比较主流和一致之看法。又笔者亦曾专门讨论过高齐氏族问题，基本结论为："高齐皇室世系自泰以上应为伪托……高齐世系自湖以下当属实……虽然我们认为高氏世系自高湖以下当属实，但并不表示我们认同《魏书·太祖纪》所谓天兴二年（399）高湖归魏之说法……高湖入魏之真实时间，我们认为应从《新唐书·宰相世系表一下》，即自北燕入魏，而高氏与北燕皇室冯氏关系密切，其家世疑出长乐信都。""所谓高齐皇室出自渤海高氏、与北魏名臣高允同祖之记载乃出于伪托与攀附，而'东海出天子'谶言出现后，在北魏末至东魏初数年之间，对高氏氏族改造进程起到催化与促进作用。"姜望来：《谣谶与北朝政治研究》第七章《论"齐当兴，东海出天子"——兼论高齐氏族问题之二》，天津古籍出版社 2011 年版，第 163、166 页。

② 参《北史》《北齐书》北齐诸后妃传、宗室诸王传。

③ 《北史》卷二四《崔㥄传》，第 874 页。

位常山。"① 所谓"性懦",实指其较为汉化,《北史》卷七《齐本纪中·废帝纪》:"文宣每言'太子得汉家性质,不似我',欲废之。"② 高洋欲废太子而未废,欲传弟而终不传,正见其在胡化与汉化间之取舍艰难。

孝昭在位,亦有传子抑或传弟之矛盾,后有鉴于文宣传子而被废,遂遗诏传弟武成;但孝昭太子百年母为元后,元氏既为前朝皇室又汉化已深,此点未必不在孝昭考虑之内。

武成继立,其大赦诏云:"继立之义,理属储两。深顾冲弱,弘此远图。近舍周典,上循商制。爰命寡薄,入纂洪基。"③ 所谓"近舍周典,上循商制"正与高洋所谓"殷家弟及"前后符应。传子,周之制;传弟,殷之制。殷周之别,即汉儒所谓质文之别,在其时亦即胡汉之别,盖周嫡长世及之制为历代汉儒所宣扬,殷商弟及之制则弃而不取。

武成虽舍周典而循商制,名义上仍须承认"继立之义,理属储两",亦即说明高氏储位继承虽行"殷家弟及"(殷制)之实,而父死子继(周制)之合法性亦得到承认。此种礼制上之混乱也从当时人之议论中反映出来,《北齐书》卷四四《儒林·刁柔传》:

> 又参议律令。时议者以为立五等爵邑,承袭者无嫡子,立嫡孙,无嫡孙,立嫡子弟,无嫡子弟,立嫡孙弟。柔以为无嫡孙,应立嫡曾孙,不应立嫡子弟。议曰:
>
> 柔案《礼》立适以长,故谓长子为嫡子。嫡子死,以嫡子之子为嫡孙,死则曾、玄亦然……然则商以嫡子死,立嫡子之母弟,周以嫡子死,立嫡子之子为嫡孙。故《春秋公羊》之义,嫡子有孙而死,质家亲亲先立弟,文家尊尊先立孙……若用商

---

① 《北史》,第2033页。
② 《北史》,第263页。
③ 《文馆词林》卷六六八《北齐武成即位改元大赦诏一首》,《日藏弘文本文馆词林校证》,第345页。

家亲亲之义，本不应嫡子死而立嫡孙。若从周家尊尊之文，岂宜舍其孙而立其弟？或文或质，愚用惑焉。[1]

刁柔卒于天保七年（556），其立议必在文宣之世。从柔之议论，可知其时盛行之制度为立子之周制与立弟之殷制之混合体，"或文或质"，非驴非马，与武成大赦诏所反映之殷周混乱之情形并无二致。

从文宣时刁柔所议与武成大赦诏所透露之信息，可推论高氏统治时期之继承制度存在究竟行用周制抑或殷制之矛盾，此种矛盾正是高氏诸帝在立子与传弟间摇摆不定之矛盾心态之文化背景；而周制与殷制文质之别，在其时又具有汉化与胡化之别之含义，此点从与高氏东西对峙之宇文氏储位继承上可得以佐证。

《周书》卷二五《李贤附弟远传》："时太祖嫡嗣未建，明帝居长，已有成德。孝闵处嫡，年尚幼冲。"[2] 明帝即宇文毓，孝闵即宇文觉。所谓"孝闵处嫡"，指孝闵母即魏孝武帝妹为宇文泰正室。同前又续云：

> 乃召群公谓之曰："孤欲立子以嫡，恐大司马有疑。"大司马即独孤信，明帝敬后父也。众皆默，未有言者。远曰："夫立子以嫡不以长，礼经明义。略阳公为世子，公何所疑。若以信为嫌，请即斩信。"……于是群公并从远议。[3]

宇文泰欲立觉不欲立毓，牵涉其与独孤信之矛盾，此不赘[4]。但宇文泰与李远均援引周制立子以嫡不以长之义，以支持立觉为储之

---

[1] 《北齐书》，第586—587页。
[2] 《周书》，中华书局1971年版，第421页。
[3] 《周书》，第421页。
[4] 参见周双林《北周赵贵、独孤信事件考论》，《文史》第31辑，中华书局1988年版；笔者硕士论文《魏周隋唐关陇集团与山东势力》第二章第一节亦有相关讨论，硕士学位论文，武汉大学，2005年。

立场。事实上，恭帝三年（556）正月行周礼确与立嗣有关。《周书》卷二《文帝纪下》：

> （西魏恭帝）三年春正月丁丑，初行《周礼》。①

《周书》卷三《孝闵帝纪》：

> 魏恭帝三年三月，命为安定公世子。②

行周礼后不过两月即立觉为世子，且宇文泰与李远俱以立子以嫡作根据，"立子以嫡"正是周礼之义，李远所谓"礼经明义"即指此。又《周书》卷三五《崔猷传》："世宗崩，遗诏立高祖。晋公护谓猷曰：'鲁国公禀性宽仁，太祖诸子之中，年又居长。今奉遵遗旨，翊戴为主，君以为何如？'猷对曰：'殷道尊尊，周道亲亲，今朝廷既遵《周礼》，无容辄违此义。'……事虽不行，当时称其守正。"③行周礼与立嫡子之关系豁然可见。行周礼为宇文泰推行关陇文化本位政策之重要步骤，但其实行恰在恭帝三年，则不能不谓与立嗣有关。

行周礼为宇文氏关陇文化本位政策之核心，亦是其调和胡汉、融冶胡汉一体之关陇集团之重要措施④，在北朝末期鲜卑化盛行之潮流下，行周礼亦即行汉化。宇文氏行周礼（行汉化）而确立立子以嫡之继承制度；高氏则于殷周制度间摇摆不定，杂而用之，既承认立子之合法性又盛行传弟之事实，实质上反映了高氏在胡化与汉化

---

① 《周书》，第 36 页。
② 《周书》，第 45 页。
③ 《周书》，第 617 页。
④ 参见陈寅恪先生《隋唐制度渊源略论稿》之"三、职官"、"二、礼仪"及万绳楠整理《陈寅恪魏晋南北朝史讲演录》第十九篇"宇文氏之府兵及关陇集团（附乡兵）"关于宇文泰行周礼之论述。

之间取舍艰难之困境。

总之,高氏储位继承屡行"殷家弟及",与娄后之影响有关,更与高氏在胡化与汉化间之困境有关。娄后力主传弟,代表胡化之势力;诸帝矛盾于传子与传弟之间,表明高氏在汉化与胡化间之难于取舍;而文宣、孝昭、武成皆以"殷家弟及"之方式登帝位,则表明高氏治下胡化倾向之强过汉化。

高氏"殷家弟及"盛行,伴随残酷之政治斗争,引起高氏皇族内兄弟叔侄间之猜忌与残杀,而此与高齐之衰亡亦有关联。其一,在位之皇帝猜忌诸弟,肆行诛戮,如前举文宣之例,天保间两弟见杀,另两弟之薨或亦与之有关,孝昭屡遭迫害几至于死;孝昭时猜忌武成;武成时,其弟平阳王淹遇鸩终①。后主时,杀其叔博陵王济,《北史》卷五一《齐宗室诸王上·博陵王济传》:

> 天统五年,在州语人云:"计次第,亦应到我。"后主闻之,阴使人杀之。②

济为娄后所生六子之最幼者,其五兄除襄城王淯薨于天保二年(551)外,其余皆先后登帝位,故其云"计次第,亦应到我",可见弟及之观念在高氏兄弟间尤其娄后诸子间影响之深,而济终以此见杀。

其二,以弟及方式登位之皇帝,于前帝之子斩草除根。孝昭号为宽厚,享祚亦仅一年,犹诛文宣子废帝济南王;至武成继立,则诛戮甚广。《北史》卷八《齐本纪下·武成帝纪》:

> 是岁(河清元年),杀太原王绍德……(二年六月)庚申,

---

① 《北史》卷五一《齐宗室诸王上·平阳王淹传》:"河清三年,薨于晋阳。或云以鸩终。"第1861页。

② 《北史》,第1867页。

司州牧、河南王孝瑜薨……（三年六月）杀乐陵王百年。①

同书卷五二《齐宗室诸王下·河南王孝瑜传》：

（赵郡王）叡又言山东唯闻河南王，不闻有陛下。帝由是忌之……武成大怒，顿饮其酒三十七杯。体至肥大，腰带十围，使娄子彦载以出，鸩之于车。至西华门，烦热躁闷，投水而绝。②

同书卷五二《齐宗室诸王下·河间王孝琬传》：

孝琬以文襄世嫡，骄矜自负……帝（武成）怒，使武卫赫连辅玄倒鞭挝之。孝琬呼阿叔。帝怒曰："谁是尔叔？敢唤我作叔！"孝琬曰："神武皇帝嫡孙，文襄皇帝嫡子，魏孝静皇帝外甥，何为不得唤作叔也？"帝愈怒，折其两胫而死。③

乐陵王百年，孝昭太子；太原王绍德，文宣第二子；河间王孝琬，文襄嫡子；河南王孝瑜，文襄长子。所杀均系对武成帝位颇具威胁者，不能归之偶然。

《北史》卷五二《齐宗室诸王下·广宁王孝珩传》谓："齐王宪问孝珩齐亡所由……孝珩独叹曰：'李穆叔言齐氏二十八年，今果然矣！自神武皇帝以外，吾诸父兄弟无一人得至四十者，命也（后略）。'"④ 孝珩，文襄子，其将高氏除高欢以外诸父兄弟无一人得至四十之事实与齐亡之原因联系起来，不无道理。高氏以皇帝、皇族之贵重，养尊处优，物质与医疗条件自然远远超过普通百姓，却在

---

① 《北史》，第283—284页。
② 《北史》，第1876页。
③ 《北史》，第1878—1879页。
④ 《北史》，第1877页。

东魏北齐时代除创业奠基之高欢以外，庞大家族无一人得至四十岁，集体呈现出之寿命短促实属罕见令人费解。笔者认为，北齐时代高氏皇族之促寿（平均寿命显著低于北齐建立以前之高欢先祖和灭亡以后之高氏子孙），并非孝珩所谓"命也"，而是皇族内部残酷政治斗争与杀戮之必然结果①；而因高氏"殷家弟及"所引致之高氏兄弟叔侄间之残杀，即是皇族政治斗争与杀戮之重要一面。

三　结论

本章考察高洋所谓"殷家弟及"之含义及其源流，分析高氏"殷家弟及"之原因及其影响，结论如下：高洋所谓"殷家弟及"乃高氏储位继承之关键，高氏储位继承之"殷家弟及"传统源远流长，自高欢执东魏朝政至北齐承光元年为北周所灭，其储位继承之形式以兄终弟及为主；高氏储位继承屡行"殷家弟及"，与娄后之影响有关，更与高氏在胡化与汉化间之困境有关，高氏诸帝矛盾于传子与传弟之间，表明高氏在汉化与胡化间之艰难取舍，此亦为了解在北朝末期民族关系紧张之背景下高氏汉化之曲折过程提供一新视角；高氏"殷家弟及"盛行并伴随残酷之政治斗争，引起高氏皇族兄弟叔侄间之猜忌与残杀，而此与高齐之衰亡亦有所关联。

---

① 姜望来、徐科伟：《高齐皇族促寿现象考略》，《社会科学动态》2019 年第 6 期。又可参阅许福谦、刘勇《北齐诸帝诸王生卒年考》［《山西大学学报（哲学社会科学版）》1999 年第 2 期］一文关于北齐宗室寿命问题之讨论。

第 三 章

祖宗与正统:北齐宗庙变迁与
皇位传承

 祖先崇拜作为人类社会早期几乎是共有的观念与现象,在古代诸文明形态中普遍存在并起到重要的作用,其中对于继承制度(主要为王权继承制度)的影响亦不容忽视①。古代中国同样如此,皇室

---

① 马克斯·韦伯:"家族及氏族团体需要有一个自己的神,而且自然会求之于祖先的精灵—不管是实在的还是虚构的……家族内的祖先崇拜有高度发展者,通常与此一家族内家父长制结构的发展齐头并进,因为只有在一个家父长制结构下,家对男性而言,才具有中心意义……在家族祭典与家父长祭司制的权力与重要性尚未遭到破坏的地方,它们自然形成一种极端强固的人际结合关系,对家族及氏族有巨大的影响力,将成员牢固地团结为一个坚强凝聚的团体……有效地决定及固定家族内所有的法律关系,妻子与继承者的正当地位,儿子与父亲、兄弟之间的关系……类似的宗教动机也影响到长子的继承权(不管是唯一继承,还是优先继承权),虽然其间也牵涉军事与经济的因素。"[德]马克斯·韦伯著,康乐、简惠美译:《宗教社会学》第一章"宗教的起源",广西师范大学出版社 2011 年版,第 19—20 页。具体的实例,如亨利·富兰克弗特在考察古代埃及王权继承时所论:"国王祖先崇拜最古老的形式以及一种从未被取代的形式构成了集体崇拜……每一个去世的国王变成了奥西里斯;但是随着时间的迁移,他甚至丢失了那种严肃的个性,而且作为'荷鲁斯追随者'中的一个,即帕或涅亨的'灵魂'的一个,他带着那种朦胧的精神力量出现,这种精神力量自远古以来就已经支持了活着的统治者和荷鲁斯御座上的继承者……涅亨的灵魂被证明属于国王祖先集体,这个国王祖先集体被一个来自喜乌特的祭司名字称为荷鲁斯的追随者……最终每一个国王在死时都加入到帕和涅亨的灵魂当中……不仅仅伟大的国王节日,而且恰恰国王的存在也被放在了祖先的监护之下。"[美]亨利·富兰克弗特著,郭子林、李岩、李凤伟译:《王权与神祇》第七章"国王的支持者:国王的祖先",上海三联书店 2007 年版,第 137—145 页。

之祖先崇拜相当发达并深刻影响到现实政治①，其间联系之纽带即所谓宗庙②；帝王设宗庙以祭祀祖宗之重要性，《册府元龟》卷二八《帝王部·奉先》有概括说明：

> 《传》曰：慎终追远，民德归厚矣。《孟子》曰：君子不以天下俭其亲。故王者富有四海，风化兆庶，莫不推因，心之孝奉，如在之灵。叙昭穆而举禘祫，祖有功而宗有德，申严配于上帝，饬庙貌于都邑，修奉陵寝，追述徽烈，洁粢丰盛，作乐陈舞，顺时序而荐享，率诸侯以助祭。③

又同书卷一八九《闰位部·奉先》：

> 夫有国家者，曷尝不宗祀以本仁，作庙以观德，尊祖以致孝，奉先以尽礼……东魏北齐以及朱梁，虽国褊运促，日不暇给，而崇荐尊称肃祇尝事亦未曾阙焉。④

《册府元龟》特别举出北齐高氏等为例，意在说明即使"国褊运促"之"闰位"政权亦重视宗庙祭祀。高齐立国虽短（550—577），其一如前代注重宗庙建设、其宗庙制度基本沿袭前代，自无疑问；

---

① 马克斯·韦伯："不管实际情况如何，在历史上，中国人民的最基本的信仰一直是相信祖宗神灵的力量，虽然不是只相信自己祖灵的力量，但基本上是；相信自己的祖灵起着在天神或上帝面前转达后辈愿望的中介人的作用——这种作用从礼仪和文化上得到了证明；——相信必须无条件地向祖灵贡献牺牲，以使他们心满意足，抱持良好的情绪。皇帝的祖灵几乎与天神的仆从同列。""国家规定的'世俗宗教'不过是对祖先神灵力量的信仰和崇拜。"［德］马克斯·韦伯著，王容芬译：《儒教与道教》，广西师范大学出版社 2008 年版，第 133—134 页、第 183 页。

② 《礼记·祭统》："凡治人之道，莫急于礼，礼有五经，莫重于祭。"（清·孙希旦：《礼记集解》，中华书局 1989 年版，第 1236 页）《礼记·曲礼》："君子将营宫室，宗庙为先，厩库为次，居室为后。凡家造，祭器为先，牺赋为次，养器为后。"《礼记集解》，第 116 页。

③ 北宋·王钦若等编：《册府元龟》，中华书局 1960 年版，第 302 页上。

④ 《册府元龟》，第 2286 页上。

不过，有关北齐宗庙之史实，颇有疑难或阙略之处，其中所涉前后变迁又与皇权政治深相关联，因此，本章拟参据前贤研究成果，就北齐宗庙变迁之大致情形及其与高氏皇位传承和后期政治乱局之关系，作出一些考订、论证或推测，以期有助于相关论题之解决或推进①。

一　祖宗之位：北齐宗庙建设

北魏末年，高欢崛起并掌握朝政，由此开启东魏（534—550）、北齐（550—577）高氏统治时期。高氏建立宗庙，始于东魏武定六年（548）高欢长子高澄执政时，不过其时高澄名义上仍是魏臣，故其立庙仍依诸侯五庙之制②。《隋书》卷七《礼仪志二》：

> 后齐文襄嗣位，犹为魏臣，置王高祖秦州使君、王曾祖太尉武贞公、王祖太师文穆公、王考相国献武王，凡四庙。③

《魏书》卷一〇八之二《礼志二》：

① 北齐宗庙制度之研究，请参见［日］金子修一《关于魏晋到隋唐的郊祀、宗庙制度》（收入刘俊文主编《日本中青年学者论中国史·六朝隋唐卷》，上海古籍出版社 1995 年版）及《古代中国と皇帝祭祀》（汲古书院 2001 年版）、高明士《皇帝制度下之庙制系统——以秦汉至隋唐作为考察中心》（《台湾大学文史哲学报》1993 年第 40 期）、陈成国《魏晋南北朝礼制研究》（湖南教育出版社 1995 年版）、郭善兵《中国古代帝王宗庙礼制研究》（人民出版社 2007 年版）、梁满仓《魏晋南北朝皇家宗庙制度述论》（《中国史研究》2008 年第 2 期）等论著有关北齐之部分；北齐宗庙变迁之研究，周一良先生在其《魏晋南北朝史札记》之"高洋庙号"条中已考释北齐文宣帝高洋庙号、谥号之改易，并敏锐指出："反映北齐朝廷屡易皇帝，政治动荡，以致本纪之记载亦不能无纰漏也。"（周一良：《魏晋南北朝史札记》，第 411—412 页）本章关注北齐宗庙，重心不在于制度本身（庙数、建筑样式、祭祀仪轨等），而在于北齐一朝皇权政治运作中与宗庙有关的活动，即所谓宗庙之变迁（如宗庙建设、祖宗名号、功臣配飨等）。

② 古代宗庙之数虽有异同与争论，仍以天子七庙、诸侯五庙之制为主流，如《礼记·王制》所记："天子七庙，三昭三穆，与大祖之庙而七。诸侯五庙，二昭二穆，与大祖之庙而五。"《礼记集解》，第 343 页。

③ 《隋书》，中华书局 1973 年版，第 135 页。

武定六年二月，将营齐献武王庙，议定室数、形制。兼度支尚书崔昂、司农卿卢元明、秘书监王元景、散骑常侍裴献伯、国子祭酒李浑、御史中尉陆操、黄门侍郎李骞、中书侍郎阳休之、前南青州刺史郑伯猷、秘书丞崔劼、国子博士邢峙、国子博士宗惠振、太学博士张毓、太学博士高元寿、国子助教王显季等议："案《礼》，诸侯五庙，太祖及亲庙四。今献武王始封之君，便是太祖，既通亲庙，不容立五室。且帝王亲庙，亦不过四。今宜四室二间，两头各一颊室，夏头徘徊鸱尾。又案《礼图》，诸侯止开南门，而《二王后祔祭仪法》，执事列于庙东门之外。既有东门，明非一门。献武礼数既隆，备物殊等。准据今庙，宜开四门。内院南面开三门，余面及外院，四面皆一门。其内院墙，四面皆架为步廊。南出夹门，各置一屋，以置礼器及祭服。内外门墙，并用赭垩。庙东门道南置斋坊；道北置二坊，西为典祠廨并厨宰，东为庙长廨并置车辂；其北为养牺牲之所。"诏从之。①

按，晋代以后，有所谓太祖未升、虚位以待之说，即七庙而祀六世、五庙而祀四世，如《晋书》卷一九《礼志上》：

武帝泰始元年十二月丙寅，受禅。丁卯，追尊皇祖宣王为宣皇帝，伯考景王为景皇帝，考文王为文皇帝……于是追祭征西将军、豫章府君、颍川府君、京兆府君，与宣皇帝、景皇帝、文皇帝为三昭三穆。是时宣皇未升，太祖虚位，所以祀六世，与景帝为七庙，其礼则据王肃说也。②

① 《魏书》，第2772—2773页。
② 《晋书》，中华书局1974年版，第602—603页。

及《隋书》卷七《礼仪志二》所记：

> 晋江左以后，乃至宋、齐，相承始受命之主，皆立六庙，虚太祖之位。宋武初为宋王，立庙于彭城，但祭高祖已下四世。[①]

高澄从诸侯五庙之制而实立四庙，缘由即在于暂时虚太祖（齐献武王高欢）之位。

高澄弟高洋受魏禅建立北齐政权之后，很快即着意于宗庙建设，遵循天子七庙规格之皇室宗庙，始于文宣帝高洋天保元年（550）。《北齐书》卷四《文宣纪》：

> （天保元年五月）诏追尊皇祖文穆王为文穆皇帝，妣为文穆皇后，皇考献武王为献武皇帝，皇兄文襄王为文襄皇帝，祖宗之称，付外速议以闻……甲戌，迁神主于太庙。……（二年正月）辛亥，有事于圆丘，以神武皇帝配……（十月）丁卯，文襄皇帝神主入于庙。[②]

《隋书》卷七《礼仪志二》：

> 文宣帝受禅，置六庙：曰皇祖司空公庙、皇祖吏部尚书庙、皇祖秦州使君庙、皇祖文穆皇帝庙、太祖献武皇帝庙、世宗文襄皇帝庙，为六庙。献武已下不毁，已上则递毁。并同庙而别室。既而迁神主于太庙。文襄、文宣，并太祖之子，文宣初疑其昭穆之次，欲别立庙。众议不同。至二年秋，始祔太庙。春祠、夏礿、秋尝、冬蒸，皆以孟月，并腊，凡五祭。禘祫如梁

---

① 《隋书》，第130页。
② 《北齐书》，第51—55页。

之制。每祭，室一太牢，始以皇后预祭。河清定令，四时祭庙禘祭及元日庙庭，并设庭燎二所。①

以上两段史料所反映或关涉之自高洋始，中经高洋弟高演（孝昭帝），至高演弟高湛（武成帝），高氏三兄弟先后从事之宗庙建设情况，有以下四个问题需要加以注意和讨论。

其一，高洋所立庙数。《隋书》明确记载文宣"置六庙"，并具举所祀六世宗亲，"皇祖司空公"即高洋六世祖高庆，"皇祖吏部尚书"即五世祖高泰，"皇祖秦州使君"即四世祖高湖，"皇祖文穆皇帝"即祖父高树，"太祖献武皇帝"即父高欢，"世宗文襄皇帝"即兄高澄；颇为奇怪的是，高澄时代入庙数之高澄、高洋兄弟之曾祖高谧即所谓"王曾祖太尉武贞公"此时未列入宗庙②。不管怎样，参据晋、宋以来太祖未升则虚位以待之惯例，及此前高澄依诸侯五庙之制而实立四庙之事实，可知高洋虽从天子七庙之制，但以太祖（高欢）未升而置六庙，当无疑义③。

其二，文襄神主祔庙。高齐建国立庙之始，即遇到兄弟相继登位情境下，兄弟在宗庙中昭穆位次即兄弟是否相承为后、为同世还是异世问题，一如之前两晋时代之困境。赵翼《廿二史札记》卷八"晋帝多兄终弟及"条：

① 《隋书》，第 135 页。

② 高氏先祖事迹、名讳，见《北齐书》卷一《神武纪上》、《北史》卷六《齐本纪上·高祖纪》。高齐先世很可能有所伪托，史载谱系未必可靠，高谧于文襄立庙时得列入，于文宣立庙时不得列入，大概至武成时又得列入宗庙，或许也与高氏伪造先世谱系所致的混乱有关。不过，高齐氏族问题历来聚讼纷纭难有定论，又此与本章主旨无太大关系，因此不拟多加涉及，略附记于此，以资参证。

③ 陈戍国以北齐无七庙之设，大致不误："此两朝（按，指北齐、北周）短祚，等不及始祖正位而已亡国，均无七庙之设。"（《魏晋南北朝礼制研究》，第 391 页）郭善兵则指陈说不确，并云："《隋书》史臣可能疏漏了高澄、高洋兄弟的曾祖父，即太尉武贞公庙。因为直到高洋的弟弟武成帝高湛在位时，皇帝宗庙中尚有其曾祖太尉武贞公的神室……北齐初实行的不是《隋书》史臣记载的六庙，而是七庙之制。"（《中国古代帝王宗庙礼制研究》，第 346 页）郭氏所言有所得有所偏：注意到了"太尉武贞公"当然值得肯定，不过认为《隋书》史臣有所遗漏恐怕失于臆测。

晋司马师、司马昭相继专魏政，是开国时已兄弟相继。后惠帝以太子太孙俱薨，立弟豫章王炽为皇太弟，即位，是为怀帝。哀帝崩，母弟奕立，是为废帝海西公。安帝崩，母弟德文立，是为恭帝。以后惟北齐文宣、孝昭、武成，亦兄弟递袭帝位，然孝昭废济南王而自立，武成废乐陵王而自立，非晋之依次而立也。①

按，中国古代皇位继承，自西周创立宗法制度确定嫡长继承原则以来，父死子继乃成为历代遵循之基本制度，不过在政治实践中，因为种种原因，也不时有兄终弟及现象出现，尤其以赵翼本条所言及之两晋及北齐时代较为典型②。曹魏后期，司马懿、司马师、司马昭父子兄弟三人先后执政，由此奠定西晋武帝司马炎（司马昭子、司马师侄）开国之基础，晋建立后分别被追封为高祖宣帝、世宗景帝、太祖文帝，为不毁之庙③。其后晋室兄终弟及现象增多，于是引起兄弟相承应否为后、昭穆世次是否为一、七庙之数以何为准之激烈争论，"经过辩论，最终依据贺循兄弟为昭穆同世之说，以及华恒宗庙庙数当依据世数，而非宗庙神主数确定说定制……这一观念的确立影响极其深远，据刘宋时期范晔关于东汉初期所立'四亲庙'

① 《廿二史札记校证》，第 163 页。
② 中国古代皇位继承制度基本情形，可参程维荣《中国继承制度史》（东方出版中心 2006 年版）、周良霄《皇帝与皇权》第八章"继位与分封"有关内容。
③ 《晋书》卷三《武帝纪》："（泰始元年十二月丁卯）追尊宣王为宣皇帝，景王为景皇帝，文王为文皇帝。"（第 52 页）"（咸宁元年）十二月丁亥，追尊宣帝庙曰高祖，景帝曰世宗，文帝曰太祖。"（第 65 页）同书卷一九《礼志上》："武帝泰始元年十二月丙寅，受禅。丁卯，追尊皇祖宣王为宣皇帝，伯考景王为景皇帝，考文王为文皇帝……于是追祭征西将军、豫章府君、颍川府君、京兆府君，与宣皇帝、景皇帝、文皇帝为三昭三穆。是时宣皇未升，太祖虚位，所以祠六世，与景帝为七庙，其礼则ս王肃说也。"（第 602—603 页）同书卷六八《贺循传》记贺循于东晋元帝时议宗庙云："景帝盛德元功，王基之本，义著祖宗，百世不毁，故所以特在本庙。"（第 1829 页）两晋宗庙制度及变迁，可参阅郭善兵《中国古代帝王宗庙礼制研究》第四章之第二、三节，第 254—278 页。

的记载，从南朝时期出现兄弟相继即位为君情形时，再未见史书中有关于此问题争论的记载皆可得到印证"①。

北齐高欢、高澄、高洋父子兄弟三人先后相承创业建国，与晋司马氏父子兄弟三人创业奠基，情形极为类似，故其宗庙创制在处理兄弟关系时有可资借鉴之前代旧轨；不过高洋最初仍有所犹疑，此从其兄文襄帝高澄神主是否祔于太庙一事体现出来，即前引《隋书·礼仪志二》所谓"文襄、文宣，并太祖之子，文宣初疑其昭穆之次，欲别立庙。众议不同。至二年秋，始祔太庙"。按，高洋登帝位之初，即追尊祖、父、兄三代为帝，反映其对兄长高澄在高齐建国过程中的功业与地位予以承认，但又不愿高澄神主入太庙，即似乎有意降低甚至否认高澄在高氏皇统中之地位，其间矛盾，恐怕不仅仅因为有疑于兄弟昭穆之次，深层原因当在于对身后帝位传承之考虑。高洋以弟继兄执掌东魏朝政并进而篡魏，登帝位后虽然曾在传弟与传子之选择上有过犹豫②，不过从其早立太子（高殷，即北齐废帝）及终于传位太子而非诸弟或兄高澄之子，可见其否定皇位传承兄终弟及、希望高氏帝系固定于己身一脉之意图。但在"众议不同"的压力（可能来自家族也来自群臣）之下，高洋作出让步，高澄神主于天保二年（551）十月迁入太庙。自此以后至武成时，高齐诸帝以弟及方式登帝位者（文宣、孝昭），其身后神主皆得以入于太庙，沿袭了晋宋以来之轨辙。但应指出，从天保初年文襄神主祔庙事件，已可见宗庙与帝位传承之间微妙关系，亦为北齐时代宗庙变迁埋下伏笔。

其三，孝昭时代关涉宗庙之举措。前引《隋书·礼仪志二》关

---

① 郭善兵：《中国古代帝王宗庙礼制研究》，第265—266页。又参阅邹远志《略论两晋兄弟相承应否为后议题》，《求索》2008年第11期。典型之例子，如《南齐书》卷九《礼志上》："及（明帝）崩，祔庙，与世祖为兄弟，不为世数。"此条下"史臣曰"更直云："江左贺循立议以后，弟不继兄，故世必限七，主无定数。"《南齐书》，中华书局1972年版，第130—131页。

② 参阅本书第二章《萧墙之变：北齐高洋所谓"殷家弟及"试释》。

于北齐宗庙记载之文字，并未涉及孝昭帝高演时期有关状况，但是并不意味着孝昭无所表现。《北史》卷七《齐本纪中·孝昭帝纪》：

> （皇建元年）九月壬申，诏议定三祖乐……（十一月）癸丑，有司奏太祖献武皇帝庙宜奏《武德之乐》，舞《昭烈之舞》；世宗文襄皇帝庙宜奏《文德之乐》，舞《宣政之舞》；显祖文宣皇帝庙宜奏《文正之乐》，舞《光大之舞》。诏曰："可。"①

孝昭皇建元年（560）诏定三祖乐，此所谓"三祖"，即太祖献武皇帝高欢、世宗文襄皇帝高澄、高祖文宣皇帝高洋②。按，古制天子七庙，一祖庙二祧庙四亲庙，亲庙叠毁，祖、祧三庙不毁，始见于曹魏时之"三祖"，当即指此不毁庙之一祖二祧③；北齐孝昭时所谓"三祖"，暗示孝昭很可能定制以父高欢、兄高澄与高洋为一祖二祧，其庙不在遞毁之列。此前文宣帝时已规定"献武已下不毁，已上则遞毁"，"献武已下"指高欢、高澄父子，至孝昭时加入高洋为三祖。孝昭以高欢等父兄三人为宗庙三祖并下诏制定三祖庙乐，显示孝昭承认且尊重其兄高澄、高洋之创业功勋和承统地位。

其四，武成前期关涉宗庙之举措。据前引《隋书·礼仪志二》

---

① 《北史》，第 270 页。

② 高欢庙、谥号初为太祖献武皇帝，后改高祖神武皇帝；高洋庙、谥号初为高祖文宣皇帝，中改威宗景烈皇帝，后改显祖文宣皇帝。详见下节所论。

③ 《礼记·祭法》"王立七庙……远庙为祧，有二祧"条郑氏注曰："天子迁庙之主，以昭穆合藏于二祧之中。诸侯无祧，藏于祖考之庙中。"（《礼记正义》，第 1300—1301 页）《三国志》卷三《魏书·明帝纪》："（景初元年五月）有司奏：武皇帝拨乱反正，为魏太祖，乐用武始之舞。文皇帝应天受命，为魏高祖，乐用咸熙之舞。帝制作兴治，为魏烈祖，乐用章斌之舞。三祖之庙，万世不毁。其余四庙，亲尽迭毁，如周后稷、文、武庙祧之制。"（《三国志》，中华书局 1959 年版，第 109 页）《晋书》卷六《肃宗明帝纪》载太宁三年七月诏云："又宗室哲王有功勋于大晋受命之际者，佐命功臣，硕德名贤，三祖所与共维大业，咸开国胙土、誓同山河者，而并废绝，禋祀不传，甚用伤怀。"第 164 页。

之"河清定令，四时祭庙禘祭及元日庙庭，并设庭燎二所"，武成河清年间对于宗庙祭祀仪节大概有所增饰，不过详情除此处所引外已难确知。又《隋书》卷一四《音乐志中》：

> 武成之时，始定四郊、宗庙、三朝之乐。群臣入出，奏《肆夏》。牲入出，荐毛血，并奏《昭夏》。迎送神及皇帝初献、礼五方上帝，并奏《高明》之乐，为《覆焘》之舞。皇帝入坛门及升坛饮福酒，就燎位，还便殿，并奏《皇夏》。以高祖配飨，奏《武德》之乐，为《昭烈》之舞。祼地，奏登歌。其四时祭庙及禘祫皇六世祖司空、五世祖吏部尚书、高祖秦州刺史、曾祖太尉武贞公、祖文穆皇帝诸神室，并奏《始基》之乐，为《恢祚》之舞。高祖神武皇帝神室，奏《武德》之乐，为《昭烈》之舞。文襄皇帝神室，奏《文德》之乐，为《宣政》之舞。显祖文宣皇帝神室，奏《文正》之乐，为《光大》之舞。肃宗孝昭皇帝神室，奏《文明》之乐，为《休德》之舞。[1]
>
> 鼓吹二十曲，皆改古名，以叙功德。第一，汉《朱鹭》改名《水德谢》，言魏谢齐兴也。第二，汉《思悲翁》改名《出山东》，言神武帝战广阿，创大业，破尔朱兆也。第三，汉《艾如张》改名《战韩陵》，言神武灭四胡，定京洛，远近宾服也。第四，汉《上之回》改名《殄关陇》，言神武遣侯莫陈悦诛贺拔岳，定关、陇，平河外，漠北款，秦中附也。第五，汉《拥离》改名《灭山胡》，言神武屠刘蠡升，高车怀殊俗，蠕蠕来向化也。第六，汉《战城南》改名《立武定》，言神武立魏主，天下既安，而能迁于邺也。第七，汉《巫山高》改名《战芒山》，言神武斩周十万之众，其军将脱身走免也。第八，汉《上陵》改名《擒萧明》，言梁遣兄子贞阳侯来寇彭、宋，文襄帝遣太尉、清河王岳，一战擒殄，俘馘万计也。第九，汉《将进酒》

---

① 《隋书》，第314页。

改名《破侯景》，言文襄遣清河王岳，摧殄侯景，克复河南也。第十，汉《君马黄》改名《定汝颍》，言文襄遣清河王岳，擒周大将军王思政于长葛，汝、颍悉平也。第十一，汉《芳树》改名《克淮南》，言文襄遣清河王岳，南翦梁国，获其司徒陆法和，克寿春、合肥、钟离、淮阴，尽取江北之地也。第十二，汉《有所思》改名《嗣丕基》，言文宣帝统缵大业也。第十三，汉《稚子班》改名《圣道洽》，言文宣克隆堂构，无思不服也。第十四，汉《圣人出》改名《受魏禅》，言文宣应天顺人也。第十五，汉《上邪》改名《平瀚海》，言蠕蠕尽部落入寇武州之塞，而文宣命将出征，平殄北荒，灭其国也。第十六，汉《临高台》改名《服江南》，言文宣道洽无外，梁主萧绎来附化也。第十七，汉《远如期》改名《刑罚中》，言孝昭帝举直措枉，狱讼无怨也。第十八，汉《石留行》改名《远夷至》，言时主化沾海外，西夷诸国，遣使朝贡也。第十九，汉《务成》改名《嘉瑞臻》，言时主应期，河清龙见，符瑞总至也。第二十，汉《玄云》改名《成礼乐》，言时主功成化洽，制礼作乐也。①

武成在孝昭诏定三祖乐之基础上，进一步制定诸祖庙乐②。武成

① 《隋书》，第330—331页。

② 其中有关于曾祖太尉武贞公神室所奏乐及舞之规定，大约文宣立宗庙时未进入之高氏兄弟之曾祖高谧此时得列入宗庙。赵永磊认为："在北齐皇位继承制度由兄终弟及制向父死子继制的转变过程中，作为重要神主序列的太祖二祧庙，呈现出由孝昭帝所定三祖庙（高欢、高澄、高洋）更为齐后主武平元年三祖庙（高谧、高欢、高湛），三祖庙的最终确立也成为北齐皇位继承制度基本建立的显著标志……高湛改定太祖，不免出于私意，但遵尊高谧为太祖，以高祖高欢及己身为不祧庙，改定孝昭帝所定三祖庙，在制度上明确兄弟昭穆相同，并以此凸显父死子继制的正当性，客观上也有助于解决北齐昭穆制度的紊乱问题。"（赵永磊：《神主序列与皇位传承：北齐太祖二祧庙的构建》，《学术月刊》2018年第1期，第174页）赵氏意谓武成曾改定三祖庙，死后得以入列三祖之位，其说或待进一步论证，但至少表明北齐皇位传承对于宗庙建设之干预与影响，则与本章所论并无二致。

又制定鼓吹二十曲，以叙祖宗功德，其中叙其父高欢者七曲（第一至第七），叙其兄高澄者四曲（第八至第十一），叙其兄高洋者五曲（十二至十六），叙其兄高演者一曲（第十七），叙时主即武成本人者三曲（第十八至二十）。武成制定庙乐，及以鼓吹二十曲叙父、三兄及己之功德之举措（尽管其间数量有所差别），可反映武成统治前期（即位至内禅）①，其对已逝世之亡兄皇帝三人，至少从表面上看比较尊重，并无排抑之举动。

自文宣至武成前期，北齐宗庙建设大略如上所论列，可以看出基本上保持了稳定与延续。文宣、孝昭、武成三帝，均以弟及方式登位，虽然几乎每一次继位都伴随着围绕弟及与子继矛盾而来的残酷政治斗争，但北齐统治尚基本稳定，说明高齐前期兄终弟及之继承方式尽管不能从制度上得到公开承认或确认，但是从北齐宗庙中诸兄弟并列、后继之弟对前朝之兄基本予以承认和尊重来看，弟及观念之在北齐统治阶层尤其是高氏皇族内部被大致认可和在皇权传递中被主要践行，应无疑问。然而，随着河清四年（565）武成帝以内禅方式传位太子高纬而自为太上皇，高氏前期储位继承以兄终弟及为主之传统被终止而被父死子继所成功代替，北齐皇位传承之系统发生重大改变，由此引起一系列政治上的变动，尤其在皇室宗庙及与宗庙有关的功臣配飨上集中体现出来。

二　正统之争：北齐宗庙变迁与皇位传承

北齐前期诸帝，除去创业之祖高欢外，其余继统之文襄帝高澄、文宣帝高洋、孝昭帝高演、武成帝高湛，皆高欢之子。文襄、文宣、孝昭崩后，子皆不得立或立而旋废；文宣、孝昭、武成，皆以弟继

---

① 武成以大宁元年（561）十一月继兄孝昭登帝位，河清四年（即后主高纬天统元年，565）四月禅位后主，但直至天统四年（568）十二月崩前仍以太上皇帝身份处理政务，乃实际上之最高统治者，与其禅让前并无多少差别。故笔者将武成自即位至去世之一段时期，均视为武成统治时期，而以河清四年武成内禅为界分为前后两期。

兄而登皇位，但弟及并非朝廷公开承认之皇位继承制度，诸帝即位后也无法公开否认父子相继之合法性。如《文馆词林》卷六六八《北齐孝昭帝即位大赦诏》：

> 宣皇晏驾，济南王弱年承统，君临四海，余祉愆应，遘疾弥留。一日万机，事多拥滞。加以溺近奸慝，疏斥忠良，勋旧咨嗟，朝野侧目。太皇太后流圣善之念，弘厚载之仁，虑深艰危，情兼家国。爰诏寡薄，缵承鸿绪。顾惟闇劣，非所克堪。愿归藩服，投迹箕颍。但社稷事重，宗祀难旷，获畏亲尊之命，下逼群公之请，辞不获免，遂践皇极。①

孝昭废黜文宣子废帝而登帝位，但对废帝子继之合法性并无异辞，而只能以废帝"遘疾弥留""溺近奸慝，疏斥忠良"为废立之籍口。又《文馆词林》卷六六八《北齐武成帝即位改元大赦诏》：

> 继立之义，理属储两。深顾冲弱，弘此远图。近舍周典，上循商制。爰命寡薄，入纂洪基。②

所谓"近舍周典，上循商制"即舍弃儒家传统上作为主流之周代即已确立之嫡长继承制度，而遵循殷商盛行之兄终弟及继承制度。武成虽舍周典而循商制，名义上仍须承认"继立之义，理属储两"，亦即说明高氏储位继承虽行兄终弟及（商制）之实，而父死子继（周典）之合法性仍得到承认。以弟继兄之皇帝，既然不能否认父死子继之合法性，自然需要为其非常规之即位作出辩护和寻找支撑，

---

① 《日藏弘文本文馆词林校证》，第344页。
② 《日藏弘文本文馆词林校证》，第345页。

而此时祖宗或宗庙往往成为重要且冠冕堂皇之理由①。如前揭《文馆词林》卷六六八所载《北齐孝昭帝即位大赦诏》:

> 社稷事重,宗祀难旷,获畏尊亲之命,下逼群公之请,辞不获免,遂践皇极。②

同书卷六六五《北齐孝昭帝郊祀恩降诏》:

> 圣考作配,尊极祇礼,致敬群祖,合食太宫,永言孝思,诚礼交畅……获承宗庙,念谐灵物,俯育黎献,思纳仁寿。③

及同书卷六六八《北齐武成帝即位改元大赦诏》:

> 爰命寡薄,入纂洪基。祇仰庙朝,当仁是切。加以王公卿士,敦请逾至,虽以不德,大命所钟。仍荷天休,遂应景祚。④

从上引诸诏书文字来看,承担宗庙奉祀之责、继承并维持祖宗大业成为孝昭、武成继承帝位时重要甚至是首要的依据,宗庙之于皇权传递与巩固的切要性表露无遗。

---

① 《汉书》卷六八《霍光传》载霍光与群臣联名上奏请废时已即帝位之昌邑王刘贺,其奏中云:"祖宗庙祠未举,为玺书使使者持节,以三太牢祠昌邑哀王园庙,称嗣子皇帝……宗庙重于君,陛下未见命高庙,不可以承天序,奉祖宗庙,子万姓,当废。"(《汉书》,中华书局1962年版,第2944—2946页)霍光领衔群臣明确提出"宗庙重于君",并成功废黜昌邑王。宗庙为重之观念,在汉以后相当流行,如《文馆词林》卷六六八《东晋简文帝即位大赦诏》:"昔王室多故,穆哀早崩,皇胤凤零,神器无寄。东海王以母弟近属,入纂大统,嗣位累年,昏闇乱常,人伦亏丧,大祸必及,则我祖宗之灵,靡知所託。"(《日藏弘文本文馆词林校证》,第334页)历代皇帝即位之时尤其非正常即位之时,多有从祖宗或宗庙寻求理论支撑者,此常见于皇帝即位大赦诏等诏敕中,无需多引。
② 《日藏弘文本文馆词林校证》,第344页。
③ 《日藏弘文本文馆词林校证》,第266页。
④ 《日藏弘文本文馆词林校证》,第345页。

文宣、孝昭、武成三帝，虽然均是弟及之受益者，但即位后私心无不愿意传位于子而改变兄终弟及之皇位传承方式，此从三帝即位不久即建立太子之举措上清晰反映出来：文宣于在位首年即天保元年（550）立子高殷为太子，孝昭于在位首年即皇建元年（560）立子高百年为太子，武成于即位第二年即河清元年（562）立子高纬为太子①。但是，文宣崩后太子高殷立而旋废，孝昭崩后太子高百年不得继立而有所谓遗诏立弟高湛即武成帝之事；至武成时，方以行内禅之手段初步实现皇位传子之企图。《北史》卷八《齐本纪下·武成帝纪》：

> （河清四年夏四月）太史奏，天文有变，其占当有易王。丙子，乃使太宰段韶兼太尉，持节奉皇帝玺绶，传位于皇太子。大赦，改元为天统元年……于是群公上尊号为太上皇帝，军国大事，咸以奏闻。②

《北史》卷四七《祖莹附子珽传》：

> 珽私于士开曰："君之宠幸，振古无二。宫车一日晚驾，欲何以克终？"士开因求策焉。珽曰："宜说主上云：襄、宣、昭帝子俱不得立，今宜命皇太子早践大位，以定君臣。若事成，中宫少主皆德君，此万全计也。君且微说，令主上粗解，珽当自外表论之。"士开许诺。因有慧星出，太史奏云除旧布新之征，珽于是上书，言："陛下虽为天子，未是极贵。案《春秋·元命苞》云：'乙酉之岁，除旧革政。'今年太岁乙酉，宜传位东宫，令君臣之分早定，且以上应天道。"并上魏献文禅子故

---

① 参《北齐书》卷四《文宣纪》天保元年六月丁亥条（第 52 页），《北史》卷七《齐本纪中·孝昭帝纪》皇建元年十一月辛亥条（第 270 页），《北史》卷八《齐本纪下·武成帝纪》河清元年正月丙戌条（第 282 页）。

② 《北史》，第 286 页。

事。帝从之……武成崩，后主忆之，就除海州刺史。是时陆令萱外干朝政，其子穆提婆爱幸，斑乃遗陆媪弟悉达书曰："赵彦深心腹阴沈，欲行伊、霍事，仪同姊弟岂得平安！何不早用智士邪？"和士开亦以斑能决大事，欲以为谋主，故弃除旧怨，虚心待之。与陆媪言于帝曰："襄、宣、昭三帝，其子皆不得立，令至尊独在帝位者，实由祖孝徵。又有大功，宜重报之。孝徵心行虽薄，奇略出人，缓急真可冯仗。且其双盲，必无反意。请唤取，问其谋计。"帝从之。[①]

武成欲改变文襄以来兄终弟及之局面而传皇位于己子高纬，故纳祖斑"襄、宣、昭帝子俱不得立，今宜命皇太子早践大位，以定君臣"之策，以河清四年（即后主天统元年，565）四月壮年禅位之非常举动，提前确定后主之皇帝名分与地位。但是，高氏兄终弟及传统绵历数朝，武成一旦破之，自必遭到某些势力尤其是皇族内部之强烈反对，因此武成除在现实政治中采取内禅之强硬措施外，势必须有从制度层面改变甚至推翻前朝政治传统或观念之举动，此即下文将讨论之武成统治后期（后主天统元年至天统四年武成为太上皇时期）北齐宗庙及与宗庙有关的功臣配飨方面发生重要变化之背景。

天统元年武成内禅以后直至齐亡，北齐后期宗庙建设情况不见载于史籍，有关宗庙之变迁，主要从改高欢、高洋父子庙号及谥号体现出来。《北史》卷七《齐本纪中·文宣纪》：

乾明元年二月丙申，葬于武宁陵，谥曰文宣帝，庙号显祖……始祖斑以险薄多过，帝数罪之，每谓为老贼。及武成时，斑被任遇，乃说武成曰："文宣甚暴，何得称文？既非创业，何得称祖？若宣帝为祖，陛下万岁后将何以称？"武成溺于斑说，天统初，有诏改谥景烈，庙号威宗。武平初，赵彦深执政，又

---

① 《北史》，第1739—1741页。

奏复帝本谥，庙号显祖云。①

同书卷八《齐本纪下·后主纪》：

> （天统元年十一月）己丑，太上皇帝诏改太祖献武皇帝为神
> 武皇帝，庙号高祖；献明皇后为武明皇后。其文宣谥号，委有
> 司议定……（十二月）庚午，有司奏改高祖文宣皇帝为威宗景
> 烈皇帝……（武平元年十月）己丑，复改威宗景烈皇帝谥号为
> 显祖文宣皇帝。②

按，高洋庙号、谥号，周一良先生已有精确考证，并指出："乾
明时谥文宣，庙号高祖；天统初改谥景烈，庙号威宗；武平时又复
谥文宣，庙号显祖也。反映北齐朝廷屡易皇帝，政治动荡，以致本
纪之记载亦不能无纰漏也。"③ 天统元年四月武成禅位于后主，十一
月即谋划更改高洋庙、谥，十二月正式改庙号高祖为威宗、改谥号
文宣为景烈。高洋从"祖"降为"宗"，从"文"改谥"景"，其
目的在于贬抑高洋（祖珽说武成之语对此有明确阐释），意味着高洋
在北齐宗庙系统内、在高氏诸祖宗内地位之降低，同时也隐含了淡
化甚至取消高洋在高氏自高欢以后帝（王）位传承系统内正统地位

---

① 《北史》，第257—263页。

② 《北史》，第287—292页。

③ 周一良：《魏晋南北朝史札记》，第412页。又王铭撰文讨论北魏"太祖"庙号
屡次改易问题，指出拓跋魏"太祖"庙号改易体现王朝政权在各个历史阶段追溯其自身
合法性的政治考虑（王铭：《"正统"与"政统"：拓跋魏"太祖"庙号改易及其历史书
写》，《中华文史论丛》2011年第2期）；楼劲先生亦对拓跋早期诸帝在北魏宗庙系统中
之地位与变动及相关之拓跋早期君位传承问题加以考察，认为："《国记》的修撰和庙制
的建构……理出道武帝所承宗统，以此来重新梳理出君统，从而建立起君统从属于宗统
的原则，为的是终结拓跋早期君长授受过程中形成的推举制传统，开辟出传子制继续发
展、规范和巩固的道路。……拓跋部族君位传承从推举制向传子制的过渡，就是专制皇
权体制的建立过程。"（楼劲：《北魏开国史探》，第256—257页）；二者虽非直接讨论北
齐，但所揭示之政治逻辑则颇为近似，值得参考。

之意①。至此,高氏诸帝,唯武成之父神武庙号得称"祖",武成之兄文襄、文宣(此时改为景烈)、孝昭庙号均为"宗"(世宗、威宗、肃宗),而将身后称"祖"之尊荣预留于武成②,武成一系在高氏皇统中之突出地位得以凸显。

当然,武成更改其兄高洋庙、谥稍前,其父高欢庙、谥也被更改,然其中并无贬义:"献武"改谥"神武",更加崇以美谥;历代开国或创业之主一般庙号为"太祖"或"高祖",二者并无明显高下轻重之别,故"太祖"改为"高祖",不过是迫使原本属于高洋之"高祖"庙号不得不改。武成改高洋庙、谥之举显然遭到反对,故天统四年(568)武成崩后不久(后主武平初)高洋庙、谥再改复为显祖文宣皇帝。

与天统元年十一月武成改动祖宗庙号、谥号相呼应,与宗庙密切相关之功臣配飨之改易亦在天统四年展开。

功臣死后从祀皇室宗庙之所谓功臣配飨(亦称"配享"或"配食")制度,自先秦时代即已有之,此后历代多有重视和实行③,其

---

① 高洋为高澄至高湛先后代立之四兄弟中正式建立北齐政权的开国帝王,其地位自应高于其余三兄弟,从武成前期制定叙父兄功德之鼓吹二十曲中除去叙父高欢者外之叙诸兄弟者以文宣最多,及所定祖庙乐舞辞亦以献诸高洋神室者亦文句最多,均可窥见梗概。参《隋书》卷一四《音乐志中》有关北齐庙乐与鼓吹之记载。

② 曹魏明帝始建三祖之制,而明帝以在位之帝预定己身庙号为烈祖并定为三祖之一,历来遭到后世非议讥笑,此后帝王再未见仿效者,如《宋书》卷三一《五行志二》云:"魏明帝景初元年,有司奏帝为烈祖,与太祖、高祖并为不毁之庙。从之。按宗庙之制,祖宗之号,皆身没名成,乃正其礼。故虽功赫天壤,德迈前王,未有豫定之典。"(《宋书》,中华书局1974年版,第900页)参阅王鸣盛《十七史商榷》卷四〇《三国志二》"三祖"条之揭示。武成为己预留称"祖"之尊荣,而终不如曹魏明帝一般行生时自定庙号之荒唐举措,大概亦是有鉴于此。

③ 《尚书·盘庚》:"兹予大享于先王,尔祖其从与享之。"(清·孙星衍:《尚书今古文注疏》,中华书局2004年版,第229页)《周礼·夏官·司勋》"凡有功者,铭书于王之大常,祭于大烝,司勋诏之"条郑注:"生则书于王旌,以识其人与其功。死则于烝先王祭之……般庚告其卿大夫曰'兹予大享于先王,尔祖其从与享之'是也。今汉祭功臣于庙庭。"(清·孙诒让:《周礼正义》,中华书局1987年版,第2367—2368页)《三国志》卷三《魏书·明帝纪》青龙元年(233)夏五月壬申诏祀夏侯惇等于太祖庙庭条裴注:"《魏书》载诏曰:'昔先王之礼,于功臣存则显其爵禄,没则祭于大烝,故汉氏功臣,祀于庙庭。大魏元功之臣功勋优著,终始休明者,其皆依礼祀之。'于是以惇等配飨。"(第99页)晋南北朝以下历代多行配飨之制,此不具引。

意义与功能如儒者所言主要在于褒崇死者（功臣）、劝励生者（嗣臣）①，但除此以外，往往在实际施行中具有更幽微隐秘之政治意蕴，学者已有所论及②。北齐立国虽短，亦有功臣配飨之举措，且前后大不相同，盖其也牵涉高氏皇室内部围绕皇位继承所展开的正统之争。

北齐功臣配飨，史书所载前后有三次。（一）孝昭帝高演皇建元年（560）。《北史》卷七《齐本纪中·孝昭帝纪》：

> （皇建元年十一月）庚申，诏以故太师尉景、故太师窦泰、故太师太原王娄昭、故太宰章武王厍狄干、故太尉段荣、故太师万俟普、故司徒蔡儁、故太师高乾、故司徒莫多娄贷文、故太保刘贵、故太保封祖裔、故广州刺史王怀十三人配飨太祖庙庭，故太师清河王岳、故太宰安德王韩轨、故太宰扶风王可朱浑道元、故太师高昂、故大司马刘丰、故太师万俟受洛干、故太尉慕容绍宗十一人配飨世宗庙庭，故太尉河东王潘相乐、故司空薛修义、故太傅破六韩常三人配飨高祖庙庭。③

又《北齐书》卷六《孝昭纪》原缺，后人以《北史》卷七《齐本纪中·孝昭帝纪》补，故不具引，但文字亦有一处小差异，即

---

① 《孔丛子·论书》："《书》曰：'兹予大享于先王，尔祖其从与享之。'季桓子问曰：'此何谓也？'孔子曰：'古之王者，臣有大功死则必祀之于庙，所以殊有绩、劝忠勤也。盘庚举其事以厉其世臣，故称焉。'"（傅亚庶校释：《孔丛子校释》，中华书局2011年版，第19页）《通典》卷五〇《礼典十·功臣配享》引魏高堂隆议曰："使功臣配食于烝祭，所以尊崇其德，明其勋，以劝嗣臣也。"唐·杜佑撰，王文锦、王永兴、刘俊文、徐庭云、谢方点校：《通典》，中华书局1988年版，第1408页。

② 如凌郁之：《南宋高庙配享之争考实》，《苏州铁道师范学院学报》2011年第4期；赵克生：《试论明朝太庙的功臣配享及其变动》，《故宫博物院院刊》2005年第3期；袁良勇：《宋代功臣配享述论》，《史学月刊》2007年第5期；郑迪：《唐代功臣配享制度初探》，《安庆师范学院学报》2011年第7期；王瑞来：《配享功臣：盖棺未必论定》，《史学集刊》2011年第5期。至于北齐功臣配飨问题，就笔者所见，目前尚无专门加以关注和讨论者。

③ 《北史》，第270页。

"十一人配飨世宗庙庭"之"十一人"在《北齐书》中作"七人"。

（二）后主高纬天统三年（567）。《北史》卷八《齐本纪下·后主纪》：

> （天统三年）十二月己巳，太上皇帝诏以故左丞相、赵郡王琛配飨神武庙廷。①

（三）后主高纬天统四年（568）。《北史》卷八《齐本纪下·后主纪》：

> （天统）四年春正月壬子，诏以故清河王岳、河东王潘相乐十人并配飨神武庙廷。②

以上有关北齐功臣配飨之三次记载，后两次虽发生于后主天统年间，但主其事者则是后主之父武成帝高湛（武成以天统元年禅位后主，至天统四年十二月崩前仍以太上皇帝身份处理政务）。

从皇建元年到天统四年，北齐功臣配飨发生了一些易被忽视但却不容忽视之重要变化。皇建元年，以众功臣分别配飨太祖神武帝高欢、世宗文襄帝高澄、高祖文宣帝高洋。配飨神武之功臣为尉景等十三人，但《北史》《北齐书》所列只十二人，盖漏列孙腾③；配飨文襄之功臣人数，《北史》作"十一"，《北齐书》作"七"，而

---

① 《北史》，第289页。

② 《北史》，第289页。

③ 《北史》卷七《齐本纪中》校勘记〔三八〕："南、殿二本'三'作'二'，百衲、北、汲三本作'三'。按上列人数虽止十二，但本书卷五四《孙腾传》有'皇建中配享神武庙庭'语，此处当脱孙腾，合计仍为十三。今从百衲本。"（第279页）《北齐书》卷六《孝昭纪》校勘记〔六〕："南、北、殿三本'十三'作'十二'，三朝本、汲本、局本作'十三'。按上列举配飨诸人止十二人，似作'十二'是。然本书卷一八《孙腾传》说他皇建中配飨高祖庙庭，是配飨应有孙腾，传本脱去，致与总数不符，南本遂改'十三'为'十二'，不知误在脱文，不在总数。《北史》元本作'十三'，也是南本臆改而殿本从之。今从三朝本。"第87页。

两书所列功臣皆为清河王岳等七人，考皇建元年功臣配飨三帝之记事，两书均具体开列功臣之名，并非列举一二人后系以"等"字之省略书法，又"七"在古代板刻中极易误分为"十一"，故可断定应从《北齐书》作"七"为是①；配飨文宣之功臣为潘相乐等三人。天统三年增赵郡王琛配飨神武，而皇建元年所定功臣分别配飨神武、文襄、文宣三帝之基本格局未变。

至天统四年，北齐功臣配飨之制发生重大改变，即"诏以故清河王岳、河东王潘相乐十人并配飨神武庙廷"。按，皇建元年原以清河王岳等七人配飨文襄、以河东王潘相乐等三人配飨文宣，所以天统四年武成之诏乃是将原分别配飨文襄、文宣二帝之十位功臣全部改为配飨神武，即剥夺文襄、文宣享受功臣配飨之权利与地位；功臣配飨，固然系对功臣之褒崇，亦是对已故皇帝法统地位之肯定，天统四年文襄、文宣不再享受功臣配飨，则意味着武成将二帝排除在高齐皇位传承法统之外。武成此种惊人之举，绝非心血来潮随意而为，而是有史书未曾明言之深层背景，即与天统元年改祖宗庙、谥相呼应，与高齐皇族内部正统之争有关，并反映出高齐统治时期皇位传承中兄终弟及与父死子继之深刻矛盾：武成在行内禅传位后主之后，为进一步巩固后主帝位和论证父死子继皇位传承模式之正当性，需要从国家典制层面削弱乃至否认文襄、文宣、孝昭三帝在神武——文襄——文宣——孝昭——武成这一兄终弟及模式为主导之继承序列中之地位与合法性，而以武成直承神武，进而构建神武——武成——后主这一完全为父死子继模式之继承序列，天统四年将原配飨文襄、文宣之十功臣转而并配飨神武之诏令，正是为此

---

① 《北齐书》本条未出校勘记，显然校勘者认为作"七"是。又《北史》卷七《齐本纪中》校勘记〔三九〕："《北齐书》'十一'作'七'。按上列只有七人，或'十一'是'七'字误分为二。但依前例，也可能是人名脱漏，今不改。"（第279页）校勘者亦指出可能"七"误为"十一"，只是不大肯定而已。又皇建元年清河王岳等七人配飨高澄、潘相乐等三人配飨高洋，与天统四年武成诏清河王岳、潘相乐十人并配飨高欢之记载正可互相印证。

而发。

三　结论

　　北齐高氏统治时期，皇位传承存在着子继与弟及之深刻矛盾，其宗庙变迁则反映此种矛盾之发展与变化并关涉皇权政治之盛衰：自文宣至武成统治前期，北齐宗庙建设基本上保持了稳定与延续性，表明高齐前期兄终弟及之继承方式尽管不能从制度上得到公开承认或确认，但是从北齐宗庙中诸兄弟并列、后继之弟对前朝之兄基本予以承认和尊重来看，弟及观念在北齐统治阶层尤其是高氏皇族内部被认可和在皇权传递中被践行；但是，随着武成统治后期企图改变高氏前期皇位继承以兄终弟及为主之旧传统、确立皇位在武成一系父死子继之新皇统，有关宗庙及功臣配飨之变迁陆续发生。

　　武成后期围绕宗庙及与宗庙有关之配飨所进行的系列举措，对于确保后主顺利承统继位自然有其贡献；然而，武成构建新皇统之努力既以提升本宗地位、标榜武成一系之正统地位为目的，在高氏统治前期皇位继承以兄终弟及为主而非专主一宗之历史背景下，必然遭到受抑制之其他皇族宗支（尤其是较年长之文襄、文宣诸子及武成诸弟）强烈反对，从而导致皇族内部严重分裂，宗室离心，各怀猜忌，竞窥大位，骨肉相残之事愈演愈烈①，成为北齐后主时期所谓"政由宦竖，衅结萧墙"② 政治乱局重要原因之一。

---

　　① 《北史》卷五二《齐宗室诸王下·广宁王孝珩传》："齐王宪问孝珩齐亡所由……孝珩独叹曰：'李穆叔言齐氏二十八年，今果然矣。自神武皇帝以外，吾诸父兄弟无一人得至四十者，命也。嗣君无独见之明，宰相非柱石之寄，恨不得握兵符，受庙算，展我心力耳。'"（第1877页）广宁王孝珩为文襄子，其所谓"自神武皇帝以外，吾诸父兄弟无一人得至四十"，正是高齐皇族内部激烈、残酷政争之鲜明反映；其所谓"恨不得握兵符，受庙算，展我心力"，则可见宗室之受猜忌、排挤和对此种状况之怨愤。高齐后期皇族政争问题牵涉甚广，待下章再详加探讨。

　　② 语见《北史》卷五二《齐宗室诸王下·安德王延宗传》所载后主武平七年（576）安德王高延宗于并州自立为帝时所下诏，第1881页。

"国之大事，在祀与戎，将营宫室，宗庙为首。"[1] 在古人观念中，已逝之祖宗与现世之皇帝通过宗庙紧密联系在一起；在皇权统治下，宗庙之变迁往往有着隐秘而重要的背景并与现实政治密切相关。本章关于北齐宗庙之讨论即是一个鲜活的例证。

---

[1] 语出《宋书》卷五五《臧焘传》，第 1544 页。

第 四 章

家国之间:北齐宗王政治变迁与
末年皇位争夺

《北齐书》卷五十《恩倖传·序》云:

> 甚哉齐末之嬖倖也,盖书契以降未之有焉。心利锥刀,居
> 台鼎之任;智昏菽麦,当机衡之重。刑残阉宦、苍头卢儿、西
> 域丑胡、龟兹杂伎,封王者接武,开府者比肩。非直独守弄臣,
> 且复多干朝政。赐予之费,帑藏以虚;杼轴之资,剥掠将尽。
> 纵龟鼎之祚,卜世灵长,属此淫昏,无不亡之理,齐运短促,
> 固其宜哉。高祖、世宗情存庶政,文武任寄,多贞干之臣,唯
> 郭秀小人,有累明德。天保五年之后,虽罔念作狂,所幸之徒
> 唯左右驱驰,内外衮狎,其朝廷之事一不与闻。大宁之后,奸
> 佞浸繁,盛业鸿基,以之颠覆。①

按,北齐后期自世祖武成皇帝高湛以后,和士开、陆令萱、穆
提婆、高阿那肱等嬖倖当权,操弄国柄,势凌皇族(本书谓之恩倖
政治),其参与和影响政局之深,无论较之前代还是同时的北周王朝
都有过之而无不及,可谓北齐政治之一大特色,史臣所谓"甚哉齐

---

① 《北齐书》,第685页。

末之婴倖也，盖书契以降未之有焉"并非虚言①。不过，此序虽然概括了北齐恩倖横行的情形及指出其兴起的大致时间，而于恩倖政治何以兴起、与皇族辅政之盛衰（本书谓之宗王政治）有何关系，以及二者之进退于北齐衰亡有何影响等问题并未深究；当然，学界对之已有所注目和研究，本章则拟从皇帝与其家族复杂关系之角度，进一步探讨在中古门阀统治盛行之时代背景下，北齐宗王政治与恩倖政治之关联与消长及北齐末年皇位争夺之真相与影响。

一 北齐宗王政治之变迁与恩倖政治之兴起

隋人卢思道述及北齐后主时恩倖权势云：

---

① 恩倖政治兴起于武成时及主要源于君权之需要，前人多有指出，如谷川道雄先生云："据《北齐书》卷王〇《恩倖传序》，北齐政治史上极具特色的恩倖之政并非从来就有，而是始于'大宁之后'。"（［日］谷川道雄：《隋唐帝国形成史论》，第209页）吕春盛："要探讨北齐末恩倖特别严重的原因，由君主权问题的探讨入手，可能才是最根本的症结所在。""恩倖政治随着君权发展的需要而兴起……君位的巩固与转移为当时统治者最严重关切的难题，此一难题到了武成帝高湛时代所采取的解决之道，是用恩倖之臣助其铲除异己，而恩倖人物也循此邀宠求功。""高湛即位之后大量引用宠倖，恩倖政治随着兴起。"（吕春盛：《北齐政治史研究——北齐衰亡原因之考察》，第160、229—230、257页）王怡辰："高湛和高纬统治时代，政治形势又有大转变，为提高皇权和保障皇位继承的稳定性，高湛父子与妻妾间另有结班底稳固政权的共识，于是藉着恩倖人物逐步分卸勋贵的大权，另外形成一个政治上的主流派系。"（王怡辰：《东魏北齐的统治集团》，第312页）按，本书所谓恩倖，其实比较笼统，也没有列出具体包括哪些人，主要是因为考虑到恩倖成分比较复杂难于尽举和在某些具体人物上会存在争议；大致上还是认为主要包括一般出身较为微贱而依附于皇权邀宠得倖的一批人，主体是商胡阉宦内廷驱使之人，也包括部分官僚、勋贵、宗室之类；王怡辰谓："他们的组成成分颇复杂，有皇帝引为心腹的勋贵和宗室成员，有汉人士族和鲜卑单姓，有妇女裙带的外戚，有西域胡人，有相命师，有工音乐书画艺术之人，有苍头侍卫门阉驱使，不论何种出身，都只为一件事：'恒出入门禁，往来园苑，趋侍左右，通宵累日。承候颜色，竞进谄媚，莫不发言动意，多会深旨。'"（王怡辰：《东魏北齐的统治集团》，第312—313页）笔者基本赞同和沿袭其看法。又，某些宗室一定程度上也可视为恩倖，如武成时代之高元海、高归彦等；有一点颇有意味，即北齐后期受到重用的宗室往往是和皇帝关系较为疏远的高欢子孙一系以外的疏属；所以笔者认为，宗王与恩倖之对立大致上可以成立，但二者并非泾渭分明绝不相混，相关历史之复杂性与多面性由此可见一斑，亦给研究者以警醒：看似圆融之解释未必无其局限，所有分析推理皆需谨慎进行；即使如此，也难以穷尽全部之真相，仍有待于代代学者之相续挖掘与清理。

　　舞弄王法，掩塞天听。庆赏威刑，出于婢口；顽嚚弟姪，布于列位。帝戚皇支，不能及也。①

　　卢思道，《隋书》卷五七、《北史》卷三十有传，出自范阳卢氏，仕历北齐数朝，后主时为给事黄门侍郎、待诏文林馆，为北齐著名文人，齐亡入周，再入隋。思道本齐人，又仕近职，可谓北齐史之亲历者，其所谓"帝戚皇支，不能及也"正道出北齐皇族（皇支）与恩倖小人之进退关系②。

　　宗室辅政历代多有，中古时代尤为突出，北齐自然难免，其统治前期（武成之前即神武、文襄、文宣、孝昭时期）宗王参政现象相当突出，多有执军国大权，藩屏王室。以皇权政治中关键之皇位传承为例，文宣帝高洋、孝昭帝高演、武成帝高湛均以诸王身份以弟继兄入居大位，自不待言；而诸帝之登位，亦往往有宗王在其间起到核心作用：孝昭诛杨愔等辅政大臣废黜废帝高殷，弟长广王高湛、侄河南王高孝瑜、族叔平秦王高归彦、从子上洛王高元海等预谋；武成谋取帝位时，侄河南王孝瑜、从子上洛王元海等预谋，后孝昭崩后宣遗诏至晋阳征武成入居大统者有上洛王元海、从兄赵郡王叡、族叔平秦王归彦③。高氏前期宗室辅政之具体情形及宗王政治之兴盛，前贤具有论述，无须多言④；然而高氏皇族并非一直能够居于统治核心，其地位亦随时局之发展而变化，以下略加考察。

----

　　① 宋·李昉等编：《文苑英华》卷七五一载卢思道《北齐兴亡论》，中华书局1966年版，第3929页下。
　　② 又《文苑英华》卷七五三载唐人朱敬则《陈后主论》谓："弃亲即仇，高纬之志。"（第3941页上）高纬即北齐后主，所谓"弃亲"当主要指其压抑排斥宗室，所谓"即仇"当主要指其信任重用恩倖。
　　③ 见《北史》卷七《齐本纪中·孝昭纪》及《武成纪》，《北史》卷五一《齐宗室诸王上·上洛王思宗附子元海传》、《齐宗室诸王上·平秦王归彦传》，《北齐书》卷一三《赵郡王琛附子叡传》等相关记载。
　　④ 较全面者可参考前揭吕春盛《北齐政治史研究——北齐衰亡原因之考察》、王怡辰《东魏北齐的统治集团》。

《北史》卷五二《齐宗室诸王下·广宁王孝珩传》云：

> 齐王宪问孝珩齐亡所由……孝珩独叹曰："李穆叔言齐氏二
> 十八年，今果然矣！自神武皇帝以外，吾诸父兄弟无一人得至
> 四十者，命也。嗣君无独见之明，宰相非柱石之寄，恨不得握
> 兵符，受庙算，展我心力耳。"①

广宁王高孝珩，北齐世宗文襄皇帝高澄第二子，北周灭北齐后
为周人所俘，其对周齐王宇文宪问"齐亡所由"时所谓"自神武皇
帝以外，吾诸父兄弟无一人得至四十者"即高齐皇族成员之短命。
又同书卷五一《齐宗室诸王上·任城王湝传》：

> 湝与广宁王孝珩于冀州召募，得四万余人，拒周军。周齐
> 王宪来伐，先遣送书，并赦诏，湝并沉诸井。战败，湝、孝珩
> 俱被禽。宪曰："任城王，何苦至此！"湝曰："下官神武帝子，
> 兄弟十五人，幸而独存。逢宗社颠覆，今日得死，无愧坟陵。"

任城王高湝，齐高祖神武皇帝高欢第十子、广宁王之叔父，其
所谓"下官神武帝子，兄弟十五人，幸而独存"，既道出北齐末高欢
诸子死亡殆尽之现状，亦从一侧面印证广宁王之叹高氏皇族之促寿。
按《南史》卷六二《顾协传》云："张率尝荐之于帝（按，指
梁武帝），问协年，率言三十有五。帝曰：'北方高凉，四十强仕，
南方卑湿，三十已衰。如协便为已老，但其事亲孝，与友信，亦不
可遗于草泽。卿便称敕唤出。'"② 以博学多识著称的梁武帝③，从

---

① 《北史》，第1877页。
② 《南史》，中华书局1975年版，第1519页。
③ 《梁书》卷三《武帝纪下》卷末史臣评价武帝之为人云："文思钦明，能事毕究，
少而笃学，洞达儒玄……六艺备闲，棋登逸品，阴阳纬候，卜筮占决，并悉称善……草
隶尺牍，骑射弓马，莫不奇妙。"中华书局1973年版，第96页。

南、北气候与环境之差异而论南、北人士之体质与寿命，虽有所夸张，但意谓北方之人四十正当强壮之年，出仕犹未为晚，应是当时普遍情形和一般观念之反映①；高齐皇族除高欢以外，无人卒时年过四十，可谓极不正常，而此既是高齐皇族内部激烈、残酷政争之体现，又反映出宗王政治在皇权体制下的两面性：一方面皇族是皇权的重要基础和维护皇权的重要力量；另一方面因为皇族内的派系分立和利益之争（以皇位争夺为核心），皇族内部矛盾重重，尤其在北齐皇位传承制度与现实悖离之复杂情境下，宗室无疑会深度卷入其中，宗王政治由盛而衰遂不可避免②。

高氏皇（王）位传承，前期以弟及为主，至武成时通过内禅之非常方式确立子继模式，然而纵贯东魏北齐统治全程，弟及与子继之矛盾始终存在且相当激烈，弟及之观念亦是根深蒂固，并深刻影响到政局变迁③。文襄、文宣、孝昭、武成四帝为兄弟之现实，所导致的显然后果就是各帝子孙（尤其是较年长的文襄、文宣诸子）及其拥护者的分裂与对立，对皇位的争夺或觊觎变得顺理成章：如果帝位传承贯彻弟及，则上一代兄弟尽后下一代当依次兄弟继立；如果子继确立其正统性，则各帝子孙（尤其作为高欢长子的文襄高澄之诸子）皆有当承皇位之理由；无论何种情形，各帝子孙的争夺均将难免。为防范各支系和诸弟的争夺，爱子护心切的在位皇帝积极抑制甚至诛杀诸兄弟和其他兄弟支系就成为常见之事（《北齐书》《北史》诸宗室传不胜枚举），高氏皇族成员尤其是血缘本更亲近的

---

① 据袁祖亮统计，北魏官吏平均年龄为 56.9 岁，北齐官吏平均年龄为 57.9 岁。（袁祖亮：《中国古代人口史专题研究》，中州古籍出版社 1994 年版，第 124 页）殷磊收集了两千多名魏晋南北朝时期社会上层人物的死亡年龄，得出平均年龄为 49.69 岁。（殷磊：《魏晋南北朝社会上层人口平均死亡年龄考》，硕士学位论文，曲阜师范大学，2011 年，第 4 页）

② 当然，笔者并非简单认为高氏皇族具体成员之短命全为政治之牺牲品，其中亦有因病、因伤之例；只是意在强调，从高氏皇族整体而言，其普遍早卒主因在于皇族内争。

③ 参见本书第二章《萧墙之变：北齐高洋所谓"殷家弟及"试释》、第三章《祖宗与正统：北齐宗庙变迁与皇位传承》。

皇帝之兄弟叔侄等核心成员，成为首要的清洗目标，这正是广宁王高孝珩感叹"自神武皇帝以外，吾诸父兄弟无一人得至四十者"的背景。

《北史》卷五二《齐宗室诸王传下》史臣"论曰"在列举文襄、文宣、孝昭诸子多罹不幸之后谓："欲求长世，未之有也……各爱其子，岂其然乎？"[①] 一语道出以弟及登位的诸帝却不遗余力企图确立子继这样看似矛盾却又合乎人情之现实，亦进一步佐证弟及与子继间不可调和之矛盾。随着皇帝对宗室的猜忌常态化，随着高氏皇族普遍的非正常壮年甚或幼年死亡，北齐宗王在政治上逐渐失势、宗王政治逐渐趋于衰落遂成必然之势[②]。

主要源于对皇位的争夺，北齐宗王政治在频繁、反复的内耗中渐趋衰落，尤其在武成内禅传位其子后主高纬、强行确立皇位传承子继模式后，原作为皇权重要基础的皇族权位更被压抑；为加强和巩固皇权，也为填补宗王失势后留下的权力真空，皇帝身边的近习小人纷纷登场，《北齐书》卷五十《恩倖传·序》云"大宁之后，奸佞浸繁，盛业鸿基，以之颠覆"[③]，"大宁"即武成第一个年号，史臣将北齐恩倖之"浸繁"系于武成以后，大致不误。不过，尽管武成以后恩倖政治盛极一时，北齐恩倖也不是骤然兴起，而是在之前伴随皇族内部从来不曾完全断绝的矛盾有一个酝酿发展的过程。

《恩倖传·序》云："天保五年之后，虽罔念作狂，所幸之徒唯左右

---

① 《北史》，第 1894 页。又《颜氏家训》卷一《兄弟篇》："兄弟者……及其壮也，各妻其妻，各子其子，虽有笃厚之人，不能不少衰也。""人之事兄，不可同于事父，何怨爱弟不及爱子乎？"（北齐·颜之推撰、王利器集解：《颜氏家训集解》，中华书局 1993 年版，第 23、29 页）颜之推在《颜氏家训》之《兄弟篇》中几乎通篇说教兄弟之亲不如父子、兄弟不睦则致家族离心离德之类，相当程度上应即是针对北齐现实有感而发。

② 《北史》卷五二《齐宗室诸王下·淮南王仁光传》记载："琅邪王死后，诸王守禁弥切。武平末年，仁邕已下，始得出外，供给俭薄，取充而已。"（第 1893 页）诸王被禁守，天子（后主）之弟仁邕等供给俭薄，与北齐前期宗室辅政重任形成强烈反差，正是宗王政治衰落的鲜明反映。

③ 《北齐书》，第 685 页。

驱驰，内外亵狎，其朝廷之事一不与闻。"① 似乎文宣时并无恩倖干政之事，不过考之史籍却不尽然。《北史》卷二四《王宪附王晞传》：

> 及帝崩，济南嗣立。王谓晞曰："一人垂拱，吾曹亦保优闲。"因言："朝廷宽仁慈恕，真守文良主。"晞曰："天保享祚，东宫委一胡人。今卒览万机，驾驭雄杰。如圣德幼冲，未堪多难，而使他姓出纳诏命，必权有所归。殿下虽欲守藩职，其可得也？假令得遂冲退，自审家祚得保灵长不？"王默然，思念久之，曰："何以处我？"晞曰："周公抱成王朝诸侯，摄政七年，然后复子明辟。幸有故事，惟殿下虑之。"②

按，王晞所谓"天保享祚，东宫委一胡人"之"胡人"即康虎儿③，王晞特以太子近习康虎儿为言并深致忧虑，且常山王高演（即后来之孝昭帝）亦表示认同，至少说明天保之时已有皇帝、太子亲任"小人"的迹象，虽然未必已经干政，但已引起高演及其谋士王晞警惕。《文苑英华》卷七五一载卢思道《北齐兴亡论》云：

> 文宣不豫，毙于趋葊，储君继体，才历数旬，近习预权，小人并进。杨公虑有危机，引身移疾。④

所谓废帝即位后"近习预权，小人并进"虽未明言"近习""小人"为谁，却表明废帝时恩倖之徒似已获进用且辅政大臣杨愔曾对之有所顾虑，亦印证此前王晞关于胡人康虎儿之言并非空穴来风。又《北史》卷五一《齐宗室诸王上·襄城王淯传》：

---

① 《北齐书》，第 685 页。
② 《北齐书》，第 887—888 页。
③ 《资治通鉴》卷一六八陈文帝天嘉元年（560）二月记载王晞进言于常山王高演之后，续云："显祖常遣胡人康虎儿保护太子，故晞言及之。"第 5196—5197 页。
④ 《文苑英华》，第 3928 页下。

> 襄城景王淯，神武第八子也……天保初，封襄城郡王。二年
> 春，薨。齐氏诸王选国臣府佐，多取富商群小，鹰犬少年。唯襄
> 城、广宁、兰陵王等，颇引文艺清识之士，当时以此称之。[1]

襄城王高淯薨于天保二年（551），其时已是"齐氏诸王选国臣
府佐，多取富商群小，鹰犬少年"，群小之徒充斥诸王府。

武成之前的文宣、废帝时，无论皇帝、太子还是诸王，身边多
有近习小人且已获一定程度信用，虽不确知涉入政治至何种程度，
但视其为武成以后恩倖政治兴起之滥觞与先声应无不可。

辅政之宗王与皇帝身边的恩倖某种程度上可以说是天然对立之
关系：宗王任重并获信用，恩倖之徒自无多少腾达空间；恩倖势盛，
宗王权位自必遭到削弱，因恩倖实际上也是依附于皇帝，其受重用，
不过是皇族内争中皇帝维护自身权威和以之抗衡宗王之工具。常山
王高演与王晞对于康虎儿的忧虑已经表明此点。事实上，北齐宗王
政治由盛而渐衰，虽然根源于皇帝与皇族在皇权争夺上的矛盾，不
过宗王与恩倖在政治舞台上的表现确呈现出互为进退之关系，此点
在武成以后尤为明显[2]：盖至武成与后主时代，方成功确立父死子继

---

① 《北史》，第1865页。

② 《北齐书》卷一三："史臣曰：《易》称：'天地盈虚，与时消息，况于人乎。'盖
以通塞有期，污隆适道。举世思治，则显仁以应之；小人道长，则俭德以避之。至若负
博陆之图，处藩屏之地，而欲迷邦违难，其可得乎。"（第178页）按，《北齐书》卷一
〇至一四为宗室诸传，但卷一〇、一一、一二、十四阙失，后人以《北史》卷五一《齐
宗室诸王传上》、卷五二《齐宗室诸王传下》相关诸传补全而删去《北史》卷末史臣论；
仅卷一三赵郡、清河二王传乃《北齐书》原文并存有卷末"史臣曰"，以之与《北史》
史臣论相关部分比较，可见《北史》史臣论基本沿袭《北齐书》而有所删节。因此，以
《北史》卷一三"史臣曰"与《北史》卷五一、五二史臣论合而观之，基本可见北齐
宗室诸王传史论之大概。但《北史》有关宗室传论基本就某一传主而发论，不见综合
性的议论；只有上引《北齐书》卷一三此段史论颇有综合之意味，其中所谓"小人"当
即指恩倖之徒，从其言论间，亦可略见宗室与恩倖此消则彼长之意。又《北齐书》卷五
〇《恩倖传》卷末史臣"赞曰"云："危亡之祚，昏乱之朝，小人道长，君子道消。"此
处所谓"小人"显然指恩倖之徒，所谓"君子"虽未明言何所指，结合《北齐书》史臣
前后所论来看，大概也主要指宗室或至少包括宗室在内。

之皇位传承模式，武成一系与皇族其他宗支的矛盾成为高齐皇室内部的主要冲突，恩倖之徒成为武成父子抗衡、压制诸宗王的最有效工具，我们称之为恩倖政治的现象才正式兴起并愈演愈烈。

武成以后，北齐政治舞台上恩倖进而宗王退，两者间矛盾（实质上是武成父子与皇族其他宗支的矛盾）难以调和，内耗越来越深①。北齐国家与高氏皇权，在武成时代进入由盛而衰的转折点，亦基本上史无异辞。如《北史》卷八《齐本纪下》卷末史臣总论云：

> （文襄时）河阴之役，摧宇文如反掌；涡阳之战，扫侯景如拉枯。故能气慑西邻，威加南服……（文宣时）外内充实，疆场无警，胡骑息其南侵，秦人不敢东顾……（孝昭时）外敷文教，内蕴雄图，将以牢笼区域，奄有函夏，享龄不永，绩用无成。若或天假之年，足使秦、吴旰食。武成即位，雅道陵迟，昭、襄之风，摧焉已坠。暨乎后主，外内崩离，众溃于平阳，身禽于青土。②

又《北史》卷五四《斛律金附子光传》：

> 初，文宣时，周人常惧齐兵之西度，恒以冬月，守河椎冰。及帝（武成帝）即位，朝政渐紊，齐人椎冰，惧周兵之逼。光忧曰："国家常有吞关、陇之志，今日至此，而唯玩声色！"③

---

① 武成以后，宗王每谋除去当权恩倖，恩倖亦多借助皇帝之支持而反噬。较著者如后主天统四年（568）武成崩后，赵郡王高叡谋出和士开等反而被杀；武平二年（571）七月，琅邪王高俨矫诏杀录尚书事和士开于南台，广宁王高孝珩、安德王高延宗更欲鼓动其率众入宫，后陆令萱、穆提婆母子主谋杀俨；武平七年（576）后主晋州兵败后齐将亡之前夕，广宁王高孝珩犹图谋率众诛杀高阿那肱而不果，而高阿那肱亦始终抑兵权不予孝珩。

② 《北史》，第 303 页。

③ 《北史》，第 1968 页。

又《文苑英华》卷七五一载卢思道《北齐兴亡论》在叙述武成时和士开得宠擅权后谓：

> 齐室大坏，其源始于此。①

可以说，武成以后，北齐由盛而衰，与宗王政治之衰落和恩倖政治之兴起俱有所关联，然其关键，仍在于北齐皇帝及其家族围绕皇权争夺而导致的难以调和之矛盾。

二　北齐末年的皇位争夺

北齐皇位传承矛盾重重，至武成时虽以壮年内禅、改宗庙与配饗、压抑宗王、信用恩倖等举措成功实现了皇位由父传子并加以相当的巩固，但因高氏弟及之事实与观念由来已久，在天统四年（568）十二月武成驾崩以后，年仅十二岁的后主高纬（生于天保七年，556）毕竟资历、才能与政治经验均尚浅，宗王之势力和影响毕竟难以清除，北齐末年之皇位争夺仍然相当激烈。

后主亲政以后，其权威不断受到来自宗王之威胁。《北齐书》卷四〇《冯子琮传》：

> 及世祖崩，仆射和士开先恒侍疾，秘丧三日不发。子琮问士开不发丧之意。士开引神武、文襄初崩并秘丧不举，至尊年少，恐王公有贰心，意欲普追集凉风堂，然后与公详议。时太尉录尚书事赵郡王叡先恒居内，预帷幄之谋，子琮素知士开忌叡及领军临淮王娄定远，恐其矫遗诏出叡外任，夺定远禁卫之权。②

---

① 《文苑英华》，第 3929 页上。
② 《北齐书》，第 528 页。

其时和士开所忌、对后主威胁最大者实为赵郡王叡。高叡，神武帝高欢弟高琛子，武成从弟。《北齐书》卷一三《赵郡王琛附子叡传》：

> （天统中）叡久典朝政，清真自守，誉望日隆，渐被疏忌……世祖崩，葬后数日，叡与冯翊王润、安德王延宗及元文遥奏后主云："和士开不宜仍居内任。"并入奏太后，因出士开为兖州刺史。太后曰："士开旧经驱使，欲留过百日。"叡正色不许。数日之内，太后数以为言……遂重进言，词理恳切。太后令酌酒赐叡。叡正色曰："今论国家大事，非为卮酒！"言讫便出。①

同书卷五十《恩倖·和士开传》：

> 赵郡王叡与娄定远等谋出士开，引诸贵人共为计策。属太后筵朝贵于前殿，叡面陈士开罪失，云："士开先帝弄臣，城狐社鼠；受纳货贿，秽乱宫掖，臣等义无杜口，冒死以陈。"太后曰："先帝在时，王等何不道，今日欲欺孤寡耶！但饮酒，勿多言。"叡词色愈厉。或曰："不出士开，朝野不定。"叡等或投冠于地，或拂衣而起，言词咆勃，无所不至……（士开）进说曰："先帝一旦登遐，臣愧不能自死。观朝贵势欲以陛下为乾明。臣出之后，必有大变，复何面见先帝于地下。"因恸哭。帝及太后皆泣，问计将安出……于是诏出定远青州刺史，责赵郡王叡以不臣之罪，召入而杀之。②

---

① 《北齐书》，第172—173页。
② 《北齐书》，第687—688页。

赵郡王叡以武成从弟之亲，久典朝政，声望隆重，故被疏忌。史虽谓叡忠耿，但观其在武成崩后即与诸贵谋出后主最为亲信之和士开，又对太后"词色愈厉""言词咆勃，无所不至"，已可见跋扈之迹，又高氏本有弟及之传统，和士开所谓"观朝贵势欲以陛下为乾明"不无可能。"乾明"乃废帝高殷短暂在位时之年号，以此代指废帝，废帝以子继父而为叔父孝昭帝高演所夺。"帝及太后皆泣"，亦可见当时后主母子情形之危急与惶恐。

武成崩后，对后主帝位造成威胁者，赵郡王叡之外，尚有博陵王济。《北史》卷五一《齐宗室诸王上·博陵王济传》：

> 天统五年，在州语人云："计次第，亦应到我。"后主闻之，阴使人杀之。①

《资治通鉴》卷一七〇陈宣帝太建元年（北齐天统五年，569）正月条：

> 齐博陵文简王济，世祖之母弟也，为定州刺史，语人曰："次叙当至我矣。"齐主闻之，阴使人就州杀之。②

济为武成最幼之母弟，其同母五兄除襄城王淯薨于天保二年外，其余皆先后登帝位，武成崩后乃神武娄后所生诸子中仅存于世者，故济云"计次第，亦应到我"，可见弟及之观念在高氏兄弟间尤其娄后诸子间影响之深，而济终以此见杀。又《北史》卷五一《齐宗室诸王上·任城王湝传》："神武第十子也……及安德王称尊号于晋阳，使刘子昂修启于湝：'至尊出奔，宗庙既重，群公劝迫，权主号令。事宁终归叔父。'湝曰：'我人臣，何容受此启。'执子昂送邺。

① 《北史》，第1867页。
② 《资治通鉴》，第5278页。

帝至济州，禅位于湝，竟不达。"① 按，神武高欢十五子，至齐亡之年已死亡殆尽，唯任城王尚存于世，其地位相当特殊，故安德王高延宗在晋阳称帝后向其修启解释并表示帝位"终归叔父"，后主高纬亦欲"禅位于湝"；尽管高延宗、高纬很可能只是故作姿态未必出于本心，但任城王为时所重则可无疑②。可以说，高湝虽未必有觊觎之意，而神武诸子兄终弟及之观念直至齐亡仍有相当影响。

后主因弟及传统之威胁而杀其叔父博陵王济、从叔赵郡王叡，于诸弟亦深加防范。后主异母之长兄南阳王绰，"韩长鸾间之，除齐州刺史。将发，长鸾令绰亲信诬告其反，奏云：'此犯国法，不可赦。'后主不忍显戮，使宠胡何猥萨后园与绰相扑，搤杀之"③。后主母弟琅邪王俨，与后主宠幸之和士开、骆提婆等不和，"由是忌之。武平二年，出俨居北宫，五日一朝，不复得无时见太后"④，后矫诏杀和士开并欲夺帝位，为后主所杀。又《北史》卷五二《齐宗室诸王下·齐安王廓等十王传》："琅邪王死后，诸王守禁弥切。武平末年，仁邕已下，始得出外，供给俭薄，取充而已。"⑤ 齐安王高廓等十王，皆武成之子、后主之弟，而以帝王子弟之身份，被监禁苛待，甚至不逮于庶民，实在令人叹息。总之，后主兄弟十二人，或被杀或被禁，境遇殊为凄惨；所以如此，根源仍在于后主对高氏皇位传承弟及传统之深深忌惮。

除去诸父诸兄弟以外，当时对后主威胁最大者则当属文襄诸子（文襄六子：河南王孝瑜、广宁王孝珩、河间王孝琬、兰陵王长恭、安德王延宗、渔阳王绍信）。文襄皇帝高澄为高欢嫡长子，文宣、孝

① 《北史》，第1866页。
② 《北史》卷五二《齐宗室诸王下·安德王延宗传》："既而周武帝问取邺计，辞曰：'亡国大夫不可以图存，此非臣所及。'强问之，乃曰：'若任城王援邺，臣不能知。若今主自守，陛下兵不血刃。'"（第1883页）齐末任城王高湝之崇高威望，由此亦可略见。
③ 《北史》，第1888页。
④ 《北史》卷五二《齐宗室诸王下·琅邪王俨传》，第1890页。
⑤ 《北史》，第1893页。

昭、武成之长兄，随高欢创业并以世子身份在高欢薨后继承王位，虽生前未登帝位，但文宣受魏禅后即追谥为世宗文襄皇帝，其功勋与地位不容置疑。文宣天保初，不欲文襄神主入于宗庙而遭到"众议不同"之反对，虽然不明确究竟是哪些人反对，但可以想见忠于或倾向于文襄之旧臣、皇族成员等势力不可小视；孝昭定功臣配飨时，配飨文襄者为七人，配飨文宣者为三人，亦可佐证。显然，文襄一系在高氏皇族内部有其特殊地位，因之文襄诸子也颇为自负和不满。《北史》卷五二《齐宗室诸王下·河间王孝琬传》：

> 孝琬以文襄世嫡，骄矜自负……帝怒，使武卫赫连辅玄倒鞭挝之。孝琬呼阿叔。帝怒曰："谁是尔叔？敢唤我作叔！"孝琬曰："神武皇帝嫡孙，文襄皇帝嫡子，魏孝静皇帝外甥，何为不得唤作叔也？"帝愈怒，折其两胫而死。[1]

按，河间王孝琬，文襄之子，排行第三，而系文襄正妻敬皇后元氏所生，故为嫡子；若当年文襄不遇刺暴崩而得登帝位，则孝琬本应承统继立，故其"以文襄世嫡，骄矜自负"、自谓"神武皇帝嫡孙，文襄皇帝嫡子"，招致其叔武成大怒而杀之。文襄诸子在文襄、文宣、孝昭、武成诸帝子中年纪亦最长，同书同卷《齐宗室诸王下·河南王孝瑜传》：

> 初，孝瑜养于神武宫中，与武成同年相爱。[2]

按，武成生于东魏天平四年（537），而文襄长子、武成之侄孝瑜与之同年。其余文襄五王虽史未载其年纪，但文襄崩于东魏武定七年（549）八月且未闻有遗腹子，故其诸子出生最晚亦当在

---

① 《北史》，第 1878—1879 页。
② 《北史》，第 1875 页。

武定七年八月以前；其余诸帝子最长者属文宣长子济南王殷生于武定三年（545），大概与文襄幼子渔阳王绍信年纪相近①。又文襄诸子，多有才干令誉。《北史》卷五一《齐宗室诸王上·襄城王淯传》：

> 齐氏诸王选国臣府佐，多取富商群小，鹰犬少年。唯襄城、广宁、兰陵王等，颇引文艺清识之士，当时以此称之。②

所举齐氏诸王为时所称之三王，广宁、兰陵二王皆文襄子③；又文襄第四子兰陵王长恭、第五子安德王延宗，皆以武勇闻，兰陵王尤著④。

北齐重大政治事变中，也往往有文襄诸子身影出现。如《北史》卷五二《齐宗室诸王下·河南王孝瑜传》：

> 将诛杨愔等，孝瑜预其谋。⑤

---

① 河南王孝瑜、河间王孝琬，天保元年（550）七月封，在高欢孙辈中封王最早；广宁王孝珩、安德王延宗，天保六年（555）三月封；兰陵王长恭，乾明元年（560）三月封；渔阳王绍信，封年不详。文襄诸子，封王较早，自然与其在同辈中较年长有关。

② 《北史》，第1865页。

③ 《北史》卷五二《齐宗室诸王传下》史臣"论曰"谓："文襄诸子，咸有风骨。虽文雅之道，有谢间、平；然武艺英姿，多堪御侮。纵咸阳赐剑，奸覆有征，若使兰陵获全，未可量也。"第1894页。

④ 《北史》卷五二《齐宗室诸王下·兰陵王长恭传》："芒山之败，长恭为中军，率五百骑再入周军，遂至金墉之下，被围甚急。城上人弗识，长恭免胄示之面，乃下弩手救之，于是大捷。武士共歌谣之，为《兰陵王入阵曲》是也……与段韶讨柏谷，又攻定阳。韶病，长恭总其众。前后以战功，别封钜鹿、长乐、乐平、高阳等郡公。"（第1879页）按，兰陵王勇武过人兼具将略，故而战功卓著，别封数郡公，宗室之中一人而已。而歌颂其英勇事迹之《兰陵王入阵曲》，不仅当时为人所习，后世仍流传不绝影响极大。唐代教坊歌舞戏之代表作品有所谓《大面》即出自《兰陵王入阵曲》，《旧唐书》卷二九《音乐志二》云："《大面》出于北齐。北齐兰陵王长恭，才武而面美，常著假面以对敌。尝击周师金墉城下，勇冠三军，齐人壮之，为此舞以效其指麾击刺之容，谓之《兰陵王入阵曲》。"（《旧唐书》，中华书局1975年版，第1074页）至宋代词体大兴，更有所谓《兰陵王》之词牌，亦源于《兰陵王入阵曲》，此人所熟知，无需多言。

⑤ 《北史》，第1875页。

同书卷五一《齐宗室诸王上·上洛王思宗附子元海传》：

> （孝昭）恒留济南于邺，除领军库狄伏连为幽州刺史，以斛律丰乐为领军，以分武成之权。武成留伏连而不听丰乐视事。乃与河南王孝瑜伪猎，谋于野，暗乃归。①

可知河南王孝瑜曾参预乾明之变及孝昭时武成谋乱之举。又同书卷五二《齐宗室诸王下·琅邪王俨传》叙高俨率众作乱并诛和士开之后云：

> 俨徒本意，唯杀士开。及是，因逼俨曰：“事既然，不可中止。”俨遂率京畿军士三千余人，屯千秋门外……广宁、安德二王适从西来，欲助成其事，曰：“何不入？”辟强曰：“人少。”安德王顾众而言曰：“孝昭杀杨遵彦，止八十人，今乃数千，何言人少？”②

后主弟琅邪王高俨率众作乱并诛和士开之后，犹豫不决是否杀入宫中争夺皇位，此时广宁王、安德王兄弟“欲助成其事”并出言鼓动，唯恐大乱中止之状跃然纸上，可以想见此举背后当有乱中取利之图谋。

无论地位、年纪还是才能，文襄诸子在皇族尤其是文襄、文宣、孝昭、武成诸帝子中均较突出，又屡次涉入政治异动中，故其受到更多的猜忌与排挤自属难免。武成、后主时，河南王孝瑜、河间王孝琬、兰陵王长恭相继被杀，且前二者史书均明言与恩倖之徒有关。《北史》卷五二《齐宗室诸王下·河南王孝瑜传》：

---

① 《北史》，第1852—1853页。
② 《北史》，第1890—1891页。

　　武成尝使和士开与胡后对坐握槊,孝瑜谏曰:"皇后天下之母,不可与臣下接手。"帝深纳之。后又言赵郡王父死非命,不可而亲。由是叡及士开皆侧目。士开密告其奢僭;叡又言山东唯闻河南王,不闻有陛下。帝由是忌之。尔朱御女名摩女,本事太后,孝瑜先与之通,后因太子婚夜,孝瑜窃与之言。武成大怒,顿饮其酒三十七杯。体至肥大,腰带十围,使娄子彦载以出,酖之于车。至西华门,烦热躁闷,投水而绝。①

武成杀孝琬已见前文所引,其间亦有和士开、祖珽谮毁之故,同书卷五二《齐宗室诸王下·河间王孝琬传》:

　　又怨执政,为草人而射之。和士开与祖珽谮之云:"草人拟圣躬也。又前突厥至州,孝琬脱兜鍪抵地云:'岂是老姬,须著此!'此言属大家也。"……帝颇惑之。②

同书卷五二《齐宗室诸王下·兰陵王长恭传》:

　　芒山之捷,后主谓长恭曰:"入阵太深,失利悔无所及。"对曰:"家事亲切,不觉遂然。"帝嫌其称家事,遂忌之……武平四年五月,帝使徐之范饮以毒药……遂饮药而薨。③

文襄六王,至后主时河南、河间、兰陵三王已为后主父子所杀,

① 《北史》,第1876页。
② 《北史》,第1878页。
③ 《北史》,第1879—1880页。

其余广宁、安德二王，亦深被猜疑①。此外，后主似乎还有笼络文宣一系以对抗文襄一系之意图与举动。《北史》卷八《齐本纪下·后主纪》：

> （武平元年十月）己丑，复改咸宗景烈皇帝谥号为"显祖文宣皇帝"。②

按，武成改文宣庙号和谥号，有压抑文宣一系、巩固武成一系父子相继之意图，第三章已具论；而此时后主复改文宣庙谥，施以美称，似和其父举措反其道而行。又《北齐书》卷四二《阳休之传》：

> 又魏收监史之日，立《高祖本纪》，取平四胡之岁为齐元。收在齐州，恐史官改夺其意，上表论之。武平中，收还朝，敕集朝贤议其事。休之立议从天保为限断。魏收存日，犹两议未决。收死后，便讽动内外，发诏从其议。③

后主武平中，将齐之起元由之前高欢韩陵之战平尔朱氏之岁改

---

① 《北史》卷五二《齐宗室诸王下·广宁王孝珩传》："后主自晋州败，奔邺，诏王公议于含光殿。孝珩以大敌既深，事藉机变，宜使任城王领幽州道兵入土门，扬声趣并州；独孤永业领洛州道兵趣潼关，扬声取长安；臣请领京畿兵出滏口，鼓行逆战。敌闻南北有兵，自然溃散。又请出宫人宝物赏将士，帝不能用……乃求出拒西军，谓阿那肱、韩长鸾、陈德信等云：'朝廷不赐遣击贼，岂不畏孝珩反邪？破宇文邕遂至长安，反时何与国家事？以今日之急，犹作如此猜！'高、韩恐其变，出孝珩为沧州刺史。"（第 1877 页）同书卷八《齐本纪下·后主纪》："广宁王孝珩奏请出宫人及珍宝，班赐将士，帝不悦。"（第 298 页）同书卷五二《齐宗室诸王下·安德王延宗传》："河间死，延宗哭之，泪赤。又为草人以像武成，鞭而讯之曰：'何故杀我兄！'奴告之，武成覆卧延宗于地，马鞭捶之二百，几死。"第 1880—1881 页。
② 《北史》，第 292 页。
③ 《北齐书》，第 563 页。

为高洋受魏禅之时，亦与其父相反①。笔者认为，后主之改高洋庙谥与改天保为齐元，并不能谓为文宣一系在此时兴起（事实上，文宣诸子并无过人才干，功业亦乏善可陈，地位较之文襄一系远不如之），而是由于后主有联合文宣一系以对抗文襄一系之企图②。

如前所论，文襄一系在皇族与大臣中不乏支持者，所以武成父子虽然深加防范屡有诛戮，以致三王横死，但仍有三王得以幸存；而在后主末年周师围逼情势下，后主统治摇摇欲坠，文襄幸存三子中较年长之广宁、安德二王乃成为人心之所向③，颇有势力图谋拥立广宁王为帝并最终将安德王推上帝位。《北史》卷八《齐本纪下·后主纪》：

> （武平七年十二月）乙卯，诏募兵，遣安德王延宗为左广，广宁王孝珩为右广。④

---

① 《文馆词林》卷六六八《北齐武成帝即位改元大赦诏》："大齐御篆冥图，缔构王业，人神协契，年将三纪。"（《日藏弘本文馆词林校证》，第345页）文宣天保元年（550）受魏禅，武成大宁元年（561）即帝位，一纪则十二年，其谓大齐王业"年将三纪"，自然是以高欢崛起为齐元。徐冲《"禅让"与"起元"：魏晋南北朝的王朝更替与国史书写》（《历史研究》2010年第3期）一文曾深入讨论中古王朝国史书写中的起元问题，认为存在从魏晋"禅让后起元"到南北朝"禅让前起元"之转变，而王朝皇帝权力起源新起点的变化，蕴含对于"禅让"模式的否定以及新的王朝更替观念之可能。

② 又，文宣长子废帝高殷被废时，其心腹大臣杨愔、燕子献、宋钦道、郑颐等俱被戮，至天统五年（569）同被追赠（见《北史》卷四一《杨播附杨愔传》、《杨播附燕子献传》及《北齐书》卷三四《宋钦道传》、《郑颐传》），当亦有安抚文宣一系及其支持者之意。

③ 《北京图书馆藏中国历代石刻拓本汇编》第八册收《齐故假黄钺太师太尉公兰陵忠武王碑》叙兰陵之死时云："兄弟交□，忧若鲁丧。"（北京图书馆金石组编：《北京图书馆藏中国历代石刻拓本汇编》，中州古籍出版社1989年版，第75页；录文则据韩理洲等辑校编年：《全北齐北周文补遗》所收之《高肃碑》，三秦出版社2008年版，第50页）碑文虽有阙字，但其用鲁庄公薨后三子公子般、公子开、公子申争立而致鲁国大乱之典故则显；碑又刻有安德王延宗经兰陵墓之五言诗一首，内云"独有鱼山树，郁郁向西倾"（《全北齐北周文补遗》，第51页），所谓"鱼山树"，系用曹魏陈思王曹植墓在鱼山之典故，亦影射兄弟相煎之意。按，此碑立于武平六年（575）九月，尚在周师大举进攻之前一年有余，此时兰陵之死与安德之诗已能够近乎公然指斥高氏之兄弟相争相煎，可见后主统治后期，文襄一系地位重又上升和公开表达不满。

④ 《北史》，第297页。

《北史》卷五二《齐宗室诸王下·广宁王孝珩传》：

> 承光即位，以孝珩为太宰，与呼延族、莫多娄敬显、尉相愿同谋，期正月五日，孝珩于千秋门斩高阿那肱；相愿在内，以禁兵应之；族与敬显自游豫园勒兵出。既而阿那肱从别宅取便路入宫，事不果。①

《北齐书》卷一九《尉摽附子相愿传》：

> 强干有胆略。武平末，领军大将军。自平阳至并州，及到邺，每立计将杀高阿那肱，废后主，立广宁王，事竟不果。及广宁被出，相愿拔佩刀斫柱而叹曰："大事去矣，知复何言！"②

《北史》卷五二《齐宗室诸王下·安德王延宗传》：

> 后主将奔晋阳，延宗言："大家但在营莫动，以兵马付臣，臣能破之。"帝不纳。及至并州，又闻周军已入雀鼠谷，乃以延宗为相国、并州刺史，总山西兵事。谓曰："并州阿兄取，儿今去也。"延宗曰："陛下为社稷莫动，臣为陛下出死力战。"骆提婆曰："至尊计已成，王不得辄沮。"后主竟奔邺。在并将帅咸请曰："王若不作天子，诸人实不能与王出死力。"延宗不得已，即皇帝位。下诏曰："武平孱弱，政由宦竖，衅结萧墙，盗起疆场。斩关夜遁，莫知所之，则我高祖之业，将坠于地。王公卿士，猥见推逼，今便祗承宝位，可大赦天下。"改武平七年为德昌元年，以晋昌王唐邕为宰辅，齐昌王莫多娄敬显、沭阳

---

① 《北史》，第 1877 页。
② 《北齐书》，第 258 页。

王和阿于子、右卫大将军段畅、武卫将军相里僧伽、开府韩骨胡、侯莫陈洛州为爪牙。众闻之，不召而至者前后相属……后主谓近臣曰："我宁使周得并州，不欲安德得之！"左右曰："理然。"①

按，谋立广宁王主谋之一尉相愿曾为广宁王兄兰陵王亲信属下，另一主谋莫多娄敬显后又成为拥立安德王之功臣，可见拥护文襄一系之势力实具有相当的连续性。而观后主"我宁使周得并州，不欲安德得之"之言及其左右（应即恩倖之徒）附和"理然"，高氏皇族内部矛盾、宗王与作为皇帝爪牙之恩倖间矛盾不可调和豁然可见。后主君臣宁愿北齐亡于敌国，也不愿与其存在皇位竞争关系之同祖兄弟安德王延宗得利，萧墙之内，崩离若此，北齐之亡自难避免。局势发展亦确如后主所愿，安德王在并州虽登帝位，旋为北周所破灭，北齐根本与主力随之倾覆，高氏三世数十年霸业就此成空。

三　结论

日本学者尾形勇谓："（中国）古代帝国基础的秩序构造，归纳起来就是：以受'家人之礼'这一家族秩序制约的'私'场域的'家的世界'为基础，在其上部矗立着被'君臣之礼'秩序化的'公'场域的'君臣'世界。"② 公与私、国与家、君与臣之关系在传统儒家伦理规范之下达到相对平衡与稳定的状态，可说是古代中国皇权政治维持良性发展的基本要素。在北朝后期民族关系紧张、复杂的背景下，北齐高氏王朝在文化上的矛盾即胡化与汉化间之艰难取舍与曲折反复，决定了皇权政治演进中的连绵冲突和皇权在冲突中趋于衰弱的路向，并集中反映在皇帝及其家族围绕皇位传承而

---

① 《北史》，第 1881 页。
② ［日］尾形勇：《中国古代的"家"与国家》，第 251 页。

展开的残酷斗争中；无论北齐的宗庙变迁、宗王政治盛衰还是恩倖政治的兴起，都不是孤立的现象，而是彼此勾连、共同呈现了高齐皇族与皇帝在家国之间的困境与冲突，亦为我们理解北齐之衰亡提供了重要线索。

家乱则国衰，国灭则家亡。北齐之衰亡，原因固出多端，而如前数章集中讨论所揭示，始终难以解决之高氏皇位传承问题毫无疑问至少是其中重要因素之一，甚至可谓是核心因素。皇位传承问题本是中国古代皇权政治之痼疾，历朝历代或多或少皆有之，中古时代则较为明显，但如东魏北齐高氏统治时期之激烈惨酷和影响至深则相当罕见，所以如此，自有其时代背景：魏晋南北朝既是门阀制度长久盛行之时期，也是民族融合不断深入之时期；高氏兄终弟及与父死子继之斗争体现出胡汉不同传统在皇位传承时之纠葛，宗王政治之盛衰则反映出门阀政治对皇位传承之影响，二者共同塑造高氏皇位传承之特殊形态，并相当程度上决定了北齐政治之走向和皇族之命运。当然，随时代之推移，民族传统与门阀特色以及其他相关要素必然有所变化，故其后隋至唐初时期之皇位传承又呈现不同之面貌，较之北齐既有相似亦有差异，其间潜藏之皇权政治演进线索与规律颇值关注，此系笔者在后文拟继续探究之主题。

第 五 章

隋乱唐兴：太子勇之废黜与
隋唐间政局变迁

隋文帝杨坚于北周大定元年（隋开皇元年，581）二月代周建隋，不出十年，北逐突厥，南平陈氏，统一天下，武功赫赫，国势强盛，如史书所谓："楼船南迈则金陵失险，骠骑北指则单于款塞，《职方》所载，并入疆理，《禹贡》所图，咸受正朔……要荒咸暨，尉候无警……仓廪实，法令行……人物殷阜，朝野欢娱。二十年间，天下无事，区宇之内晏如也。考之前王，足以参踪盛烈。"① 然而至恭帝义宁二年（唐武德元年，618），李渊代隋建唐，杨隋政权仅历三世三十七年即告覆灭。隋祚之短，隋亡之速，盛衰转换之突然，前后对比之强烈，历代封建王朝中少有其匹，而与稍前之北齐差相仿佛。如前所论，北齐政治之乱局与国家之倾覆，与皇位传承之矛盾深有关联；而隋代情形与北齐类似，皇位传承问题亦未能妥善解决，其中关键，则在于开皇二十年（600）文帝废太子杨勇之位、立晋王杨广为储，从而为帝国统治埋下重重隐患，为李唐代兴遗留种种机缘，隋末炀帝遇弑、李渊入关、李世民崛起等涉及隋唐两朝国运之关键事件皆受其影响，甚至流风所及，唐初贞观年间政治调整亦与之不无关系。本书以下数章，将就此渐次展开讨论。

《隋书》卷四五《文四子传》卷末"史臣曰"云：

---

① 《隋书》卷二《高祖纪下》，第55页。

　　房陵资于骨肉之亲，笃以君臣之义，经纶缔构，契阔夷险，抚军监国，凡二十年。虽三善未称，而视膳无阙。恩宠既变，谗言间之，顾复之慈，顿隔于人理，父子之道，遂灭于天性。隋室将亡之效，众庶皆知之矣。《慎子》有言曰："一兔走街，百人逐之，积兔于市，过者不顾。"岂其无欲哉？分定故也。房陵分定久矣，高祖一朝易之，开逆乱之源，长觊觎之望……自古废嫡立庶，覆族倾宗者多矣，考其乱亡之祸，未若有隋之酷。①

　　史臣在此明确指出：太子勇之废，不仅事关皇位继承权问题，更关系到隋王朝之盛衰。诸如此类将隋"乱亡之祸"与"废嫡立庶"关联起来之议论，自古至今尚有不少，可谓主流之评价②。但论者多以文帝废黜冢嫡、剪伐本枝、托付失所而致炀帝乱隋为辞，于太子勇废黜前后各种政治势力之消长变化，及太子勇之废黜与隋唐间一系列重大政治事件之深刻联系则未能予以揭发。因此，本章拟参据前人已有研究成果，排比分析史料，以太子勇之废黜为中心，

---

　　① 《隋书》卷四五《文四子传》，第1246—1247页。
　　② 如《隋书》卷二《文帝纪下》卷末"史臣曰"评论文帝："听哲妇之言，惑邪臣之说，溺宠废嫡，托付失所。灭父子之道，开昆弟之隙，纵其寻斧，翦伐本枝。坟土未干，子孙继踵屠戮，松槚才列，天下已非隋有。惜哉！迹其衰怠之源，稽其乱亡之兆，起自高祖，成于炀帝，所由来远矣，非一朝一夕。"（第55—56页）同书卷三六《后妃传》"史臣曰"评论文帝文献独孤皇后："德异鸤鸠，心非均一，擅宠移嫡，倾覆宗社。"（第1113页）《大唐创业起居注》卷二载李渊发晋阳时之誓众文谓隋文帝："轻易元良，废守器之长，立不才之庶。兆乱之萌，于是乎在。"（唐·温大雅撰，仇鹿鸣笺证：《大唐创业起居注笺证》，中华书局2022年版，第63页）《资治通鉴》卷一九四唐太宗贞观六年（632）记陈叔达对太宗言："隋室父子相残，以取乱亡。"（第6100页）王夫之《读通鉴论》卷十九《隋文帝·十四》谓："然则使勇嗣立，隋尚可以不亡，藉令不然，亦何至逞枭獍之凶如广之酷邪？"（清·王夫之：《读通鉴论》，中华书局1975年版，第554页）近人亦有持此论者，如岑仲勉《隋唐史》上册"隋史"第十节，中华书局1982年版；张承宗、陈学贵《试论杨坚家庭关系与隋朝的灭亡》，《烟台师范学院学报》1996年第4期。

抉择隐幽，探因究果，考察其与隋唐间政局变迁之密切关系，力求从皇位传承之一侧面对隋所以亡、唐所以兴作出较新和较清晰合理之解释。

一　山东势力与太子勇之废黜

陈寅恪先生谓："有唐一代三百年间其统治阶级之变迁升降，即是宇文泰'关中本位政策'所鸠合集团之兴衰及其分化。盖宇文泰当日融冶关陇胡汉民族之有武力才智者，以创霸业；而隋唐继其遗产，又扩充之。其皇室及佐命功臣大都西魏以来此关陇集团中人物，所谓八大柱国家即其代表也。"① 陈先生所论极为精确，可谓将西魏至唐初历史发展之主线紧紧抓住。所谓关陇集团，即宇文泰所肇建并为隋唐所继承扩充，历魏周隋唐四朝始终不坠之最高统治集团；宇文周、杨隋、李唐皆出自此集团，隋之代周，唐之代隋，固可视为长安政权在关陇集团内不同家族间之转移。周隋禅代与隋唐嬗替，虽系关陇集团内部政权之转移，但皆与另一重要社会势力——山东势力有关，山东势力虽不足取代关陇集团之统治地位，其支持与否却成为关陇集团内部斗争成败之关键；隋亡唐兴，山东势力在其间起到重要作用，而其政治立场上之取舍向背，则肇因于开皇年间太

---

① 陈寅恪：《唐代政治史述论稿》上篇"统治阶级之氏族及其升降"，第234页。又参陈寅恪先生关于关陇文化本位政策之相关论述（《隋唐制度渊源略论稿》"二、礼仪"、"三、职官"，生活·读书·新知三联书店2009年版）。自陈寅恪先生于20世纪40年代前后陆续论及和提出"关陇集团"之概念，至今仍对中古史学界影响极为深远，成为西魏北周隋唐史研究尤其政治史研究的经典论断和理论，被研究者广泛接受或运用。

子勇被废事件①。

隋文帝篡周建隋，山东势力出力甚多，故文帝对山东人士颇加招纳与援引，开皇年间，文帝禅代功臣中之山东人士较多进入中央决策层，其他旧齐士人出仕热情及机会也大有提高。

文帝禅代当日，"以柱国、相国司马、渤海郡公高颎为尚书左仆射兼纳言，相国司录、沁源县公虞庆则为内史监兼吏部尚书，相国内郎、咸安县男李德林为内史令，上开府、汉安县公韦世康为礼部尚书，上开府、义宁县公元晖为都官尚书，开府、民部尚书、昌国县公元岩为兵部尚书，上仪同、司宗长孙毗为工部尚书，上仪同、司会杨尚希为度支尚书，上柱国、雍州牧、邘国公杨惠为左卫大将军"②。所任三省及尚书各部长官九人中，高颎、李德林、元晖、元岩、长孙毗皆山东人。此后高颎、李德林长期担任左仆射、内史令，分别至开皇十九年（599）、十年（590）方解职。

旧齐人士之出仕情况，据《文馆词林》卷六九一《隋文帝令山东卅四州刺史举人敕》：

> 自周平东夏，每遣搜扬，彼州俊人，多未应起。或以东西旧隔，情犹自疏；或以道路悬远，虑有困乏。假为辞托，不肯入朝。如能仕者，皆得荣位，沉伏草莱，尚为萌伍……朕受天命，四海为家，关东关西，本无差异，必有材用，来即铨叙。

————————————

① 本书所谓山东势力，乃指形成于北周灭北齐后、以旧齐人士与北魏末及西魏大统间追随魏帝入关之山东人士为主体、以山东地域为本位、与关陇集团相对应之地域势力。"山东势力"概念，系受陈寅恪先生启发而提出，陈先生对隋末唐初山东豪杰与高宗武后朝山东寒族之研究，实可视为笔者研究山东势力之先声（陈寅恪：《论隋末唐初所谓"山东豪杰"》，陈寅恪：《记唐代之李武韦杨婚姻集团》，均收入《金明馆丛稿初编》，生活·读书·新知三联书店2001年版）。又刘驰亦曾撰文研究入关山东士族与关陇集团之分合（刘驰：《山东士族入关房支与关陇集团的合流及其复归》，收入《六朝士族探析》，中央广播电视大学出版社2000年版）。有关山东势力与关陇集团之源源分合，山东势力之形成，及其在周隋禅代时之表现，可参拙撰《魏周禅代与山东势力之形成》（收入《谣谶与北朝政治研究》之"附录"）。

② 《隋书》卷一《高祖纪上》，第13页。

虚心待之，犹饥思食。彼州如有仕齐七品已上官，及州郡悬乡望县功曹已上，不问在任下代，材干优长堪时事者，仰精选举之。纵未经仕官，材望灼然，虽乡望不高，人材卓异，悉在举限。①

文帝此敕大约下于开皇二、三年间（582—583）②，乃针对北周平齐后"东西旧隔情犹自疏"而发，明言"关东关西本无差异"，令山东各州刺史广荐人才，表明文帝试图缩小以至消除山东与关陇之隔阂。敕文下达后，显然收到一定效果，因为开皇初不少原本齐亡后不愿出仕或欲仕无门之人士开始进入隋政权。如《隋书》卷五八《杜台卿传》："博陵曲阳人也……及周武帝平齐，归于乡里……开皇初，被征入朝。"③卷六九《王劭传》："太原晋阳人也……齐灭，入周，不得调。高祖受禅，授著作佐郎。"④卷七五《儒林·马光传》："武安人也……开皇初，高祖征山东义学之士，光与张仲让、孔笼、窦士荣、张黑奴、刘祖仁等俱至，并授太学博士，时人号为六儒。"⑤卷七六《文学·崔儦传》："清河东武城人也……齐亡，归乡里……开皇四年，征授给事郎，寻兼内史舍人。"⑥即使曾预尉迟迥乱之房恭懿，隋初也得以出仕，《隋书》卷七三《房恭懿传》："河南洛阳人也……会齐亡，不得调。尉迥之乱，恭懿预焉，迥败，废于家。开皇初，吏部尚书苏威荐之，授新丰令。"⑦

至开皇后期及仁寿年间，文帝与山东人士之关系渐趋恶化，笔

---

① 《日藏弘仁本文馆词林校证》，第409—410页。
② 岑仲勉："据纪，河南道行台系二年正月十六日辛酉置，三年十月九日甲戌废，今敕内有河南道行台，应即此一时间所发。"（《隋书求是》，商务印书馆1958年版，第7页）又可参阅侯旭东《〈文馆词林〉载"隋文帝令山东卅四州刺史举人敕"考》，《中国史研究》2003年第2期。
③ 《隋书》，第1421页。
④ 《隋书》，第1601页。
⑤ 《隋书》，第1717页。
⑥ 《隋书》，第1733页。
⑦ 《隋书》，第1679页。

者认为，此与太子勇有关。杨勇为文帝长子，开皇元年（581）立
为皇太子，军国政事及尚书奏死罪已下，皆令勇参决之，拥有崇高
政治地位，并与山东势力关系密切。

《隋书》卷四五《文四子·房陵王勇传》：

> 上以山东民多流冗，遣使按检，又欲徙民北实边塞。勇上
> 书谏曰（中略）……上览而嘉之，遂寝其事。①

太子勇谏徙山东民，固属利国便民之举，可能也含有笼络山东
民心之意图。据《隋书》卷一《高祖纪上》："（大象二年）九月，
以世子勇为洛州总管、东京小冢宰。"②"（开皇六年闰八月）丁卯，
皇太子镇洛阳。"③ 及卷四五《文四子·房陵王勇传》："及高祖辅
政……出为洛州总管、东京小冢宰，总统旧齐之地。"④ 太子勇于禅
代之际出镇东京，总统旧齐故地，开皇六年（586）又复镇洛阳，
显然与山东人士联系较多并建立了一定威望，其谏徙山东民大概即
与此有关。

太子勇与朝中以高颎为首之山东大臣亦关系密切。文帝最为亲
任之高颎，"其子表仁娶太子勇女"⑤。李德林，子百药"释巾太子
通事舍人，后迁太子舍人、尚书礼部员外郎，袭爵安平县公，桂州
司马。炀帝恶其初不附己，以为步兵校尉"⑥。卢贲，"兼太子左庶
子……私谓皇太子曰：'贲将数谒殿下，恐为上所谴，愿察区区之
心。'"⑦ 其后勇对高祖为贲及刘昉、郑译等言"此辈并有佐命之功，

---

① 《隋书》，第 1229—1230 页。
② 《隋书》，第 4 页。
③ 《隋书》，第 24 页。
④ 《隋书》，第 1229 页。
⑤ 《隋书》卷四一《高颎传》，第 1182 页。
⑥ 《隋书》卷四二《李德林传》，第 1209 页。
⑦ 《隋书》卷三八《卢贲传》，第 1142 页。

虽性行轻险，诚不可弃"[1]，当与此有关。长孙览，文帝尝谓览曰："朕亦知公至诚，特付太子，宜数参见之，庶得渐相亲爱。柱臣素望，实属于公，宜识朕意。"[2] 余不一一备举。

太子勇之东宫僚属，亦多山东人士。李百药，李德林子，太子舍人。陆爽，魏郡临漳人，太子洗马[3]。魏澹，巨鹿下曲阳人，太子舍人[4]。唐令则，唐瑾子，北海平寿人，太子左庶子[5]。元淹，典膳监[6]。柳述，柳机子，河东解人，太子亲卫；柳肃，柳机弟，太子仆；柳雄亮，柳机从弟，检校太子左庶子[7]。

太子勇与山东势力联系之重要纽带，其一为两度出镇山东，其二则为婚姻之缔结。隋代以皇室为中心所结集之婚姻团体与政局密切相关，以下仅就其与太子勇有关者略加申述。

兹依据《隋书》记载，将与杨隋皇室联姻之山东家族列表如下。出自山东之高颎等六家族与杨隋皇室缔结之婚姻皆与太子勇直接或间接有关。高颎，子表仁娶勇女。元孝矩，女为勇妃。柳机，机弟且女为勇子襄城王恪妃。其他长孙览、元岩、崔弘度三家之联姻亦与太子勇间接相关。

隋室与山东家族联姻状况表

联姻家族	联姻人	联姻之皇室成员	家世地域	出处
高　颎	颎子表仁	房陵王勇女	山东	卷四一《高颎传》
长孙览	览女	蜀王秀	山东	卷五一《长孙览传》
元孝矩	孝矩女	房陵王勇	山东	卷五〇《元孝矩传》

---

① 《隋书》卷三八《卢贲传》，第1143页。传又言，贲等"又以晋王上之爱子，谋行废立"（第1142页），此多半不可信，因晋王广常年出镇在外，贲等无由与之交通。

② 《隋书》卷五一《长孙览传》，第1328页。

③ 《隋书》卷五八《陆爽传》。

④ 《隋书》卷五八《魏澹传》。

⑤ 《周书》卷三二《唐瑾传》。

⑥ 《隋书》卷四五《文四子·房陵王勇传》。

⑦ 《隋书》卷四七《柳机附子述、弟肃、从弟雄亮传》。

续表

联姻家族	联姻人	联姻之皇室成员	家世地域	出处
崔弘度	弘度妹	秦王俊	山东	卷七四《崔弘度传》
	弘度弟弘升女	河南王昭		卷七四《崔弘升传》
柳 机	机子述	高祖女兰陵公主	山东	卷四七《柳机传》
	机弟旦女	襄城王恪		卷八〇《列女·襄城王恪妃传》
元 岩	岩女	华阳王楷	山东	卷八〇《列女·华阳王楷妃传》

长孙览，女为蜀王秀妃。元岩，其女为华阳王楷妃。华阳王楷，开皇十年（590）封王，为高祖孙，然史未言其父为谁。考高祖五子：勇、广、俊、秀、谅。勇十子：俨、裕、筠、嶷、恪、该、韶、煚、孝实、孝范；俊二子：浩、湛；谅一子：颢；广三子：昭、暕、杲。皆史有明文①。楷既非勇、俊、谅、广之子，则可推其为秀之子，征之于史，亦颇相合。《隋书》卷四五《文四子·蜀王秀传》记载秀被幽废与其子同处之后云："炀帝即位，禁锢如初。宇文化及之弑逆也，欲立秀为帝，群议不许。于是害之，并其诸子。"② 可见秀有诸子，而史失其名。又《隋书》卷八〇《列女·华阳王楷妃传》云："未几而楷被幽废……及江都之乱，楷遇宇文化及之逆，以妃赐其党元武达。"③ 楷之遭遇与蜀王秀诸子适相吻合。综合观之，可断定楷即蜀王秀之子。

长孙览与元岩为蜀王秀姻亲，秀与太子勇之关系又非同寻常。"及皇太子勇以谗毁废，晋王广为皇太子，秀意甚不平。"④ "炀帝初为太子，忌蜀王秀，与素谋之，构成其罪，后竟废黜。"⑤ 太子勇被

---

① 《隋书》卷四五《文四子传》、卷五九《炀三子传》。
② 《隋书》，第 1244 页。
③ 《隋书》，第 1800 页。
④ 《隋书》卷四五《文四子·蜀王秀传》，第 1242 页。
⑤ 《隋书》卷四八《杨素传》，第 1288 页。

废而蜀王秀甚不平，炀帝初登储位而忌秀，故疑勇、秀关系密切。又秀与勇党深相交结，"兵部侍郎元衡使于蜀，秀深结于衡，以左右为请。既还京师，请益左右"①。秀深结于衡，衡亦为之致力；而衡实为太子勇死党。废太子勇时高祖下诏所诛之十人，元衡即为其一②。故可推论蜀王秀与太子勇为同党。

崔弘度，女为秦王俊妃。俊与太子勇关系亦相当密切。俊开皇二年（582）为河南道行台尚书令、洛州刺史，大概为代勇之任，其后直至开皇十七年（597），除转任山南道行台尚书令及扬州总管数年外，镇抚山东多年③。开皇十七年秦王俊坐免，此年刘居士案发，为文帝谋废太子关键之年（刘居士案与太子勇废黜之关系详见下节所论），俊此时坐免，当与废太子之谋有关。总之，太子勇与秦王俊先后同镇山东，山东势力倾向于支持勇，俊又于开皇十七年坐免，所以笔者推论，秦王亦与太子同党。

高颎、元孝矩、柳机、长孙览、元岩、长孙览六家，或为太子勇姻亲，或为太子勇同党蜀王秀、秦王俊之姻亲，此种情形应非偶然，而是反映了太子勇与山东势力之密切关联。

太子勇两度出镇山东，与朝中以高颎为首之山东大臣关系密切，其僚属多山东人，联姻皇室之山东家族基本上皆与其有关，由此笔

---

① 《隋书》卷四五《文四子·蜀王秀传》，第1242页。
② 见《隋书》卷四五《文四子·房陵王勇传》高祖罪状元旻等诏，第1237页。
③ 据《隋书》卷一《高祖纪上》、卷三《炀帝纪上》、卷四五《文四子传》及卷三〇《地理志中》太原郡条，勇于大象二年（580）九月为洛州总管、东京小冢宰，总统旧齐故地，大概周隋禅代立为太子后即征回京。开皇元年（581）晋王广为并州总管，二年置河北道行台尚书省于并州，以晋王广为尚书令，置河南道行台尚书省于洛州，以秦王俊为尚书令，盖此时旧齐故地分河南、河北而治。开皇六年十月废河南道行台，晋王、秦王俱转他任；是年太子勇镇洛阳，大概又总统河南、河北旧齐故地。开皇九年河北道行台改为并州总管府，十年左右秦王又为并州总管，镇抚河北，十七年征还京师。

者认为，山东势力相当程度上为太子勇之支持者①。所以当开皇后期文帝谋废太子勇时，山东势力站在文帝之对立面力保太子，从而遭到文帝猜忌与打击。

开皇二十年（600），隋文帝废黜太子勇并立晋王广为太子，此为隋代历史发展一大关键，所以酿成如此巨变，《隋书》《资治通鉴》等史书多归咎于独孤文献皇后与杨素之谮毁、晋王之阴谋与文帝之猜忌；近代以来学者论述文帝废黜太子之原因，亦互有异同莫衷一是②。笔者认为，太子勇被废，归根结底还在于权力之争。

文帝为人，《隋书》卷二《高祖纪下》谓："自强不息，朝夕孜孜。"③ 此固然反映了文帝之勤政，但也可见其对权势之极为看重，不肯轻易假手于人。同卷"史臣曰"谓文帝"不能尽下"④，也正表现其专权和恋权。文帝帝位本夺自宇文氏，为人又"天性沉猜"⑤，其对臣下必然戒备至深，开皇初屡诛功臣与此不无关系。随着太子勇居储位岁久，权势渐长，文帝防范之对象乃指向太子。

太子勇为文帝长子，当周隋禅代之际已届成年，并为文帝代周之重要助手⑥。立为皇太子后，"军国政事及尚书奏死罪已下，皆令

---

① 太子勇与山东地区、山东势力之关联，在考古发现中亦有相当有力之佐证。沈睿文先生认为，2005 年发掘的陕西潼关税村圆形墓是一座彻头彻尾的北齐（山东）风格的高等级墓葬，墓主人为隋废太子杨勇；北齐墓葬形制以及随葬品样式同样在杨勇女儿丰宁公主杨静徽墓葬中得以体现；杨勇政治主张与隋文帝所奉行的关陇本位政策相悖，这是导致杨勇最终被废黜的根本原因。沈睿文：《废太子勇与圆形墓——如何理解考古学中的非地方性知识》，载《唐宋历史评论》第 1 辑，社会科学文献出版社 2015 年版。

② 如吕思勉《隋唐五代史》（上海古籍出版社 1984 年版）上册第一章第三节、唐华全《隋文帝废立太子的原因》（载《河北学刊》1991 年第 5 期）归之为太子卑弱；岑仲勉《隋唐史》上册"隋史"第十节归之为专制之毒；韩昇《隋文帝传》（人民出版社 1998 年版）第十二章第三节归结为权力之争；王光照《隋文献独孤皇后与开皇世政治》（载《中国史研究》1998 年第 4 期）归之为胡族之血统观念；汤勤福《隋文帝废立太子刍议》（载《上饶师专学报》1987 年第 1 期）归之为文帝之猜忌。

③ 《隋书》，第 54 页。

④ 《隋书》，第 55 页。

⑤ 《隋书》，第 54 页。

⑥ 参《隋书》卷四五《文四子·房陵王勇传》及卷四四《滕穆王瓒传》。

勇参决之"①，政治地位崇高，政治经验丰富。"（开皇六年）三月己未，洛阳男子高德上书，请上为太上皇，传位皇太子。上曰：'朕承天命，抚育苍生，日旰孜孜，犹恐不逮。岂学近代帝王，事不师古，传位于子，自求逸乐者哉！'"②洛阳男子高德上书事件，隐隐反映了山东地区对太子之好感，文帝则借此表明绝不做太上皇之态度。由此，不愿为太上皇之文帝与已成年且颇有权势之太子之间可能产生之矛盾，就不能不引起文帝之留意与防范，虽然文帝此时未必已有废黜太子之意图，但试图抑制太子权势则可以想见。

大概在开皇九年（589）平陈以后，太子勇之权位受到明显抑削，文帝对之防范警惕，并渐生废储之意。《隋书》卷四五《文四子·房陵王勇传》：

> 其后经冬至，百官朝勇，勇张乐受贺……高祖曰："改节称贺，正可三数十人，逐情各去。何因有司征召，一时普集，太子法服设乐以待之？东宫如此，殊乖礼制。"于是下诏曰："礼有等差，君臣不杂，爰自近代，圣教渐亏，俯仰逐情，因循成俗。皇太子虽居上嗣，义兼臣子，而诸方岳牧，正冬朝贺，任土作贡，别上东宫。事非典则，宜悉停断。"自此恩宠始衰，渐生疑阻。

> 时高祖令选宗卫侍官，以入上台宿卫。高颎奏称，若尽取强者，恐东宫宿卫太劣。高祖作色曰："我有时行动，宿卫须得雄毅。太子毓德东宫，左右何须强武？此极敝法，甚非我意。如我商量，恒于交番之日，分向东宫上下，团伍不别，岂非好事？我熟见前代，公不须仍蹈旧风。"盖疑高颎男尚勇女，形于此言，以防之也。③

---

① 《隋书》卷四五《文四子·房陵王勇传》，第 1229 页。
② 《隋书》卷一《高祖纪上》，第 23—24 页。
③ 《隋书》，第 1230—1231 页。

此二事记在太子引姚察为学士后及太子妃元氏薨前，姚察入隋在开皇九年（589）平陈后，元氏薨在十一年（591）正月，故可推定，所谓文帝与太子"恩宠始衰渐生疑阻"应在开皇十年（590）左右。征之其他记载亦颇相合，《隋书》卷六六《房彦谦传》："开皇中，平陈之后，天下一统，论者咸云将致太平。彦谦私谓所亲赵郡李少通曰：'主上性多忌克，不纳谏争。太子卑弱，诸王擅威……天下虽安，方忧危乱。'"① 大约与此同时，文帝已开始谋废太子。《隋书》卷七八《艺术·韦鼎传》：

> 上又问鼎："诸儿谁得嗣？"答曰："至尊、皇后所最爱者，即当与之，非臣敢预知也。"上笑曰："不肯显言乎？"②

文帝五子皆独孤皇后所生，而杨勇居长并早早地立为太子；文帝与韦鼎之语却相当程度上表露出皇位传承之不确定性，显然透露出文帝易储之意。韦鼎南人，开皇九年平陈后入隋，而此事系于开皇十二年（592）前，故其时亦应在开皇十年（590）左右。

文帝与太子勇渐生矛盾，倾向太子之山东势力随之成为文帝清洗与压制之对象。开皇十年，李德林自内史令出为湖州刺史，是否与太子有关，不能确证。开皇十二年卢恺朋党案，则与太子勇有关。《隋书》卷五六《卢恺传》（参卷四一《苏威传》、卷五七《薛道衡传》、卷七二《陆彦师传》、卷七五《儒林·何妥传》）：

> 摄吏部尚书事。会国子博士何妥与右仆射苏威不平，奏威阴事。恺坐与相连，上以恺属吏。宪司奏恺曰："房恭懿者，尉迟迥之党，不当仕进。威、恺二人曲相荐达，累转为海州刺史。又吏部预选者甚多，恺不即授官，皆注色而遣。威之从父弟彻、

---

① 《隋书》，第1566页。
② 《隋书》，第1772页。

肃二人,并以乡正征诣吏部。彻文状后至而先任用,肃左足挛蹇,才用无算,恺以威故,授朝请郎。恺之朋党,事甚明白。"上大怒曰:"恺敢将天官以为私惠!"……于是除名为百姓……自周氏以降,选无清浊,及恺摄吏部,与薛道衡、陆彦师等甄别士流,故涉党固之谮,遂及于此。①

此朋党案虽起因于何妥与苏威之不平,实则在于卢恺等试图改变"周氏以降选无清浊"之状况而实行"甄别士流"之选举政策。所谓甄别士流,即以门第取人,这正是门阀士族势力雄厚之山东地区自孝文帝改革以来所遵循之选举原则。甄别士流,显然对山东人入仕有利。涉及卢恺朋党之人物,主要为卢恺、苏威、薛道衡、陆彦师四人。卢恺为吏部尚书,薛道衡、陆彦师为吏部侍郎,皆执掌选举之要员。三人皆山东人,所举荐交接之人也多山东人,如《隋书》卷七三《循吏·房恭懿传》:"河南洛阳人也……迁德州司马,在职岁余,卢恺复奏恭懿政为天下之最……未几,会国子博士何妥奏恭懿尉迥之党,不当仕进,威、恺二人朋党,曲相荐举。上大怒,恭懿竟得罪,配防岭南。"② 卷六六《房彦谦传》:"本清河人也。七世祖谌,仕燕太尉掾,随慕容氏迁于齐,子孙因家焉……吏部尚书卢恺一见重之,擢授承奉郎,俄迁监察御史……内史侍郎薛道衡,一代文宗,位望清显,所与交结,皆海内名贤。重彦谦为人,深加友敬。"③ 所以朋党案实际乃针对山东人而发。出自关陇之苏威,不过适逢其会,作为朋党案之引子,牵入其中罢了④。

文帝制造卢恺朋党案,将矛头指向山东人,其深层用意则在于

---

① 《隋书》,第 1384 页。
② 《隋书》,第 1680 页。
③ 《隋书》,第 1561—1563 页。
④ 牟发松老师谓:"这次朋党事件的焦点在于用人,从用人的主持者,用人的方针,以及所用的人来看,这次朋党事件的地域性质(指山东——引者注)是明显的。"牟发松:《旧齐士人与周隋政权》,《文史》2003 年第 1 辑。

削弱太子勇。山东势力倾向太子，已见前述，而朋党案主角卢恺、薛道衡也与太子关系较密。《隋书》卷五六《卢恺传》："大象元年，征拜东京吏部大夫。开皇初，加上仪同三司，除尚书吏部侍郎，晋爵为侯，仍摄尚书左丞。"① 杨勇于大象二年（580）九月为洛州总管、东京小冢宰，故恺曾隶其下。《隋书》卷五七《薛道衡传》："道衡久当枢要，才名益显，太子诸王争相与交。"② 诸王出镇在外，薛道衡任京官，显然太子与道衡交往更为便利。"后坐抽擢人物，有言其党苏威，任人有意故者，除名，配防岭南。晋王广时在扬州，阴令人讽道衡，从扬州路，将奏留之。道衡不乐王府，用汉王谅之计，遂出江陵道而去……晋王由是衔之。"③ 薛道衡不乐王府、拒绝杨广之延揽而宁愿配防中古时代一般视为畏途之僻远瘴恶之地岭南，大异常情难于理解；较为可能之解释是，道衡党于太子勇，故不愿为太子死敌晋王之府属。

卢恺朋党案使文帝取消山东人对吏部选举之控制，否定了对山东人有利之"甄别士流"选举原则，清洗了朝中一批山东官吏，乃是支持太子勇之山东势力所受一次沉重打击。随后，废黜太子之密谋也继续进行④。开皇十九年太子勇之最有力支持者高颎被黜，则标志着山东势力之彻底失势，也注定了太子最终被废之命运。

高颎几乎整个开皇年间（581—600）担任尚书左仆射（开皇元年二月至八月，二年六月至十九年八月），最为高祖亲重。颎子表仁娶太子勇女，太子之废，高颎反对最为坚决，其党于勇之态度甚为明显，故致高祖深忌。"时太子勇失爱于上，潜有废立之意。谓颎曰：'晋王妃有神凭之，言王必有天下，若之何？'颎长跪曰：'长

---

① 《隋书》，第 1384 页。

② 《隋书》，第 1408 页。

③ 《隋书》，第 1407 页。

④ 《隋书》卷二二《五行志上》："开皇十四年，将祠泰山……时帝颇信谗言，猜阻骨肉……故天见变，而帝不悟，其后太子勇竟被废戮。"（第 621 页）开皇十七年，刘居士案发生，此为废太子之重要步骤（详见后论）。《隋书》卷四六《苏孝慈传》："开皇十八年，将废太子，惮其在东宫，出为淅州刺史。"第 1259 页。

幼之序，其可废乎!'上默然而止。独孤皇后知颍不可夺，阴欲去之。"①"时高祖令选宗卫侍官，以入上台宿卫。高颍奏称，若尽取强者，恐东宫宿卫太劣。高祖作色曰：'我有时行动，宿卫需得雄毅。太子毓德东宫，左右何须强武？此极弊法，甚非我意。如我商量，恒于交番之日，分向东宫上下，团伍不别，岂非好事？我熟见前代，公不须仍踵旧风。'盖疑高颍男尚勇女，形于此言，以防之也。"②高颍为太子勇之儿女亲家，为保太子勇储位最力者，故开皇十九年（599）八月即次年（开皇二十年，600）十月废太子勇之前夕，高颍坐免。高颍为山东人中最有权势之核心人物，又力保太子储位，其人既倒，则山东势力失势，太子储位岌岌可危。

开皇二十年十月，"乙丑，皇太子勇及诸子并废为庶人"③。同时，文帝下诏处死或处罚之太子僚属亲信有十四人：元旻、唐令则、邹文腾、夏侯福、元淹、萧子宝、何竦、阎毗、崔君绰、沈福宝、章仇太翼、高龙义、晋文建、元衡④。十四人中，除邹文腾、夏侯福、何竦、沈福宝、晋文建五人出身不详外，其余九人有七人出自山东：元旻、元淹、元衡，河南洛阳人；唐令则，北海平寿人；崔君绰，崔彦穆子，清河东武城人⑤；章仇太翼，瀛州民；高龙义，即高义，北齐宗室⑥。此一方面进一步证实了山东势力支持太子勇之立场，另一方面也表明山东势力因太子勇之故受到文帝之严厉打击。

---

① 《隋书》卷四一《高颍传》，第1182页。
② 《隋书》卷四五《文四子·房陵王勇传》，第1231页。
③ 《隋书》卷二《文帝纪下》，第45页。
④ 《隋书》卷四五《文四子·房陵王勇传》。
⑤ 《周书》卷三六《崔彦穆传》。
⑥ 《北齐书》卷一四《长乐太守灵山传》、《北史》卷五一《齐宗室诸王·长乐太守灵山传》。参陈寅恪先生《隋唐制度渊源略论稿》之"二、礼仪（附都城建筑）"关于高龙义之讨论。

二 刘居士案与太子勇之废黜

文帝废黜太子之关键步骤有三：开皇十二年（592）卢恺朋党案、开皇十九年（599）黜免高颎及开皇十七年（597）刘居士案，前二者已有论述，我们再来看刘居士案与太子勇废黜之关系。

《隋书》卷八〇《列女·刘昶女传》：

> 昶在周，尚公主，官至柱国、彭国公，数为将帅，位望隆显。与高祖有旧。及受禅，甚亲任，历左武卫大将军、庆州总管。其子居士，为太子千牛备身，聚徒任侠，不遵法度，数得罪。上以昶故，每辄原之。居士转恣，每大言曰："男儿要当辈头反缚，簸篗上作獠儇。"取公卿子弟膂力雄健者，辄将至家，以车轮括其颈而棒之。殆死能不屈者，称为壮士，释而与交。党羽三百人，其矫捷者号为饿鹘队，武力者号为蓬转队。每構鹰绁犬，连骑道中，殴击路人，多所侵夺。长安市里无贵贱，见之者皆辟易，至于公卿妃主，莫敢与校者……有人告居士与其徒游长安城，登故未央殿基，南向坐，前后列队，意有不逊，每相约曰："当为一死耳。"又时有人言居士遣使引突厥令南寇，当于京师应之……上大怒，下昶狱，捕居士党羽，治之甚急……居士坐斩，昶竟赐死于家。诏百僚临视。①

《隋书》卷二《高祖纪下》开皇十七年：

> （三月）癸亥，上柱国、彭国公刘昶以罪伏诛。②

---

① 《隋书》，第1808—1809页。
② 《隋书》，第41页。

《资治通鉴》卷一七八隋文帝开皇十七年三月条:

> 上柱国刘昶与帝有旧,帝甚亲之,其子居士,任侠不遵法度,数有罪,上以昶故,每原之。居士转骄恣,取公卿子弟雄健者,辄将至家,以车轮括其颈而棒之,殆死能不屈者,称为壮士,释而与交。党羽三百人,殴击路人,多所侵夺,至于公卿妃主,莫敢与校。或告居士谋为不轨,帝怒,斩之,公卿子弟坐居士除名者甚众。①

综合上引史料,可得以下基本事实:刘居士案发时间为开皇十七年;居士罪名为谋不轨及通突厥;居士任职为太子千牛备身;居士党羽多公卿子弟。此数点与太子勇之废黜颇相关联。

刘居士案发之开皇十七年,正当文帝谋废太子之时期,且恰在决谋并着手废易前一年②。居士案与太子勇废黜时间上之紧密关系,暗示其间必有内情。考《隋书》卷四五《文四子·房陵王勇传》(《北史》卷七一《隋宗室诸王·房陵王勇传》略同):

> 令杨素陈东宫事状,以告近臣。素显言之曰:"臣奉敕向京,令皇太子检校刘居士余党。太子奉诏,乃作色奋厉,骨肉飞腾,语臣云:'居士党尽伏法,遣我何处穷讨?尔作右仆射,委寄不轻,自检校之,何关我事?'(后略)"③

此为杨素检举太子罪状之重要一条,所记太子言行非常可怪。文帝令勇检校居士余党,勇"作色奋厉骨肉飞腾",并云"居士党尽伏法,遣我何处穷讨""何关我事",愤激之情见于言表,其反对

---

① 《资治通鉴》,第5556—5557页。
② 《隋书》卷四六《苏孝慈传》:"开皇十八年,将废太子,惮其在东宫,出为淅州刺史。"第1259页。
③ 《隋书》,第1233页。

穷讨居士余党之态度与文帝"捕居士党羽，治之甚急"之态度迥异，表明太子勇与居士党关系非同寻常。

其一，居士集团之党派性质。刘居士家世显赫，为文帝旧臣刘昶子，亦即西魏时期关陇集团核心人物之一刘亮之孙①，并为太子千牛备身。据《隋书》卷二八《百官志下》，太子千牛备身八人，掌侍从宿卫，多以功勋子弟充任②。居士党羽陈政，文帝旧臣陈茂之子，"少养宫中，年十七，为太子千牛备身。时京师大侠刘居士重政才气，数从之游。（李）圆通子孝常与政相善，并与居士交结。及居士下狱诛，政及孝常当从坐，上以功臣子，挞之二百而赦之"③。陈政以太子千牛备身为居士党，李孝常虽未明言其与太子关系，但以其功臣子身份及与居士、陈政交结之事实，至少亦为太子之党。居士党羽三百人且多公卿子弟，隋代公卿子弟又多任太子千牛备身等东宫之职，故居士党羽中应有相当部分为太子亲信，如刘居士、陈政为太子千牛备身之例。故刘居士党实为一背景深厚之公卿子弟集团，其成员多任职东宫与太子关系密切，可视为忠于太子之少壮力量。居士集团"党羽三百人，殴击路人，多所侵夺，至于公卿妃主，莫敢与较"，可见在京城势力极大极特殊，若无地位极尊权势极高之人可恃，断难及此；而能令京城公卿妃主畏惮者，文帝以外非太子莫属。再据居士为太子千牛备身之身份，此段记载适能证实居士集

---

① 《周书》卷一七《刘亮传》："刘亮中山人也……侯莫陈悦害（贺拔）岳，亮与诸将谋迎太祖……及太祖置十二军，简诸将以将之，亮领一军。每征讨，常与怡峰俱为骑将……从擒窦泰，复弘农及沙苑之役，亮并力战有功……亮以勇敢见知，为时名将，兼屡陈谋策，多合机宜……（卒后）追赠太尉，谥曰襄，配享太祖庙庭。子昶，尚太祖女西河长公主。大象中，位至柱国、秦灵二州总管。以亮功，封彭国公。"（第284—285页）刘亮为宇文泰元从旧臣，功勋卓著，地位崇高（为府兵系统建置十二军时领兵十二将之一，仅次于八柱国），死后得以配飨宗庙；刘亮子刘昶与隋文帝有旧，甚见亲待；刘昶子刘居士为太子杨勇千牛备身，亦属亲信之列。可以说，刘氏三代，自西魏历北周至隋代，皆与最高统治层关系亲密，无疑是关陇集团核心家族之一。

② 如《隋书》卷七二《孝义·田德懋传》："观国公仁恭之子也……开皇初，以父军功，赐爵平原郡公，授太子千牛备身。"（第1663页）卷五〇《宇文庆附子静礼传》："初为太子千牛备身，寻尚高祖女广平公主。"第1315页。

③ 《隋书》卷六四《陈茂附子政传》，第1509页。

团为太子勇之党。

其二,居士集团之武力性质。居士"取公卿子弟膂力雄健者","其矫捷者号为饿鹘队,武力者号为蓬转队",党羽尽为骁武之士。周隋之世,公卿子弟竞尚武功①,居士集团既为公卿子弟集团,其武力性质自不待言。试作推测:居士党为忠于太子勇之公卿子弟武力集团,文帝对太子之猜忌由此而生。若推测不误,则废太子时文帝违反常情之言行可得圆满解释。《隋书》卷四五《文四子·房陵王勇传》载文帝言谓:"仁寿宫去此不远,而令我每还京师,严备仗卫,如入敌国。我为患利,恒不脱衣卧。昨夜欲得近厕,故在后房,恐有警急,还移就前殿……我恒畏其加害,如防大敌,今欲废之,以安天下。"② 其言虽与文帝猜忌之性有关,然亦必有所事实,即太子培植居士武力集团,文帝与太子间剑拔弩张,势成水火。

其三,居士集团与宇文化及逆党之关系。讨论居士集团与化及逆党之关系,李孝常为最关键之人。李孝常为文帝旧臣李圆通子、居士集团之成员。《隋书》卷八五《宇文化及传》载江都事变前夕宇文化及同党司马德勘之言曰:"我闻关中陷没,李孝常以华阴叛,陛下收其二弟,将尽杀之。"③ 孝常二弟之名史未明言,据"陛下收其二弟"之语,当为炀帝近侍,否则不能遽收。而同书卷四《炀帝纪下》云:"(义宁)二年三月,右屯卫将军宇文化及,武贲郎将司马德戡、元礼,监门直阁裴虔通,将作少监宇文智及,武勇郎将赵行枢,鹰扬郎将孟景,内史舍人元敏,符玺郎李覆、牛方裕,千牛左右李孝本、弟孝质,直长许弘仁、薛世良,城门郎唐奉义,医正张恺等以骁果作乱,入犯宫闱。上崩于温室,时年五十。"④ 可见李

---

① 如《隋书》卷四六《张羡传》:"父羡……周代公卿,类多武将,唯羡以素业自通,甚为当时所重。"(第1261页)卷五○《李礼成传》:"于时(按,指北周时)贵公子皆竞习弓马,被服多为军容。"(第1316页)卷五一《长孙览附长孙晟传》:"时周室尚武,贵游子弟咸以相矜,每共驰射,时辈皆出其下。"第1329页。

② 《隋书》,第1233—1234页。

③ 《隋书》,第1888—1889页。

④ 《隋书》,第93页。

孝本、孝质兄弟均为千牛左右即炀帝近侍，其身份、行事、名字及时间、空间诸点无不与炀帝所收孝常二弟相吻合，故可推定孝本、孝质即孝常之二弟。李孝常兄弟三人俱非炀帝纯臣，推其叛逆之由，当与太子勇有关，孝常为太子勇党居士集团成员，颇疑孝本、孝质亦太子勇党。炀帝所以容忍孝常兄弟且以孝本、孝质为千牛左右，亦有其苦衷。因居士党实为公卿子弟武力集团即隋室之少壮力量，关系盘根错节，牵连甚广，影响甚大，乃当时举足轻重之势力；炀帝虽立，太子勇虽废，文帝虽曾打击此集团，然隋不亡则其根基犹在，炀帝惟有优容甚至倚重之。《隋书》卷二五《刑罚志》所载炀帝有关宿卫制度之改革，正反映其优容之举措：

> 开皇旧制，衅门子弟，不得居宿卫近侍之官……帝乃下诏革前制曰："罪不及嗣，既弘至孝之道，恩由义断，以劝事君之节。故羊鲋从戮，弥见叔向之诚，季布立勋，无预丁公之祸，用能树声往代，贻范将来。朕虚己为政，思遵旧典，推心待物，每从宽政。六位成象，美厥含弘，一眚掩德，甚非谓也。诸犯罪被戮之门，期已下亲，仍令合仕，听预宿卫近侍之官。"[1]

宇文化及逆党十八人[2]，皆为炀帝近侍宿卫之臣，其中公卿子弟者六人：宇文化及、智及，宇文述子；元敏，元寿子；李孝本、孝质，李圆通子；牛方裕，牛弘子。其他虽未明言，必有为公卿子弟

---

① 《隋书》，第716页。
② 《隋书》卷四《炀帝纪下》列十六人之名：宇文化及、司马德勘、元礼、裴虔通、宇文智及、赵行枢、孟秉、元敏、李覆、牛方裕、李孝本、李孝质、许弘仁、薛世良、唐奉义、张恺。据《赵才传》，谋逆者十八人；另二人当为杨士览与元武达，参《隋书》卷六五《赵才传》及卷八〇《列女·华阳王楷妃传》。

者①。依孝本、孝质兄弟之例，化及逆党当有相当部分为居士集团成员或与之关系密切，如此则江都弑逆适能反证居士集团为太子勇之党，即居士案发生与太子勇被废后，此集团幸存之成员不忘旧主伺机复仇，终至于江都之祸。

居士集团为忠于太子勇之公卿子弟武力集团，居士案发时，公卿子弟坐居士除名者甚众，但这些公卿子弟除刘居士、李孝常、陈政等外，极少见载于史。笔者认为，居士案中并未言及之三卫群体也是居士集团组成部分。

隋唐时期所谓三卫，指亲卫、勋卫、翊卫，"凡左右卫亲卫、勋卫、翊卫，及左右率府亲、勋、翊卫，及诸卫之翊卫，通谓之三卫"②。三卫职司宫卫，属皇帝以及太子最贴身之御前侍卫，凡朝会、出行、日常起居，三卫都是宿卫主力。作为承担起皇帝与太子安全责任之御前侍卫主力，三卫具有远高于一般卫士之身份，其简择有严格限制，任三卫者需五品以上官员之子孙，故基本上为公卿子弟③。刘居士党为一公卿子弟集团，其成员多任职东宫与太子关系密切，可视为忠于太子之少壮力量。以公卿子弟而为太子近侍之东宫三卫，以及非东宫之三卫，当亦为这一集团重要成分。

废太子勇前夕，"时高祖令选宗卫侍官，以入上台宿卫，高颎奏称，若尽取强者，恐东宫宿卫太劣。高祖作色曰：'我有时行动，宿卫须得雄毅，太子毓德东宫，左右何须强武？'"④显然，文帝试图

---

① 如唐奉义，《新唐书》卷七四下《宰相世系表四下》唐氏条载唐（令）则子二人："推贤字尚直……让德字后己。"（《新唐书》，中华书局1975年版，第3237—3238页）以名、字推之，奉义可能即令则另一子而史缺载，唐令则为太子勇之左庶子，勇废时被杀，若奉义为令则子，则恰能解释奉义何以预于江都弑逆。

② 《旧唐书》卷四三《职官志二》，第1833页；唐·李林甫等撰、陈仲夫点校：《唐六典》卷五《尚书兵部》，中华书局1992年版，第154页。按，此段文字，《旧唐书》与《唐六典》完全相同；但标点上，《旧唐书》于"左右卫"下以顿号断开，以之与后文"亲卫、勋卫、翊卫"并列，参据《唐六典》、《新唐书》等其他有关三卫之记载，《旧唐书》如此理解和标点明显有误，故今从《唐六典》之标点。

③ 有关三卫职掌、简择、品秩等诸问题，下节将作详细论述，此从略。

④ 《隋书》卷四五《文四子·房陵王勇传》，第1231页。

削弱东宫宿卫力量，将其抽至御前以加强笼络与控制。文帝遗诏提到废易太子之事时云："今恶子孙已为百姓黜屏，好子孙足堪负荷大业。此虽朕家事，理不容隐，前对文武侍卫，具已论述。"① 文帝虽已废易太子，临终犹不忘"前对文武侍卫，具已论述"，对身后之事心存疑虑，文武侍卫似乎仍是对炀帝不利之主要因素。所谓文武侍卫，除少数亲信官员之外，显指御前宿卫之士②，联系到三卫职掌，有理由认为其中必多三卫。自开皇十年（590）至开皇二十年（600），晋王广出镇江淮长达十年，所亲用多为江淮人士③；杨勇为太子二十年，当然更多接触朝中公卿子弟。依常理论，公卿子弟与太子勇有密切关系，在储位之争中倾向支持杨勇。刘居士集团之存在已说明了此点。我们也能发现三卫与太子勇被废直接牵涉之事实，《新唐书》卷八九《唐俭附弟宪传》云："仕隋为东宫左勋卫，太子废，罢归。"④ 试作推测，开皇末年废易太子事件中，三卫基本站在太子勇一边（当然并不排除特例），成为拥护太子之刘居士集团之重要力量。同时，三卫公卿子弟出身与宿卫职责也更证实了我们对居士集团性质之判断：公卿子弟武力集团。

居士案稍后，文帝即对公卿子弟进行安抚。《隋书》卷二《高祖纪下》：

> （开皇十七年四月）壬午，诏曰："（前略）申明公穆、郧襄公孝宽、广平王雄、蒋国公睿、楚国公勋、齐国公颎、越国公素、鲁国公庆则、新宁公长叉、宜阳公世积、赵国公罗云、陇西公询、广业公景、真昌公振、沛国公译、项城公子相、钜

---

① 《隋书》卷二《高祖纪下》，第 53 页。
② "文武侍卫"一词又见《隋书》卷二一《天文志下》大象元年四月戊子条，其记周宣帝出行情状云："四皇后及文武侍卫数百人并乘驷以从。"（第 610 页）皇帝出行，从行者当然多为卫士而非百官。
③ 参阅何德章《江淮地域与隋炀帝的政治生命》，《武汉大学学报》1994 年第 1 期。
④ 《新唐书》，第 3760 页。

鹿公子幹等，登庸纳揆之时，草昧经纶之日，丹诚大节，心尽帝图，茂绩殊勋，力宣王府。宜弘其门绪，与国同休。其世子世孙未经州任者，宜量才升用，庶享荣位，世禄无穷。"①

诏书以优宠诸功臣为辞，重心则在于"其世子世孙未经州任者，宜量才升用"，以"弘其门绪"，真实用意乃为安抚公卿大臣及其子弟，显然此与刘居士案有关。居士党为党于太子勇之公卿子弟集团即隋室少壮力量，居士案中文帝曾予严厉打击，"公卿子弟坐居士除名者甚众"，但是，为避免引起诸功臣强烈不满、为下一步废黜太子及从隋室长远统治考虑，文帝又不得不对其加以安抚，因此紧随三月居士案后即于四月发布此诏。

以刘居士案为契机，开皇十七年文帝亦从各个方面为废黜太子造势。

刘居士伏诛之罪名有二：谋不轨及通突厥。所谓居士通突厥之罪名，并非空穴来风。《隋书》卷五一《长孙览附从子晟传》："（开皇）十三年，流人杨钦亡入突厥，诈言彭公刘昶共宇文氏女谋欲反隋，称遣其来，密告（大义）公主，雍闾信之。"② 《隋书》卷八○《列女·刘昶女传》："又时有人言居士遣使引突厥令南寇，当于京师应之。"③ 是刘昶、居士父子通突厥及大义公主之论调由来已久。据现存史料，难断言其通突厥是否属实；然据相关记载，其有通突厥之嫌疑则无疑。刘昶本周室旧臣，兼尚公主，居士或即周室外甥，而突厥大义公主即周之千金公主，谋借突厥之力覆隋复周，刘昶父子以其与北周皇室之特殊关系而不得不处于嫌疑之地。

更大嫌疑则在于太子勇与突厥之关系。自开皇十七年居士案发刘昶伏诛至开皇二十年（600）太子废，文帝诛杀黜免了一批大臣：

① 《隋书》，第41—42页。
② 《隋书》，第1332页。
③ 《隋书》，第1808页。

十七年三月诛刘昶，十二月诛虞庆则，十八年（598）十二月诛王景，十九年八月黜免高颎，二十年十月诛史万岁。此五人身份值得注意者有二：（一）多与太子勇有所关系：刘昶，如前所述，其子居士为太子党之核心人物；王景，史未言其与太子勇之关系，然诛王景之同月，"自京师至仁寿宫，置行宫十有二所"①，此与"高祖惑于邪议，遂疏忌勇。乃于玄武门达至德门量置候人，以伺动静，皆随事奏闻"②当出防范太子之同一目的，则王景之诛亦与太子有关；高颎，其子表仁尚勇女，颎实为太子最坚定有力之支持者；史万岁，"会上从仁寿宫初还京师，废皇太子，穷东宫党羽。上问万岁所在，万岁实在朝堂，杨素见上方怒，因曰：'万岁谒东宫矣。'以激怒上。"③此虽谓杨素谗构万岁，然文帝固已目万岁为东宫党羽。（二）俱与突厥颇有关联：刘昶已见前论；虞庆则为抗击、降服突厥之名将；王景史失其事，然其任职夏州总管，亦当抚御突厥之前线；高颎为镇遏突厥之名将，且人言颎击突厥时欲反，文帝疑之；史万岁亦为击突厥名将，且以击突厥事而被诛。总之，与太子关系密切、遭文帝诛黜之一批大臣刘昶、高颎等，均与突厥颇有关联，则太子勇无论其是否有通谋突厥之行为，其欲挟突厥以自重之意图则可约略窥见④。太子既挟突厥以自重，刘居士以太子千牛备身之身份，复以其父子与突厥之特殊关系故，实为联系突厥与太子勇之最佳人选，宜乎文帝以谋通突厥之罪名诛杀居士。

明了太子勇与突厥之微妙关系后，我们方能对开皇十七年隋与突厥之关系有较深刻之认识。

突厥自开皇初为隋击败后，边境趋于平静，然自开皇十七年起，

① 《隋书》卷二《高祖纪下》，第44页。
② 《隋书》卷四五《文四子·房陵王勇传》，第1233页。
③ 《隋书》卷五三《史万岁传》，第1356页。
④ 《北史》卷七一《隋宗室诸王·房陵王勇传》记杨素检举勇罪状时素述其怨望之状云："乃向西北奋头，喃喃细语。"（第2462页）西北，突厥所在，素特标出"向西北奋头"，或即指其有通突厥之意，因无确证，故存疑。

突厥又频频入寇。《隋书》卷八四《北狄·突厥传》:

> (开皇)十七年,突利遣使来逆女,上舍之太常,教习六礼,妻以宗女安义公主。上欲离间北夷,故特厚其礼,遣牛弘、苏威、斛律孝卿相继为使,突厥前后遣使入朝三百七十辈。突利本居北方,以尚主之故,南徙度斤旧镇,锡赉优厚。雍虞闾怒曰:"我,大可汗也,反不如染干!"于是朝贡遂绝,数为边患。①

开皇十七年可谓隋与突厥关系之转折点:隋成功分化突厥两大力量,一度臣服于隋之都蓝可汗(雍虞闾)彻底与隋决裂,隋转而全力扶植突利可汗与都蓝抗衡并以为北方屏障。隋之弃都蓝,大义公主在其中扮演了重要角色。大义公主本周之千金公主,下嫁突厥,北周亡后图谋反隋,而都蓝亦欲借重其周公主之身份抗隋。《隋书》卷五一《长孙览附从子晟传》:

> (开皇)十三年,流人杨钦亡入突厥,诈言彭公刘昶共宇文氏女谋欲反隋,称遣其来,密告公主。雍闾信之,乃不修职贡。又遣晟出使,微观察焉。公主见晟,乃言辞不逊,又遣所私胡人安遂迦共钦计议,扇惑雍闾。晟至京师,具以状奏。又遣晟往索钦,雍闾欲勿与,谬答曰:"检校客内,无此色人。"②

同书卷八四《北狄·突厥传》:

> 平陈之后,上以陈叔宝屏风赐大义公主,主心恒不平,因书屏风为诗,叙陈亡自寄……上闻而恶之,礼赐益薄。公主复

---

① 《隋书》,第1872页。
② 《隋书》,第1332—1333页。

与西面突厥泥利可汗连结。①

大义公主在突厥之活动威胁隋边境安全，故文帝必欲除之而后快。同传又续云：

> 上恐其为变，将图之。会主与所从胡私通，因发其事，下诏废黜之。恐都蓝不从，遣奇章公牛弘将美妓四人以啗之。时沙钵略子曰染干，号突利可汗，居北方，遣使求婚。上令裴矩谓之曰："当杀大义主者，方许婚。"突利以为然，复谮之，都蓝因发怒，遂杀公主于帐。②

大义公主之死，乃由突利促成，隋遂决意扶植突利，打击都蓝，开皇十七年隋与突厥关系之转折由此形成。此种转折与刘居士案之约略同时发生（俱在开皇十七年），笔者相信并非偶然。前已推论居士集团为太子勇之党，太子勇与突厥关系微妙，居士为联系突厥与太子勇之上佳人选，因此，当隋已除去大义公主、成功分化突厥、与突厥关系发生重大转折时，正是文帝摧毁居士集团、彻底切断太子与突厥联系可能之最佳时机。

秦王俊与蜀王秀为太子勇党，开皇十七年俊与秀之动向殊为可疑。《隋书》卷二《高祖纪下》："（开皇十七年七月）丁亥，上柱国、并州总管秦王俊坐事免，以王就第。"③ 俊之罪愆，据《隋书》卷四五《文四子·秦王俊传》所谓，一为奢侈，二为好内，俱非大过。太子勇之奢侈与好内适与秦王同④，文帝严惩俊，矛头乃隐隐指向太子，所谓"醉翁之意不在酒"者是也。蜀王秀之权位亦在此年

---

① 《隋书》，第1871—1872页。
② 《隋书》，第1872页。
③ 《隋书》，第42页。
④ 参《隋书》卷四五《文四子·房陵王勇传》、《北史》卷七一《隋宗室诸王·房陵王勇传》。

遭到削弱。《隋书》卷四五《文四子·蜀王秀传》:

> 大将军刘哙之讨西爨也,高祖令上开府杨武通将兵继进。秀使獠人万智光为武通行军司马,上以秀任非其人,谴责之。因谓群臣曰:"坏我法者,必在子孙乎?譬如猛兽,物不能害,反为毛间虫所损食耳。"于是遂分秀所统。①

西爨即南宁爨亦即西宁羌,讨西爨在开皇十七年。同书卷二《高祖纪下》:

> (开皇)十七年春二月癸未,太平公史万岁击西宁羌,平之。②

同书卷五三《史万岁传》:

> 先是,南宁夷爨玩来降,拜昆州刺史,既而复叛。遂以万岁为行军总管,率众击之。③

同书卷七一《诚节·张须陀传》:

> 弱冠,从史万岁讨西爨。④

据此,文帝"分秀所统"、抑制秀之权位在开皇十七年,笔者认为,蜀王秀权位之抑削,亦是渐剪太子势力之一步。

---

① 《隋书》,第1242页。
② 《隋书》,第41页。
③ 《隋书》,第1354页。
④ 《隋书》,第1645页。

《隋书》卷二《高祖纪下》开皇十七年："夏四月戊寅，班新历。"① 所谓新历，据同书卷一七《律历志中》，乃张胄玄历（详见后）。同书卷一九《天文志上》：

> 及高祖践极之后，大议造历。张胄玄兼明揆测，言日长之瑞。有诏司存，而莫能考决。至开皇十九年，袁充为太史令，欲成胄玄旧事，复表曰："隋兴已后，日景渐长……日去极近，则影短而日长；去极远，则影长而日短。行内道则去极近，行外道则去极远。《尧典》云：'日短星昴，以正仲冬。'据昴星昏中，则知尧时仲冬，日在须女十度。以历数推之，开皇以来冬至，日在斗十一度，与唐尧之代，去极俱近。谨案《元命包》云：'日月出内道，琁玑得其常，天帝崇灵，圣王初功。'京房《别对》曰：'太平日行上道，升平日行次道，霸代日行下道。'伏惟大隋启运，上感乾元，影短日长，振古希有。"是时废庶人勇，晋王广初为太子，充奏此事，深合时宜。②

袁充以日长之瑞附会废易太子之事，在"废庶人勇，晋王广初为太子"之时，当系开皇二十年事，《天文志》模糊系于开皇十九年显然不妥；但袁充希上意以天文附会政事则确凿无疑，《隋书》卷四五《文四子·房陵王勇传》云：

> 太史令袁充进曰："臣观天文，皇太子当废。"上曰："玄象久见矣，群臣无敢言者。"③

而袁充所言，乃"胄玄旧事"。同书卷一七《律历志中》：

① 《隋书》，第41页。
② 《隋书》，第524—525页。
③ 《隋书》，第1236页。

> 至十四年七月……上召见之，胄玄因言日长影短之事，高
> 祖大悦……至十七年，胄玄历成，奏之。①

开皇十四年张胄玄言日长之瑞而"高祖大悦"，"有诏司存"，文帝已有意采用胄玄新历，并于开皇十七年四月即紧随刘居士案发之次月正式采用颁布胄玄新历，废旧立新之意隐含其中，太子勇之储位早已岌岌可危。

又《隋书》卷二四《食货志》：

> 开皇十七年，户口滋盛，中外仓库，无不盈积。所有赉给，不逾经费，京司帑屋既充，积于廊庑之下，高祖遂停此年正赋，以赐黎元。②

因事减免数州租赋之类历代颇有，普免天下则极少，文帝开皇十七年停正赋更为隋代所仅见，据《食货志》所云，乃因府库充实，但此未必属实。开皇十七年前，连年大旱，间有水灾，同书卷二《高祖纪下》：

> （开皇十四年五月）关内诸州旱……八月辛未，关中大旱，人饥。上率户口就食于洛阳……（十五年正月）庚午，上以岁旱，祠太山，以谢愆咎。③

同书卷二四《食货志》：

> 其后（按，指开皇五年以后）关中连年大旱，而青、兖、

---

① 《隋书》，第429页。
② 《隋书》，第672页。
③ 《隋书》，第39页。

汴、许、曹、亳、陈、仁、谯、豫、郑、洛、伊、颍、邳等州大水，百姓饥馑……十四年，关中大旱，人饥。①

饥旱至少持续至开皇十五年，即使十六年、十七年连续丰收，也难至于"中外仓库，无不盈积"，故开皇十七年文帝普停天下正赋必定另有原因。联系开皇十七年文帝与太子斗争之背景，可以认为，停天下正赋此种罕见之举也出于文帝争取民心、为废黜太子作铺垫之意图。

以上考察刘居士案与太子勇废黜之关系及相关之开皇十七年政局异动，大致上可以得到如下认识：刘居士集团为忠于太子勇之公卿子弟集团（包括关陇子弟与山东子弟），刘居士有为太子联系突厥之重大嫌疑，开皇十七年刘居士案使文帝削弱了太子势力并切断太子与突厥联系之可能，成为废黜太子之关键步骤；以居士案为契机，文帝亦从各方面为废黜太子造势；总之，太子勇之废为文帝与太子权力斗争之结果，而开皇十七年刘居士案则是废黜太子关键步骤之一。

三　太子勇之废黜与隋唐间政局变迁

经过卢恺朋党案、刘居士案与黜免高颎等一系列事件与相关安排，文帝处心积虑逐步削弱了太子势力，并终于在开皇二十年废黜太子勇，改立晋王广为储。仁寿四年（604）文帝崩，炀帝嗣位，皇位传承看似顺利地完成。然而，当年皇位争夺、废易太子所造成和遗留之隐患，却远非文帝、炀帝父子所能逆料和控制，并相当程度上影响和决定杨隋之国运。

废易太子使统治集团出现分裂，成为隋王朝由盛而衰之转折点，也与隋唐间政局变迁密切相关。支持太子勇之山东势力，在隋末大

① 《隋书》，第684—685页。

乱及李渊起兵中起到重要作用,待稍后再论。支持太子勇之公卿子弟(刘居士集团),炀帝时代继续遭到压制,并由此走向隋王朝之对立面,成为推动隋唐嬗替之重要力量,关于此点,笔者主要以刘居士集团重要成分三卫为例、从三卫制度变迁与三卫卫士社会政治活动方面加以分析与说明。

作为一种宿卫制度,三卫制度在隋代得以正式确立,并为唐所继承。以下从统属、职掌、品秩、简择及仕途五个方面具体考察隋至唐初三卫制度之变迁①。

统属。隋文帝时代,"左右卫又各统亲卫,置开府。(小注:左勋卫开府,左翊一开府、二开府、三开府、四开府,及武卫、武候、领军、东宫领兵开府准此。)"②三卫隶于左右卫、东宫左右率府及诸卫(武卫、武候、领军)。炀帝大业三年改制,"改左右卫为左右翊卫","改三卫为三侍……翊卫又加有亲侍……其府领亲、勋、武三侍,非翊卫府,皆无三侍","左右卫率改为左右侍率,正四品。改亲卫为功曹,勋卫为义曹,翊卫为良曹"③。三卫改为三侍,东宫三卫改为三曹;三侍统于左右翊卫,这与文帝时三卫统于左右卫一致;东宫左右侍率领三曹,亦与文帝时左右卫率领三卫一致。但三曹与三侍异名,已有将三曹排除于三卫之外之意味。且翊卫以外之诸卫不领三侍,与文帝时诸卫亦领三卫更是明显差异。这些变化表明,炀帝似乎倾向于削弱三卫尤其东宫三卫之势力,并将其置于与皇帝关系最密切之左右翊卫集中控制之下④。

---

① 隋唐三卫制度之记载,主要见于《唐六典》《通典》《隋书》《旧唐书》及《新唐书》等史籍,其中《隋书》《新唐书》所记较为详细、系统,故本章引述相关史料,以《隋书》《新唐书》为主,间以他书补之。

② 《隋书》卷二八《百官志下》,第778页。

③ 《隋书》卷二八《百官志下》,第793、800、801页。

④ 炀帝时曾任左右翊卫大将军者有宇文述、于仲文、来护儿、杨雄四人,杨雄征辽之时检校左翊卫大将军,旋即病亡,可不论;其余三人皆为炀帝亲信大臣,其中来护儿为江淮人士,尤需注意。

武德元年（618），改东宫三曹复为三卫，三侍改三卫当亦在此时①。其统属，据《旧唐书》卷四三《职官志二》："凡左右卫亲卫、勋卫、翊卫，及左右率府亲勋翊卫，及诸卫之翊卫，通谓之三卫。"② 大体恢复到开皇旧制又有所发展，不仅左右率府，而且左右司御率府、左右清道率府俱领有亲、勋、翊卫三府③，与炀帝压制东宫三卫相反，东宫三卫之势力得到扩大。可以说，武德改制是对开皇旧制之恢复与对大业改制之反动，"高祖发迹太原，官名称位，皆依隋旧"，此所谓隋旧，乃开皇之旧④。

职掌。三卫职司宫卫，属皇帝及太子最贴身之御前侍卫，凡朝会、出行、日常起居，三卫皆宿卫主力。隋代关于此方面记载较少，《隋书》卷一二《礼仪志七》："高祖受命，因周齐宫卫，微有变革……左右卫大将军、左右直阁将军、以次左右卫将军，各领仪刀，为十二行。内四行亲卫……次外四行勋卫……次外四行翊卫。"⑤《隋书》卷三七《梁睿传》："上（按，指文帝）赐以板舆，每有朝觐，必令三卫舆上殿。"⑥ 三卫宫殿宿卫之职责大致可以体现出来，这是文帝时情形。大业改制，未提及三卫职掌，唯据炀帝征辽时设六合城，"其中施行殿，殿上容侍臣及三卫仗，合六百人"⑦，应变化不大。但因炀帝对三卫之压制，三卫宿卫职能必然亦相应削弱，尤其东宫三卫改为三曹后，其宿卫职能也许与普通卫士并无太大差别。

---

① 遍检两《唐书》，唐代自始即称三卫，无三侍之称，故唐初当已回改。

② 《旧唐书》，第1833页。

③ 参《新唐书》卷四九上《百官志四上》。

④ 《旧唐书》卷四二《职官志一》，第1783页。唐因隋旧，乃开皇之旧，参《旧唐书》卷五〇《刑法志》："及受禅，诏纳言刘文静与当朝通识之士，因开皇律令而损益之，尽削大业所用烦峻之法……（寻又敕尚书左仆射裴寂等）撰定律令，大略以开皇为准。"（第2133—2134页）《唐大诏令集》卷一二三《平王世充敕》："律令格式，且用开皇旧法。"宋·宋敏求编：《唐大诏令集》，中华书局2008年版，第656页。

⑤ 《隋书》，第283页。

⑥ 《隋书》，第1128页。

⑦ 《隋书》卷一二《礼仪志七》，第284页。

　　唐代关于三卫职掌之记述非常详尽，三卫作为御前宿卫主力之职能充分体现出来。《新唐书》卷二三上《仪卫志上》：

　　凡朝会之仗，三卫番上，分为五仗，号衙内五卫。一曰供奉仗，以左右卫为之。二曰亲仗，以亲卫为之。三曰勋仗，以勋卫为之。四曰翊仗，以翊卫为之……五曰散手仗，以亲、勋、翊卫为之……皆带刀捉仗，列坐于东西廊下……朝堂置左右引驾三卫六十人……元日、冬至大朝会、宴见番国王，则供奉仗、散手仗立于殿上……扇一百五十有六，三卫三百人执之，陈于两箱……又有亲、勋、翊卫仗，厢各三队压角……（皇帝）升殿。内谒者承旨唤仗……三十人入，则左右厢监门各二人，千牛备身各四人，三卫各八人，金吾一人。百人入，则左右厢监门各六人，千牛备身各四人，三卫三十三人，金吾七人。二百人，则增以左右武卫、威卫、领军卫、金吾卫、翊卫等。……（皇帝出行）左右厢各十二行：第一左右卫亲卫各五十三人，第二左右卫亲卫各五十五人，第三左右卫勋卫各五十七人，第四左右卫勋卫各五十九人……第五左右卫翊卫各六十一人，第六左右卫翊卫各六十三人，第七左右卫翊卫各六十五人，第八左右骁卫各六十七人……第九左右武卫翊卫各六十九人，第十左右威卫翊卫各七十一人，第十一左右领军卫翊卫各七十三人，第十二左右金吾卫翊卫各七十五人。……次左右厢，诸卫中郎将主之，执班剑仪刀，领亲、勋、翊卫。次左右卫郎将各一人，皆领散手翊卫三十人……次左右骁卫郎将各一人，各领翊卫二十八人……次左右卫供奉中郎将、郎将四人，各领亲、勋、翊卫四十八人。[①]

　　皇太子出行，三卫宿卫仪式亦略相似，唯人数减少，此不再引。

---

① 《新唐书》，第481—492页。

武德制度多因隋旧，我们推测三卫职掌也是对开皇旧制之恢复，因大业年间三卫宿卫职能削弱，无法与唐制并提。

品秩。隋文帝时代，三卫品秩相当高。《隋书》卷二八《百官志下》："亲卫……为正七品。"① "太子亲卫……勋卫……为从七品。"② "太子勋卫……为正八品。"③ "太子翊卫……为从八品。"④ 大业改制，三卫（三侍与三曹）品秩有否改变，史无明文。再看唐代三卫品秩，《新唐书》卷四九上《百官志四上》："亲卫，正七品上；勋卫，从七品上；翊卫，从八品上。"⑤ "（太子）亲卫从七品上，勋卫正八品上，翊卫从八品上。"⑥ 因史料缺乏，无法与大业时三卫品秩相比较，但可看到，唐代三卫品秩在官品上与开皇年间完全一致⑦。

简择。作为承担起皇帝与太子安全责任之御前侍卫主力，三卫简择有严格限制。隋代三卫简择制度上之规定，我们无从知晓，只能从一些人物列传中寻找线索。文帝时代三卫，多出功勋之家，大概隋制与唐制相似，亦以资荫而任三卫。炀帝时代，三卫仍多出功勋之家。但，"炀帝初立，五等悉除"⑧，"制魏、周官不得为荫"⑨，功勋子弟以荫仕为三卫显然大受影响。唐代三卫简择，从制度上能找到较详备之记录："武德、贞观世重资荫，二品、三品子，补亲卫；二品曾孙、三品孙、四品子、职事官五品子若孙、勋官三品以

① 《隋书》，第786—787页。

② 《隋书》，第787页。

③ 《隋书》，第787页。

④ 《隋书》，第788页。

⑤ 《新唐书》，第1281页。

⑥ 《新唐书》，第1300页。

⑦ 唐制官品有上下阶，三卫品秩在阶上全是隋代三卫相应官品的上阶，因此至少不会比隋代低。

⑧ 《隋书》卷三八《郑译传》，第1138页。并参同书卷三九《豆卢勣传》、卷七一《皇甫无逸传》。

⑨ 《隋书》卷三《炀帝纪上》大业五年（609）二月庚子，第72页。魏周官尚不得为荫，北齐官更无需说。

上有封及国公子，补勋卫及率府亲卫；四品孙、五品及上柱国子，补翊卫及率府勋卫；勋官二品及县男以上、散官五品以上子若孙，补诸卫及率府之翊卫。"① 三卫以荫而补，非勋非贵非高官子弟不得预选，此与文帝时代一致，而在范围上较炀帝时代有所扩大。

仕途。因与皇家之特殊亲近关系，三卫成为出仕捷径。文帝时代，曾任三卫者几乎都致身通显；相反，炀帝时代曾任三卫者，大多沉沦下位，具见后文。唐初，三卫仕途通达。三卫乃入官门户之一，《新唐书》卷四五《选举志下》："唐取人之路盖多矣……诸卫三卫监门直长三万九千四百六十二人……凡此者，皆入官之门户。"② 三卫之升迁，既可以文进，亦可以武进，《旧唐书》卷四三《职官志二》："凡殿中省进马，取左右卫三卫及高荫，简仪容可观者补充……仆寺进马，亦如之……不第者，如初。无文，听以武选。"③ 三卫亦可入学习业，《新唐书》卷四四《选举志上》："三卫番下日，愿入学者，听附国子学、太学及律馆习业。"④ 反观炀帝时，三卫似乎不能入学⑤。在炀帝实行重文轻武政策之背景下，此则折射出三卫仕途之黯淡。而文帝时代尚武之风极盛，三卫是否可以入学并不重要。总之，经过炀帝时代三卫仕途一度低落，唐初三卫仕途又回复了文帝时代之优越情形。

考察了隋文帝至隋炀帝再到唐初三卫制度确立到破坏再到恢复的过程，笔者认为，从制度上看，文帝时代是三卫制度确立时期，炀帝时代是三卫制度破坏时期，唐初则是三卫制度恢复时期。

---

① 《新唐书》卷四九上《百官志四上》，第1281—1282页。又《旧唐书》卷四三《职官志二》："（三卫）择其资荫高者，为亲卫，其次者，为勋卫及率府之亲卫，又次者，为翊卫及率府之勋卫，又次者，为诸卫及率府之翊卫。"（第1833页）《唐六典》卷五《尚书兵部》所载略同，不录。

② 《新唐书》，第1180页。

③ 《旧唐书》，第1833页。

④ 《新唐书》，第1164页。

⑤ 如《旧唐书》卷五三《李密传》："密以父荫为左亲侍……（宇文）述谓密曰：'弟聪令如此，当以才学取官，三卫丛脞，非养贤之所。'密大喜，因谢病，专以读书为事。"第2207页。

再看三卫在实际社会政治生活中表现。隋前期即文帝时代，三卫卫士相当活跃，正史有事迹者十一人①。我们且考察其出身：

柳述，河东解人，纳言柳机子，"少以父荫，为太子亲卫"②。

鱼俱罗，"冯翊下邽人也……弱冠为亲卫"③。

斛斯政，入关河南人，"祖椿，魏太保、尚书令、常山文宣王；父恢，散骑常侍、新蔡郡公……（政）初为亲卫"④。

裴仁基，河东人，"祖伯凤，周汾州刺史。父定，上仪同。仁基少骁武，便弓马。开皇初，为亲卫"⑤。

元弘嗣，入关河南人，"祖刚，魏渔阳王。父经，周渔阳郡公。弘嗣少袭爵，十八为左亲卫"⑥。

王充（王世充），"本西域人也。祖支颓耨，徙居新丰……（充）开皇中，为左翊卫"⑦。

裴寂，"蒲州桑泉人也。祖融，司木大夫。父瑜，绛州刺史……（寂）隋开皇中，为左亲卫"⑧。

长孙顺德，入关河南人，"祖澄，周秦州刺史。父恺，隋开府。顺德仕隋右勋卫"⑨。

窦琮，扶风人，父恭，周雍州牧、酂国公，"隋左亲卫"⑩。

姜宝谊，"秦州上邽人。父远，仕周为秦州刺史、朝邑县公。宝谊游太学，受书，业不进，去为左翊卫"⑪。

---

① 本书以见于《隋书》、《北史》、新旧《唐书》为准，作为自然取样加以分析，见于《新唐书·宰相世系表》之隋唐三卫，因事迹不详未列入。又，隋代，凡亲、勋、翊卫不能断定时代者，俱归入文帝时，因大业三年即改三卫为三侍，称三卫时期极短。

② 《隋书》卷四七《柳述传》，第 1273 页。

③ 《隋书》卷六四《鱼俱罗传》，第 1517 页。

④ 《隋书》卷七〇《斛斯政传》，第 1622 页。

⑤ 《隋书》卷七〇《裴仁基传》，第 1633 页。

⑥ 《隋书》卷七四《元弘嗣传》，第 1700—1701 页。

⑦ 《隋书》卷八五《王充传》，第 1894 页。

⑧ 《旧唐书》卷五七《裴寂传》，第 2285 页。

⑨ 《旧唐书》卷五八《长孙顺德传》，第 2308 页。

⑩ 《旧唐书》卷六一《窦琮传》，第 2367 页。

⑪ 《新唐书》卷八八《姜宝谊传》，第 3741 页。

唐宪，并州晋阳人。祖邕，北齐尚书左仆射，父鉴，隋戎州刺史，"仕隋为东宫左勋卫。太子废，罢归"①。

隋文帝时代曾任三卫者十一人，除鱼俱罗外皆为公卿子弟，具有较高社会政治地位，如柳述，以太子亲卫尚高祖女兰陵公主，后仕至兵部尚书；鱼俱罗，仕至丰州总管。当然，炀帝时代，其命运又有变化。炀帝时代三卫（三侍）极少见其活动，仅能发现三例：

杨士览，"勋侍杨士览，宇文甥"，推测其为华阴诸杨②。

刘弘基，"雍州池阳人也。父昇，隋河州刺史……（弘基）以父荫为右勋侍"③。

李密，"本辽东襄平人。魏司徒弼曾孙……祖曜，周太保、魏国公；父宽，隋上柱国、蒲山公：皆知名当代。徙为京兆长安人，密以父荫为左亲侍"④。

杨士览、刘弘基、李密皆为公卿子弟，与文帝时代三卫出身基本一致；但与开皇时代三卫之显赫仕历已不可同日而语：三人均无显宦，刘弘基、李密二人且逃亡于野。而进入视野之三侍如此少，也许不是偶然，而很可能反映了炀帝确实对三侍规模进行了压缩，"非翊卫府皆无三侍"，不只是三卫统领上之变化，也是三卫数量减少之反映。此种压缩，一方面可能通过取消前朝资荫，即"制魏、周官不得为荫"，因三卫正是以资荫选任；一方面通过改东宫三卫为三曹，将其排除于三侍（三卫）之外⑤。

三卫侍卫职能也遭到削弱。我们看到，江南兵已进入侍卫队伍，担当起御前宿卫之重责。《隋书》卷五八《许善心传》："突厥围雁门，摄左亲卫武贲郎将，领江南兵宿卫殿省。"⑥ 卷六四《陈稜传》

---

① 《新唐书》卷八九《唐宪传》，第 3760 页。
② 《隋书》卷八五《宇文化及传》，第 1889 页。
③ 《旧唐书》卷五八《刘弘基传》，第 2309 页。
④ 《旧唐书》卷五三《李密传》，第 2207 页。
⑤ 终大业之世，三曹销声匿迹，找不到任何活动之痕迹，我们推测大业世三曹地位较之三侍下降尤甚。
⑥ 《隋书》，第 1430 页。

亦有"帝遣陈稜率宿卫兵"之语,陈稜与许善心俱出江南,炀帝江都遇弑后,"稜集众缟素,为炀帝发丧"①,可见为炀帝亲信,推测其所率宿卫兵可能也是江南兵。江南兵之宿卫,应当不是以三侍身份,因为即使大业年间亦未发现江南人为三侍②。即便如此,此种变化仍有重要意义,在文帝时代,找不到任何江南兵宿卫之记载。只有江淮人士得到进用之大业年间,三侍宿卫职能至少部分为江南兵取代才成为可能。

唐初三卫在制度上具有较高身份,实际情形也如此。唐初三卫,我们能找到两例。《旧唐书》卷五七《刘师立传》:"宋州虞城人……洛阳平……为左亲卫。"③ 师立后为参与玄武门之变九人之一,历右武候大将军,为太宗信臣。《新唐书》卷九三《李靖传》:"京兆三原人……(秦王)引为三卫。"④ 李靖为唐初元勋。看来,唐初三卫地位与开皇年间相似。

开皇后期废易太子事件中,由于三卫基本站在太子勇一边,成为拥护太子之刘居士集团之重要力量,因此大业初,炀帝改革三卫制度压低三卫身份,作为对党于太子勇之三卫之防范与惩罚,三卫历史命运由此发生重大转变。

开皇三卫十一人,除裴仁基、王世充外,余下九人,柳述、鱼俱罗、斛斯政、元弘嗣先后被杀或流贬而死,长孙顺德、窦琮犯法亡命,裴寂、姜宝谊、唐宪沉于下位。大业三卫三人,杨士览仅为勋侍,刘弘基、李密犯法亡命,与文帝时三卫官宦显达之盛况判若云壤。本为隋王朝统治基础力量之三卫由此走向隋王朝对立面,成为隋末大乱不可忽视之力量,在隋唐嬗替之社会政治巨变中扮演了极其重要之角色。

---

① 《隋书》,第1519—1520页。
② 前揭何德章老师《江淮地域与隋炀帝的政治生命》一文认为,炀帝信用江淮人士,但未给其正常入仕途径。
③ 《旧唐书》,第2298页。
④ 《新唐书》,第3811页。

　　文帝遗诏已透露出不安端倪,事实上,文帝临终时内廷实有弃杨广再立杨勇之意图与举动。《隋书》卷四七《柳述传》:"上于仁寿宫寝疾,述与杨素、黄门侍郎元岩等侍疾宫中。时皇太子无礼于陈贵人,上知而大怒,因令述召房陵王。述与元岩出外作敕书,杨素闻之,与皇太子协谋,便矫诏执述、岩二人,持以属吏。"① 主其事者即为柳述,述因此流贬而死。

　　大业九年(613),杨玄感举兵,玄感是否曾为三卫,不明,但三卫与玄感之乱有牵连。元弘嗣,"或告之谋应玄感者……除名,徙日南,道死"②。斛斯政,"杨玄感兄弟俱与之交……内不自安,遂亡奔高丽"③。李密,"玄感举兵而密至,玄感大喜,以为谋主"④。事后亡命逃窜,瓦岗军起,在李密领导下成为亡隋主力。

　　义宁二年(618),炀帝江都遇弑,"宿卫兵士皆从逆"⑤,三卫职司宿卫,当然也在其中。宇文化及逆党十八人,勋侍杨士览即为其一⑥。司马德勘亦为化及逆党,"开皇中,为侍官。渐迁至大都督"⑦。隋代侍官,虽非三卫,但亦是东宫宿卫之士⑧。化及逆党羽太子勇党刘居士集团渊源颇深,其中相当部分为居士集团成员或与之关系密切,江都弑逆本有为旧主复仇之意味。前已推论三卫为刘居士集团之成分,因此,三卫参预江都弑逆也在情理之中。

　　三卫更多地则集结于李渊旗下,最终完成以唐代隋之大业。裴

---

　　① 《隋书》,第 1273 页。又参《隋书》卷八〇《列女·华阳王楷妃传》、《资治通鉴》卷一八〇隋文帝仁寿四年(604)。

　　② 《隋书》卷七四《元弘嗣传》,第 1701 页。

　　③ 《隋书》卷七〇《斛斯政传》,第 1622 页。

　　④ 《隋书》卷七〇《李密传》,第 1624 页。

　　⑤ 《隋书》卷七九《独孤罗附子开远传》,第 1790 页。

　　⑥ 《隋书》卷八五《宇文化及传》,第 1889 页。

　　⑦ 《隋书》卷八五《司马德勘传》,第 1893 页。

　　⑧ 《隋书》卷四五《文四子·房陵王勇传》:"时高祖令选宗卫侍官,以入上台宿卫。高颎奏称,若尽取强者,恐东宫宿卫太劣。"(第 1231 页)《资治通鉴》卷一七九开皇二十年(600)"东宫宿卫之人侍官以上"条胡注云:"侍官,谓直阁、直寝、直斋、直后、备身、直长等,盖东宫率府所统,略同十二卫府。"第 5577 页。

寂，"高祖留守太原，与寂有旧，时加亲礼。"① 寂为晋阳首谋。长孙顺德，"文德顺圣皇后之族叔也……避辽东之役，逃匿于太原，深为高祖、太宗所亲委。"② 顺德为太原元勋。刘弘基，"盗马以供衣食，因至太原。会高祖镇太原，遂自结托。"③ 太原元勋。窦琮，"大业末，犯法，亡命奔太原，依于高祖。"④ 太原元勋。

隋末三卫如此不同寻常齐齐投奔李渊，并非偶然，唐高祖显然与之关系密切，如裴寂与高祖有旧，长孙顺德为高祖姻亲，窦琮为高祖窦后族人，唐宪之父唐鉴"与高祖善，尝偕典军卫。"⑤ 不止于此，高祖与太子勇似亦有较深关系，《旧唐书》卷一《高祖纪上》云"文帝独孤皇后，即高祖从母也"⑥，是高祖与太子勇为表兄弟；高祖以周武帝天和元年（566）生于长安，而《隋书》卷三《炀帝纪上》云"开皇元年（581），立为晋王……时年十三"⑦，则炀帝生于天和四年（569），太子勇为炀帝兄，当与高祖年岁相当；且高祖本为关陇勋贵八柱国家子弟，由此看来，如果说高祖与太子勇没有交往，似乎不可能。又，《旧唐书》卷一《高祖纪上》谓"隋受禅，补千牛备身"⑧，千牛备身是颇值注意之身份，隋制太子有千牛备身八人，我们无法确定高祖即为太子千牛备身，但联系到高祖与三卫之密切关系，至少有其可能。

总之，由于唐高祖出身关陇勋贵之家，与多为公卿子弟之隋代三卫关系密切，或者与太子勇亦有所关系，本为太子勇党羽之三卫集结于高祖麾下共同完成以唐代隋之大业，并造成三卫经历大业间衰落之后之复兴，也就是势所必至了。

---

① 《旧唐书》卷五七《裴寂传》，第 2285 页。
② 《旧唐书》卷五八《长孙顺德传》，第 2308 页。
③ 《旧唐书》卷五八《刘弘基传》，第 2309 页。
④ 《旧唐书》卷六一《窦琮传》，第 2367 页。
⑤ 《新唐书》卷八九《唐俭传》，第 3759 页。
⑥ 《旧唐书》，第 2 页。
⑦ 《隋书》，第 59 页。
⑧ 《旧唐书》，第 2 页。

三卫以外,刘居士集团之重要成员李孝常于隋末局势亦有相当影响。当隋末饥荒之世,李渊起兵太原,直取关中,但进至黄河边后久久未渡而逗留河东,其原因,乃在于未取得华阴之永丰仓以保证军粮供应及拯济饥民凝聚人心之需要[1]。当李孝常以华阴来叛、永丰仓为唐所有之后,李渊即挥师入关,拓定关中。华阴(永丰)之叛又断绝炀帝西归之望,激化炀帝与从行关中将士矛盾,促成宇文化及江都弑逆,而化及逆党十八人中之李孝本、李孝质即孝常二弟[2]。

综上所述,党于太子勇之公卿子弟,先在文帝与太子斗争中遭受打击,后于炀帝时再被压抑,遂由隋室统治之基础力量转为其颠覆者,在隋唐嬗替中发挥了重要作用。

太子勇之支持者,一为山东势力,一为公卿子弟即刘居士集团,论述刘居士余党在隋唐嬗替中之作用既竟,下文拟再关注山东势力与李唐兴起之关系。

太子勇被废,晋王广继为太子。炀帝(晋王)嗣位后,对原党于太子勇之山东势力继续进行清洗。

关于炀帝对山东势力之清洗,先来看杀高颎事件。《隋书》卷三《炀帝纪上》:

> (大业三年七月)丙子,杀光禄大夫贺若弼、礼部尚书宇文敬、太常卿高颎。[3]

杀高颎之原因,据《隋书》卷四一《高颎传》,乃"帝以为谤讪朝政,乃下诏诛之",实际上高颎并无过恶,只因炀帝对其不满寻

---

[1] 隋末粮仓之特殊重要性及与群雄盛衰之关联,可参阅姜望来《隋末粮仓与群雄盛衰》,《魏晋南北朝隋唐史资料》第20辑,武汉大学文科学报编辑部,2003年。

[2] 李孝常及其家族在隋至唐初政治上之表现及影响,本书第七章《从开皇到贞观:李孝常家族与隋至唐初政局》将进一步详加讨论,故本章从略。

[3] 《隋书》,第70页。

机除去而已。高颎开皇中为山东人士中支持太子勇最力者，故不能为炀帝所容，此当为其被诛主因。同诛之贺若弼、宇文㢸，皆颎之党且俱出自山东。《隋书》卷四一《高颎传》：

> 俄而上柱国王世积以罪诛，当推覈之际，乃有宫禁中事，云于颎处得之。上欲成颎之罪，闻此大惊。时上柱国贺若弼、吴州总管宇文㢸、刑部尚书薛胄、民部尚书斛律孝卿、兵部尚书柳述等明颎无罪，上逾怒，皆以之属吏。①

且二人亦有党于太子勇之嫌疑。《北史》卷六八《贺若敦附子弼传》：

> 弼后语颎："皇太子于己，出口入耳，无所不尽。公终久何必不得弼力，何脉脉邪！"②

弼出自山东，其自谓"皇太子于己，出口入耳，无所不尽"，可见与勇之亲密关系。《隋书》卷五六《宇文㢸》传：

> 河南洛阳人也……（开皇中）领太子虞候率。③

亦出山东，开皇中曾为太子重要僚属，大概关系较密。

清洗山东势力之另一重要事件，则为大业九年（613）郎蔚之朋党事。《旧唐书》卷七五《韦云起传》（参《隋书》卷六六《郎茂传》）：

---

① 《隋书》，第1183页。
② 《北史》，第2383页。
③ 《隋书》，第1390页。

大业初，改为通事谒者，又上疏奏曰:"今朝廷之内多山东人，而自作门户，更相剡荐，附下罔上，共为朋党。不抑其端，必倾朝政，臣所以痛心扼腕，不能默已。谨件朋党人姓名及奸状如左。"炀帝令大理推究，于是左丞郎蔚之、司隶别驾郎楚之并坐朋党，配流漫头赤水，余免官者九人。①

郎蔚之兄弟，恒山新市人，此次朋党事件乃针对山东人士而发。但郎氏兄弟官位不高，充其量不过山东二流士族，牵连免官者也不过九人，可见经过文帝与炀帝先后打压，山东人在朝中已无甚实力；即使如此，炀帝仍不忘镇压，益可反映炀帝对山东势力之猜忌。

汉王谅之乱，山东势力亦牵连甚广。汉王谅于开皇十七年（597）代秦王俊为并州总管，文帝崩后，谅举兵反。《隋书》卷四五《文四子·汉王谅传》:

（开皇）十七年，出为并州总管……自山以东，至于沧海，南拒黄河，五十二州尽隶焉……招佣亡命，左右私人，殆将数万……会高祖崩，征之不赴，遂发兵反……王頍说谅曰:"王所部将吏家属，尽在关西，若用此等，即宜长驱深入，直据京都，所谓疾雷不及掩耳。若但欲割据旧齐之地，宜任东人。"谅不能专定，乃兼用二策。②

汉王谅总统山东五十二州，其所招纳之数万私人，自必以山东人为主，故谅之主力为山东人士；但朝廷所委任之谅府将吏，则多关陇人，即王頍所称"王所部将吏家属，尽在关西"。谅起兵之初，兼用王頍"长驱深入，直据京都"与"割据旧齐之地"之二策，大概正是为平衡部下山东人与关陇人之意见。但关陇将吏随着炀帝调

---

① 《旧唐书》，第2631页。
② 《隋书》，第1244—1245页。

集重兵镇压而纷纷叛谅归附朝廷，如总管府之主簿豆卢毓、司马皇甫诞、开府宿勤武、开府宇文永昌、原武令皇甫文颢、岚州司马陶模等①。谅既不能得关陇人支持，遂放弃入关计划，而专意于经营山东。而山东人士也确是与谅同进退，始终不二，以迄于败。当豆卢毓、皇甫诞等闭城叛谅时，"谅攻城南门，毓时遣稽胡守堞，稽胡不识谅，射之，箭下如雨。谅复至西门，守兵皆并州人，素识谅，即开门纳之。"② 正是并州人助谅解决危机。据《隋书》卷六三《史祥传》："汉王谅发兵作乱……余公理自太行下河内……祥谓军吏曰：'余公理轻而无谋，才用素不足称。又新得志，谓其众可恃。恃众必骄。且河北人先不习兵，所谓拥市人而战。以吾筹之，不足图也。'"③ 可知谅军主要为河北即山东人，且为"先不习兵"之"市人"，大概普通民众也参与其中。《隋书》卷七一《诚节·皇甫诞传》：

> 汉王谅之反也，州县莫不响应。④

同书卷二三《五行志下》：

> 及高祖崩，谅发兵反，州县响应，众至数十万。⑤

同书卷六六《荣毗传》：

> 汉王谅之反也，河东豪杰以城应谅。⑥

---

① 参《隋书》卷三九《豆卢勣附子毓传》、卷七一《诚节·皇甫诞传》及《诚节·陶模传》。

② 《隋书》卷三九《豆卢勣附子毓传》，第1158页。

③ 《隋书》，第1495页。

④ 《隋书》，第1641页。

⑤ 《隋书》，第656页。

⑥ 《隋书》，第1559页。

谅在山东得到广泛之支持,可以无疑。即使谅败后,其余党仍继续顽强抵抗,令炀帝颇费周章。《隋书》卷五四《崔彭传》:

> 时汉王谅初平,余党往往屯聚,令彭率众数万镇遏山东。①

同书卷六〇《崔仲方传》:

> 会上崩,汉王谅余党据吕州不下,炀帝令周罗睺攻之,中流矢卒,乃令仲方代总其众,月余拔之。②

同书卷六五《周罗睺传》:

> 时谅余党据晋、绛等三州未下,诏罗睺行绛、晋、吕三州诸军事,进兵围之。为流矢所中,卒于师。③

所以炀帝平定汉王谅之乱后,对所谓晋阳逆党惩处极为严厉。《资治通鉴》卷一八〇仁寿四年(604):"谅所部吏民坐谅死徙者二十余万家。"④《隋书》卷二三《五行志下》:"徙其党数十万家。"⑤《唐代墓志汇编》贞观037《郭提墓志》:"并州太原人也……文帝升遐,嗣君纂位,衅彰盘石,兵起晋阳。君地势膏腴,乡推领袖,虽潜身窜影,终挂网罗。大业初,迁于河南之洛阳县。居常怏怏,耻类殷民,不乐终年,便婴痼疾,春秋六十有五,终于私第。"⑥郭

---

① 《隋书》,第1370页。
② 《隋书》,第1450页。
③ 《隋书》,第1525页。
④ 《资治通鉴》,第5613页。
⑤ 《隋书》,第650页。
⑥ 周绍良主编:《唐代墓志汇编》,上海古籍出版社1992年版,第33页。

提以预汉王谅之乱而迁洛阳，其"居常怏怏""不乐终年"并郁郁而终，显然正是晋阳逆党迁洛后处境艰难之缩影①。被迁徙后严禁返回原籍，逃亡者则处以重罚，《隋书》卷三《炀帝纪上》："（大业）三年春正月癸亥，敕并州逆党已流配而逃亡者，所获之处，即宜斩决……（大业五年六月）戊午，大赦天下。开皇已来流配，悉放还乡，晋阳逆党，不在此例。"②炀帝屡次严禁晋阳逆党返回原籍，反映其对山东地方势力始终甚为忌惮。

大业九年（613）杨玄感之乱，骨干为功臣子弟，其中亦有出身山东者③，但玄感起事于黎阳，活动区域始终在关外之洛阳周围地区，故其主体仍应为山东人。《隋书》卷七〇《杨玄感传》：

> 于时百姓苦役，天下思乱……遂于汲郡南渡河，从乱者如市……诣辕门请自效者，日有数千……初，玄感围东都也，梁郡人韩相国举兵应之，玄感以为河南道元帅。旬月间，众十余万。④

隋末征役多出山东地区，所谓"天下思乱"主要指山东百姓。玄感败亡后，山东人遭大规模镇压，《隋书》卷二四《食货志》：

> 及玄感平……乃令裴蕴穷其党羽，诏郡县坑杀之，死者不可胜数。所在惊骇。举天下之人十分，九为盗贼，皆盗武马，始作长枪，攻陷城邑。⑤

---

① 参前揭牟发松老师《旧齐士人与周隋政权》一文中有关大业初移民东都之论述。
② 《隋书》，第67—73页。
③ 参阅张伟国《关陇武将与周隋政权》"第四章（五）、论杨玄感之乱"，中山大学出版社1993年版。
④ 《隋书》，第1616—1619页。
⑤ 《隋书》，第688页。

《资治通鉴》卷一八二大业九年:

> 捕玄感党羽……所杀三万余人,皆籍没其家,枉死者太半,
> 流徙者六千余人。玄感之围东都也,开仓赈给百姓。凡受米者,
> 皆坑之于都城之南。①

大屠杀加剧炀帝与山东势力矛盾,于是"举天下之人十分,九为盗贼,皆盗武马,始作长枪,攻陷城邑",隋末山东大乱就此揭幕。

山东势力经过文帝、炀帝两朝清洗,其在朝中实力趋于式微,与隋室相抗之主要力量,乃转为在野之山东人士,隋末大乱中纷起之山东豪杰与李渊晋阳起兵之主力即其代表。而山东人士参与晋阳起兵,于李唐之兴尤有直接、重大之影响。

晋阳(并州治所)旧为北齐霸府所在,又北近突厥,战略地位重要,北齐亡后,周隋二代均以重臣居守,隋代更长期以亲王出镇②。但经汉王谅之乱,炀帝对并州猜忌加深,并州地位下降,控制减弱,大业间也不再以亲王镇并州。并州既不在隋室严密控制之下,与朝廷离心倾向又愈益扩大,遂成为山东反隋势力集结之中心与逃亡之渊薮,李渊以留守太原之机,因之以兴甲晋阳,长驱入关,代隋建唐。

隋末山东人逃亡晋阳,史书上屡见不鲜,如李思行(《旧唐书》卷五七《李思行传》)、长孙顺德(《旧唐书》卷五八《长孙顺德传》)。炀帝曾严禁预于汉王谅之乱而被流徙之晋阳逆党私自逃亡,可见逃亡较为常见,猜测其中逃回晋阳者亦不少,如《旧唐书》卷一八五上《良吏上·薛大鼎传》:"薛大鼎,蒲州汾阳人,周太子少

---

① 《资治通鉴》,第5683—5684页。
② 《隋书》卷五六《宇文敩传》:"时朝廷以晋阳为重镇,并州总管必属亲王,其长史、司马亦一时高选。"(第1390页)秦王俊、汉王谅于开皇、仁寿间先后镇并州。

傅博平公善孙也。父粹，隋介州长史。汉王谅谋反，授绛州刺史，谅败伏诛。大鼎以年幼免死，配流辰州，后得还乡里。义旗初建，于龙门谒高祖。"① 此外赵州人李孟尝、洛州人元仲文，俱为太原元从，很可能也是逃亡至晋阳②。其他山东人因官或因他故至晋阳者则更多，详见后。

非山东人士而逃亡晋阳者，多与太子勇有关，太子勇余党之三卫如裴寂、刘弘基、窦琮等多逃亡晋阳，聚集于李渊麾下，已见前述。大业十三年李渊晋阳起兵，亦公开、频繁地以批判开皇中废易太子、欲黜不当立者即炀帝为辞③。

隋末河东盗贼颇众，大概与逃亡者多不无关系④。《隋书》卷四三《河间王弘传》：

> （文帝时）拜蒲州刺史，得以便宜从事。时河东多盗贼，民不得安。⑤

《资治通鉴》卷一八二隋炀帝大业十一年（615）（参《隋书》卷六三《樊子盖传》）：

> 十二月，庚寅，诏民部尚书樊子盖发关中兵数万击绛贼敬盘陀者等。子盖不分臧否，自汾水之北，村坞尽焚之，贼有降者皆坑之；百姓怨愤，益相聚为盗。诏以李渊代之。⑥

---

① 《旧唐书》，第 4787 页。
② 《旧唐书》，第 2295 页。
③ 详细讨论请参见本书第七章《从开皇到贞观：李孝常家族与隋至唐初政局》。
④ 此所谓河东，并非仅指河东郡，而包括黄河以东以北太行山以西之地区，定襄、马邑、雁门、楼烦、太原、西河、离石、龙泉、文城、河东、绛郡、临汾、上党、长平、河内等十五郡，大致相当于唐之河东道。参见谭其骧主编《中国历史地图集》第五册隋"河东诸郡"及唐"河东道"，中国地图出版社 1982 年版。
⑤ 《隋书》，第 1212 页。
⑥ 《资治通鉴》，第 5701 页。

隋室镇压河东等地盗贼时，采取残酷屠杀政策，从而激起更大反抗，局势愈加难以收拾。李渊正是在此时受命为山西河东慰抚大使，黜陟讨捕，镇压与安抚之使命兼而有之①，而李渊父子乃趁机收纳各方人士，《资治通鉴》卷一八二隋炀帝大业十一年：

> （李渊代樊子盖讨绛贼）有降者，渊引置左右，由是贼众多降，前后数万人。②

《大唐创业起居注》：

> 所经之处，示以宽仁，贤智归心，有如影响。③
>
> 仍命皇太子于河东潜结英俊，秦王于晋阳密招豪友。太子及王，俱禀圣略，倾财赈施，卑身下士。逮乎鬻缯博徒，监门厮养，一技可称，一艺可取，与之抗礼，未尝云倦，故得士庶之心，无不至者。④
>
> 是时帝甚得太原内外人心。⑤

渊所招纳者以山东人为多，故山东势力遂成为晋阳起兵之主力。《旧唐书》卷五七《刘文静传》：

> 有诏以太原元谋立功，尚书令、秦王某，尚书左仆射裴寂及文静，特恕二死。左骁卫大将军长孙顺德、右骁卫大将军刘弘基、右屯卫大将军窦琮、左翊卫大将军柴绍、内史侍郎唐俭、

---

① 《旧唐书》卷一《高祖纪》、《新唐书》卷一《高祖纪》及《大唐创业起居注》卷一。
② 《资治通鉴》，第5701页。
③ 《大唐创业起居注笺证》卷一，第1页。
④ 《大唐创业起居注笺证》卷一，第18—19页。
⑤ 《大唐创业起居注笺证》卷一，第32页。

吏部侍郎殷开山、鸿胪卿刘世龙、卫尉少卿刘政会、都水监赵文恪、库部郎中武士彟、骠骑将军张平高李思行李高迁、左屯卫府长史许世绪等十四人，约免一死。[①]

除太宗以外，唐初恕死之太原元谋十七人，皆晋阳起兵之骨干，其中九人为山东人士。《旧唐书》卷五七《裴寂传》：

> 裴寂字玄真，蒲州桑泉人也……大业中，历侍御史、驾部承务郎、晋阳宫副监。高祖留守太原，与寂有旧，时加亲礼……大将军府建，以寂为长史。[②]

同书卷五八《长孙顺德传》：

> 顺德仕隋右勋卫，避辽东之役，逃匿于太原，深为高祖、太宗所亲委……太宗外以讨贼为名，因令顺德与刘弘基等召募，旬月之间，众至万余人……义兵起，拜统军。（按，长孙顺德，河南洛阳人。）[③]

同书同卷《唐俭传》：

> 唐俭字茂约，并州晋阳人，北齐尚书左仆射邕之孙也。父鉴……初，鉴与高祖有旧，同领禁卫。高祖在太原留守，俭与太宗周密，俭尝从容说太宗以隋室昏乱，天下可图……及开大将军府，授俭记室参军。[④]

---

① 《旧唐书》，第2294页。
② 《旧唐书》，第2286页。
③ 《旧唐书》，第2308页。
④ 《旧唐书》，第2305页。

同书卷五七《刘世龙传》:

> 刘世龙者,并州晋阳人。大业末,为晋阳乡长。高祖镇太原,裴寂数荐之,由是甚见接待,亦出入王威、高君雅家,然独归心于高祖。义兵将起,威与君雅内怀疑贰,世龙辄探得其情,以白高祖。①

同书卷五八《刘政会传》:

> 刘政会,滑州胙城人也……隋大业中为太原鹰扬府司马。高祖为太原留守,政会率兵隶于麾下……（太宗）因遣政会为急变之书,诣留守告（王）威等二人谋反……既拘威等,竟得举兵,政会之功也。②

同书卷五七《赵文恪传》:

> 赵文恪者,并州太原人也。隋末,为鹰扬府司马。义师之举,授右三统军。③

同书卷五八《武士彟传》:

> 武士彟,并州文水人也……高祖初行军于汾、晋,休止其家,因蒙顾接,及为太原留守,引为行军司铠……义旗起,以士彟为大将军府铠曹。④

---

① 《旧唐书》,第 2295 页。
② 《旧唐书》,第 2312—2313 页。
③ 《旧唐书》,第 2296 页。
④ 《旧唐书》,第 2316—2317 页。

同书卷五七《李思行传》：

> 李思行，赵州人也。尝避仇太原。高祖将举义兵，令赴京城观觇动静，及还，具论机变，深称旨，授左三统军。①

同书同卷《许世绪传》：

> 许世绪者，并州人也。大业末，为鹰扬府司马。见隋祚将亡，言于高祖曰："天道辅德，人事与能，蹈机不发，必贻后悔。今隋政不纲，天下鼎沸，公姓当图箓，名应歌谣，握五郡之兵，当四战之地。若遂无他计，当败不旋踵。未若首建义旗，为天下唱，此帝王业也。"……义兵起，授右一府司马。②

九人以外，其他参与晋阳起兵及从李渊入关之山东人亦为数众多，可考者有赵州李孟尝、洛州元仲文、太原秦行师（《旧唐书》卷五七《刘文静传》）、太原庞卿恽（《旧唐书》卷五七《庞卿恽传》）、许世绪弟洛仁（《旧唐书》卷五七《许世绪传》）、唐俭弟宪（《新唐书》卷八九《唐俭附弟宪传》）、武士彟兄士稜（《旧唐书》卷五八《武士彟传》）、太原祁温大雅温大有兄弟（《旧唐书》卷六一《温大雅传》）、晋州临汾柴绍（《旧唐书》卷五八《柴绍传》）、荥阳郑元璹（《旧唐书》卷六二《郑元璹传》）、齐州临淄段偃师段志玄父子（《旧唐书》卷六八《段志玄传》）、幽州范阳卢赤松（《旧唐书》卷八一《卢承庆传》）等。

上举府僚将吏以外，李渊所部军卒，也以山东人为主。太原虽为北边重镇，但配兵甚少，李渊所领，不过数千，《大唐创业起居注》卷一：

---

① 《旧唐书》，第2297页。
② 《旧唐书》，第2298页。

（炀帝）乃诏帝率太原部兵马，与马邑郡守王仁恭，北备边朔……帝与仁恭两军兵马不越五千余人。①

（历山飞作乱）于是帝率王威等及河东、太原兵马往讨之……帝时所统步骑才五六千而已。②

（突厥来寇）城内兵数无几，已丧千人，军民见此势，私有危惧。③

自李渊起兵至入长安，短短数月间，军队乃迅速扩大，《旧唐书》卷一《高祖纪》：

（大业十三年七月）癸丑，发自太原，有兵三万……冬十月辛巳，至长乐宫，有众二十万。④

《新唐书》卷五〇《兵志》：

发自太原，有兵三万人。及诸起义以相属与降群盗，得兵二十万。⑤

兵众之增加，来源大致有三:陆续加入义师者，归附之群盗，沿途所陷诸郡降卒。李渊以太原留守之身份，尚只领兵数千，诸郡所领自必更少，所以隋军降卒人数不会太多，前二者当为主要来源，《新唐书》只提及"诸起义以相属与降群盗"即可为证。从起义者与群盗中，虽有部分为入关后归附（多为关中人），大部则为太原及

---

① 《大唐创业起居注笺证》，第5—7页。
② 《大唐创业起居注笺证》，第11页。
③ 《大唐创业起居注笺证》，第35页。
④ 《旧唐书》，第3—4页。
⑤ 《新唐书》，第1324页。

沿途收纳之山东人①。前已引《大唐创业起居注》卷一李渊父子招纳河东人士之记载，此外事例亦所在多有。《大唐创业起居注》卷一：

> 太原左近闻帝部分募兵备边，所在影赴，旬日之顷，少长得数千人。②
>
> 义兵日有千余集焉。二旬之间，众得数万。③
>
> （遣大郎、二郎往取西河）城内既见义军宽容至此，咸思奔赴。④

同书卷二：

> （义师至西河）当土豪隽，以资除授各有差……尝一日注授千许人官。⑤
>
> （破宋老生于霍邑）自是以后，未归附者，无问乡村堡坞、贤愚贵贱，咸遣书招慰之，无有不至……至于逸民道士，亦请效力。⑥
>
> （八月）己亥，进营，停于壶口，分遣诸军问津。水滨之人，具舟争进，日有数百，仍署水军焉。⑦

《旧唐书》卷一《高祖纪》：

---

① 《大唐创业起居注笺证》卷二："文武将佐等已下定河北，众余十数万，今欲入关，请兼置公府。"第116—117页。

② 《大唐创业起居注笺证》，第29页。

③ 《大唐创业起居注笺证》，第46页。

④ 《大唐创业起居注笺证》，第52页。

⑤ 《大唐创业起居注笺证》，第68页。

⑥ 《大唐创业起居注笺证》，第101页。

⑦ 《大唐创业起居注笺证》，第109页。

高祖乃命太宗与刘文静及门下客长孙顺德、刘弘基各募兵，旬日间众且一万。①

同书卷五七《刘文静传》：

文静曰："今太原百姓避盗贼者，皆入此城。文静为令数年，知其豪杰，一朝啸集，可得十万人。"（《新唐书》卷八八《刘文静传》略同，唯改"太原百姓避盗贼者"为"汾、晋避盗者"，可能更近事实。）②

同书卷五〇《刑法志》：

高祖初起义师于太原，即布宽大之令。百姓苦隋苛政，竞来归附。③

同书卷六八《段志玄传》：

志玄从父在太原，甚为太宗所接待。义兵起，志玄募得千余人。④

《隋书》卷四三《杨子崇传》：

子崇退归离石。所将左右，既闻太原有兵起，不复入城，遂各叛去。⑤

---

① 《旧唐书》，第 2 页。
② 《旧唐书》，第 2290 页。
③ 《旧唐书》，第 2133 页。
④ 《旧唐书》，第 2505 页。
⑤ 《隋书》，第 1215 页。

以上为山东人踊跃从军之大致情形。再看群盗之归附。《大唐创业起居注》卷一：

> 时有贼帅王漫天别党，众余数万，自号历山飞，结营于太原之南境……于是帝率王威等及河东、太原兵马往讨之……而余贼党老幼男女数万人并来降附。①
>
> （突厥来寇）仍遣首贼帅王康达率其所部千余人，与志节府鹰扬郎将杨毛等，潜往北门隐处设伏。②

同书卷三载隋恭帝进高祖为相国之册文云：

> 汾晋地险，逋逃攸聚，山藏川量，负罪稽诛，类马腾之乞活，同严尤之尽赦。王怀柔伏叛，杖信示威，交臂屈膝，申其向化。③

综合以上多端可见，山东人士在李渊晋阳起兵中扮演了关键角色，一方面参预起义之功臣多有山东人，另一方面义师主体亦为山东人。

总之，因太子勇之废，也因汉王谅之乱与杨玄感之乱，山东势力先后在文帝、炀帝朝受到打击，山东势力与隋室之隔阂日益加深。经汉王谅乱后，炀帝对并州地区猜忌加深，控制减弱，晋阳遂成为山东反隋势力集结之中心，李渊大业末留守太原，因机结纳，并以黜不当立者（指炀帝）为辞兴师，隐然有为太子勇复仇之意味，山东人士遂纷纷归于李渊麾下，成为李氏晋阳起兵之主力。

---

① 《大唐创业起居注笺证》，第9—12页。
② 《大唐创业起居注笺证》，第35页。
③ 《大唐创业起居注笺证》，第171页。

四　结论

开皇二十年隋文帝废黜皇太子杨勇、改立晋王杨广，乃隋代历史发展中重大事件，不仅事涉皇位传承，更导致杨隋政权统治阶层之分化与统治基础之削弱，从而深刻影响到隋唐间政局变迁，与隋亡唐兴关系至巨。

太子勇之支持者，主要为山东势力与公卿子弟（既有关陇子弟也有山东子弟）。开皇十二年卢恺朋党案与十九年罢免高颎等事件，使文帝削弱了忠于太子勇之山东势力，开皇十七年刘居士案又使忠于太子勇之公卿子弟受到沉重打击，太子勇遂于开皇二十年被废，晋王广得以上位，后继承皇位，是为炀帝。炀帝久镇江都，嗣位后亲用江淮人士，继续压抑原太子勇之势力。

党于太子勇之公卿子弟，先在文帝与太子斗争中遭受打击，后于炀帝时再被压抑，但其潜在实力不容小视，隋末大乱之际更积极活动，宇文化及江都弑逆与李渊晋阳起兵及顺利入关皆与之有关，从而成为推动隋唐嬗替之重要力量。因太子勇之废、汉王谅之乱及杨玄感之叛，大业年间山东势力继续遭到炀帝严厉打击。汉王谅之乱后，炀帝对并州地区控制减弱，晋阳遂成为山东地区反隋势力集结之中心，李渊大业末留守太原，许多山东人士乃纷纷归于李渊麾下，成为晋阳起兵之主力与代隋建唐之重要基础。

第 六 章

李世民之崛起：隋末李渊晋阳
起兵左右军考略

　　隋末李渊父子于大业十三年（617）五月甲子（十五日）起兵太原，至十一月丙辰（九日）克京城长安，此一李唐帝业初基之关键时期，前贤已多有讨论梳理①。在此过程中李渊麾下兵力之发展壮大及相关之军队指挥领属问题，似尚未见有专文讨论；然此问题不仅关系李渊诸子（建成、世民、元吉）军权分配与地位升降，亦影响到唐初李世民与其兄李建成、弟李元吉竞逐皇位之成败，可谓李世民崛起之关键，颇有加以重视检讨之必要与余地。因此，本章拟参据前人有关论述，以晋阳起兵时所建制之左右军为中心，考察隋

---

　　①　如汪篯《唐室之克定关中》（收入《汪篯汉唐史论稿》，北京大学出版社 2017 年版）一文，对李渊与突厥之连和、李密间接之帮助、李渊家世背景之影响等唐室所以迅速克定关中之关键因素，有精辟阐述；《李渊晋阳起兵密谋史事考释》（收入《汪篯汉唐史论稿》）一文，对李渊晋阳起兵前期史事有细微考释，然下限止于大业十三年六月己丑李建成李世民兄弟拔西河并定入关之策之时，而左右军之设置在此后数日，故未及讨论。牛致功《从太原留守到建唐称帝的李渊》（《陕西师范大学学报》1981 年第 3 期）及《李渊建唐史略》（陕西人民出版社 1983 年版）对李渊建唐大致历程有简要梳理。黄永年《六至九世纪中国政治史》第四章《李唐创业和玄武门之变》亦对隋末李渊起兵至玄武门之变间一些重要人事，如《大唐创业起居注》较为可信、裴寂与刘文静各自立场等有所辨析，尤其指出李世民与李建成实力变化之契机："李渊正式称帝、建成为皇太子后，就按照习惯派次子秦王李世民任统帅出征，客观上给这日后成为太宗皇帝的李世民创造了扩充实力的条件……所有这些都说明了一个事实，即李世民在经略山东中大大扩充了秦府的实力。"（第 130—133 页）黄永年先生之看法当然颇有见地，不过对于自起兵到破长安此一创业初期李氏兄弟军政实力之变化则未加措意。

末李氏兄弟间军政权力格局之变迁以及对唐初皇位传承之影响。

一　晋阳起兵左右军初置之情形

李渊晋阳起事之后，因应形势变化发展之需要，而建大将军府，并置左右军。《大唐创业起居注》卷一：

> （大业十三年六月）义兵日有千余集焉。二旬之间，众得数万。裴寂等启曰："义军渐大，宜有司存。官僚所统，须有隶属。"……裴寂等请进位大将军，以隆府号，不乖古今，权藉威名……裴寂等又请置诸军并兵士等总号。帝曰："诸侯三军，《春秋》所许，孤今霸业，差拟晋文。可作三军，分置左右，谋简统帅，妙选其人（后略）。"……癸巳，以世子为陇西公，为左领军大都督，左三统军等隶焉；二郎为敦煌公，为右领军大都督，右三统军等隶焉。世子仍为太原郡守，命裴寂、刘文静为大将军府长史、司马。以殷开山、刘政会、温大雅、唐俭、权弘寿、卢阶、思德平、武士彟等为掾属、记室、参佐等官，以鹰扬王长谐、姜宝谊、杨毛、京兆长孙顺德、窦琮、刘弘基等分为左右统军、副统军。①

《旧唐书》卷一《高祖纪》：

> （大业十三年六月）癸巳，建大将军府，并置三军，分为左右：以世子建成为陇西公、左领大都督，左统军隶焉；太宗为敦煌公、右领大都督，右统军隶焉。裴寂为大将军府长史，刘文静为司马，石艾县长殷开山为掾，刘政会为属，长孙顺德、刘弘基、窦琮等分为左右统军。……秋七月壬子，高祖率兵西

---

① 《大唐创业起居注笺证》，第46—54页。

图关中，以元吉为镇北将军、太原留守。①

《新唐书》卷一《高祖纪》：

> （大业十三年）六月己卯，传檄诸郡，称义兵，开大将军
> 府，置三军。以子建成为陇西公、左领军大都督，左军隶焉；
> 世民为燉煌公、右领军大都督，右军隶焉；元吉为姑臧公，中
> 军隶焉。裴寂为长史，刘文静为司马，石艾县长殷开山为掾，
> 刘政会为属，长孙顺德、王长谐、刘弘基、窦琮为统军。②

《资治通鉴》卷一八四隋恭帝义宁元年（617）六月：

> 遂定入关之计。渊开仓以赈贫民，应募者日益多。渊命为
> 三军，分左右，通谓之义士。裴寂等上渊号为大将军，癸巳，
> 建大将军府，以寂为长史，刘文静为司马，唐俭及前长安尉温
> 大雅为记室，大雅仍与弟大有共掌机密，武士彟为铠曹，刘政
> 会及武城崔善为、太原张道源为户曹，晋阳长上邽姜謩为司功
> 参军，太谷长殷开山为府掾，长孙顺德、刘弘基、窦琮及鹰扬
> 郎将高平王长谐、天水姜宝谊、阳屯为左右统军……又以世子
> 建成为陇西公、左领军大都督，左三统军隶焉；世民为敦煌公、
> 右领军大都督，右三统军隶焉；各置官属。以柴绍为右领军府
> 长史。③

《太平御览》卷二九八《兵部·军制》引《唐书》云：

---

① 《旧唐书》，第 3 页。
② 《新唐书》，第 4 页。
③ 《资治通鉴》，第 5739 页。

癸巳，建大将军府，以裴寂为长史，刘文静为司马，具设官属。始置三军，分为左右：以公子建成为陇西公、左领大都督，左三军悉隶焉；命太宗为炖煌公、右领大都督，右三军悉隶焉。①

大将军府及左右军之设置，大体如上引诸书所言。按，李渊之大将军府为起义之中枢；军队统属及行军战阵之事则主要归于大将军府下之左右军，而以李建成、李世民兄弟分别主领②。关于"左右军"，诸书记载颇有歧异遗漏之处，当略加辨析。

其一，左右军并非三军之二，而是三军各分左右。所谓"三军"，如《创业起居注》所载李渊自言乃取"诸侯三军，《春秋》所许"之义，故"可作三军，分置左右"，《旧唐书》云"并置三军，分为左右"、《资治通鉴》云"渊命为三军，分左右"、《太平御览》与《册府元龟》并云"始置三军，分为左右"皆略同；故虽号三军，实则以左、右军分统，并非三军分别为左、中、右军，而是左、右军各分为三（左一军、左二军、左三军；右一军、右二军、右三军）。《新唐书》则谓置三军，左军隶建成，右军隶世民，中军隶元

---

① 宋·李昉等撰：《太平御览》，中华书局1960年版，第1374页上—下；又宋·王钦若等编：《册府元龟》卷七《帝王部·创业》相关文字完全相同，故不重引，中华书局1960年版，第76页上。按，《太平御览》与《册府元龟》编撰均在《旧唐书》之后、《新唐书》之前；《太平御览》本条所载大致同于《旧唐书》，故其所引《唐书》当即《旧唐书》；《册府元龟》行文虽例不书出处，然多录自正史，此处显然也是直接或间接参据《旧唐书》。当然，《太平御览》所引《唐书》性质问题颇为复杂，笔者了解不多，不敢妄言，可参见自清代学者岑建功以来，包括岑仲勉、吴玉贵、孟彦红、温志拔、唐雯、罗亮诸先生之讨论。

② 按，左右军为行军西进主力无疑，此外尚有一支由张纶率领、经略河东地区西北部离石等郡之偏师；张纶在两《唐书》皆无传，生前事迹极为残缺，死后陪葬高祖献陵，推测应是李渊之亲信，所领偏师亦应是直属于李渊调遣。方亚光《关于李渊集团入居关中的两个问题》一文有简明清晰之讨论："李渊集团南下入关的行军路线有主线与辅线之分。自太原出师后，渊军便兵分二路，其一由通议大夫张纶率领，向离石、龙泉、文城等郡挺进。到九月乙卯（初七），张纶部先后攻克了离石、文城，执文城太守郑元璹，于壶口与渊军主力会师。这一路可以说是李渊用以牵制晋北刘武周、凉州李轨等武装集团，保证其主力顺利南下的一支偏师。"《齐鲁学刊》1985年第3期，第34页。

吉，实为误解，不足取信①。

其二，左右军麾下三统军将领其人。左右各三军，每军主将为统军，故共有六统军，据《大唐创业起居注》与《资治通鉴》，六人为王长谐、姜宝谊、杨毛（阳屯）、长孙顺德、窦琮、刘弘基②。此六人于左右军之具体配属，则诸书记载皆不明确。《大唐创业起居注》卷二：

> （义宁元年九月）丙寅，遣世子陇西公将司马刘文静、统军王长谐姜宝谊窦琮诸军数万人屯永丰仓……遣燉煌公率统军刘弘基长孙顺德杨毛等诸军数万人往高陵道。③

按，世子陇西公即建成为左领军大都督，其所统为"统军王长谐、姜宝谊、窦琮诸军"；燉煌公即世民为右领军大都督，其所统为"统军刘弘基、长孙顺德、杨毛等诸军"。由此可推知左右军分置时之王长谐等六统军之具体所属：王长谐、姜宝谊、窦琮为左三统军，隶建成；刘弘基、长孙顺德、杨毛为右三统军，隶世民④。不过，上列六人之外，新旧《唐书》又另载有数人晋阳初起时任左、右统军

---

① 李氏太原发引向长安进发之时，"以四郎元吉为太原郡守，留守晋阳宫，文武后事并委焉"（《大唐创业起居注笺证》卷二，第61页），元吉留守太原，并未随主力西进，自无领中军与建成左军、世民右军并列之理；又左右三统军屡见史载，而从无所谓中三统军之号。可知三军即一、二、三军，并分为左右；左右军之外，决无中军之设置。

② 《资治通鉴》所记之阳屯，即《大唐创业起居注》之杨毛，形音皆近致讹而已；王长谐，《大唐创业起居注》原作王长阶，据新旧《唐书》、《资治通鉴》等之记载，应为形讹，《大唐创业起居注笺证》整理者仇鹿鸣先生已迳改，是。《旧唐书》仅列六人之三（长孙顺德、刘弘基、窦琮），《新唐书》仅列六人之四（长孙顺德、王长谐、刘弘基、窦琮），俱有所遗漏。

③ 《大唐创业起居注笺证》，第124页。

④ 《大唐创业起居注笺证》卷二："（八月）壬寅，孙华率其腹心轻骑数十，至自郃阳……仍命华先济，为西道主人，华大悦而去。仍命左右统军王长谐、刘弘基并左领军大都督府长史陈演寿等，率师次华而渡，据河西岸以待大兵。"（第112—113页）《新唐书》卷八八《姜宝谊传》："从高祖督盗太原。及起兵，授左统军。"（第3741页）王长谐、姜宝谊为左统军，刘弘基为右统军，可为佐证。

者。《旧唐书》卷五七《李思行传》（《新唐书》卷八八《李思行传》略同）云:

> 李思行，赵州人也。尝避仇太原。高祖将举义兵，令赴京城观觇动静，及还，具论机变，深称旨，授左三统军。从破宋老生，平京城。①

又《旧唐书》卷五七《赵文恪传》（《新唐书》卷八八《李思行传》附赵文恪事迹略同）:

> 赵文恪者，并州太原人也。隋末，为鹰扬府司马。义师之举，授右三统军。②

又《旧唐书》卷五七《李高迁传》（《新唐书》卷八八《李高迁传》略同）:

> 李高迁，岐州岐山人也。隋末，客游太原，高祖常引之左右。及擒高君雅、王威等，高迁有功焉，授右三统军。从平霍邑，围京城，力战功最。③

李思行为左三统军，当隶建成;赵文恪、李高迁为右三统军，当隶世民。按，前已论长孙顺德、刘弘基等六人为左右三统军，姓名诸书具载，人数亦合，其时于六人之外，不应再有任统军者。《创业起居注》已云"以鹰扬王长阶、姜宝谊、杨毛，京兆长孙顺德、窦琮、刘弘基等分为左右统军、副统军"，是左右六统军之外，尚有

---

① 《旧唐书》，第2297页。
② 《旧唐书》，第2296页。
③ 《旧唐书》，第2297页。

副统军若干人（很可能每军二人）①，故李思行等三人所任"统军"
当为副统军，大约三人事迹不显名位较轻，以致记载阙略模糊而
生误②。

其三，左右领军府首僚长史其人。按，上引《资治通鉴》卷一
八四隋恭帝义宁元年六月条云"以柴绍为右领军府长史"，知柴绍为
世民右军长史。又《册府元龟》卷三八四《将帅部·褒异》（同书
卷四二八《将帅部·料敌》同）：

> 柴绍为右领军大都督府长史，大军发晋阳，兼领马军
> 总管。③

按右军长史柴绍兼领晋阳义兵马军总管，则始发晋阳时虽左右
军并列，而颇有世民右军重于建成左军之势。左军长史，据《创业
起居注》则为陈演寿④。

---

① 《旧唐书》卷四二《职官志一》："改……秦王、齐王下统军为护军，副统军为副
护军。"（第 1784 页）"时秦王、齐王府官之外，又各置左右六护军府及左右亲事帐内
府。其左一右一护军府护军各一人，掌率统军已下侍卫陪从。副护军各二人，长史各一
人，录事参军各一人，仓曹参军事各一人，兵曹参军事各一人，铠曹参军各一人。统军
各五人，别将各十人，分掌领亲勋卫及外军。左二右二护军府，左三右三护军府，各减
统军三人，别将六人。"（第 1810 页）《新唐书》卷四九下《百官志四下》："秦王、齐王
府置左右六护军府……左一、右一护军府，护军各一人，副护军各二人，长史、录事参
军事，仓曹、兵曹、铠曹参军事，各一人，统军各五人，别将各一人。左二、右二护军
府，左三、右三护军府，减统军三人，别将六人。"（第 1307 页。按，此处"统军各五
人，别将各一人"之记载，据下文"减统军三人，别将六人"之文及参《旧唐书》所
记，显然"一"乃"十"之讹，即应为"统军各五人，别将各十人"。）唐初秦王、齐王
左右护军府之护军、副护军，原称统军、副统军，当即沿袭晋阳起兵时所设左右统军、
副统军而来；以后来之秦王、齐王之左右六护军府各设护军一人、副护军二人情形推测，
大约晋阳时左右三统军之副统军亦当各设二人。
② 《新唐书》卷八八《裴寂传》："自赵文恪等十八人功不甚显，然参附义始事，班
班见当世。今次第其名，总出左方云。"（第 3740 页）又赵文恪、李高迁约略同时任右三
统军，颇令人不解，推测其同任右三副统军则无所抵牾。
③ 《册府元龟》，第 4566 页上。
④ 《大唐创业起居注笺证》卷二："仍命左右统军王长谐、刘弘基并左领军大都督
府长史陈演寿等，率师次（孙）华而渡，据河西岸，以待大兵。"第 112—113 页。

如上所论列，有关晋阳起兵时左右军大致情形已明了：李渊建大将军府置三军而各分左右，建成领左军，世民领右军；左三统军为王长谐、姜宝谊、窦琮，副统军可考者有李思行，长史为陈演寿；右三统军为刘弘基、长孙顺德、杨毛，副统军可考者有赵文恪、李高迁，长史为柴绍并兼义兵马军总管。从此以后，李渊集团之军队主力虽初号三军，实分为左右，左军、右军又分别为建成、世民所统率而呈相对独立之势；可以说，唐初建成、世民兄弟各树徒党明争暗夺皇位之复杂斗争，自晋阳起兵分置左右军时已兆其端。而在西进关中攻取长安之过程中，由于战略部署、人事安排等之差异，左右军担当之征伐攻御乃逐渐各有侧重，建成左军、世民右军之发展壮大亦渐致区别，李世民之崛起主要即肇因于此。

二　左右军发展之差异与李世民之崛起

李建成李世民兄弟分将左右三军，俱从李渊西进谋取关中，前期左右军虽各有领属而战则协同。如《大唐创业起居注》卷二记西进途中霍邑之战时云：

> （义宁元年八月）辛巳旦，发引，取傍山道而趋霍邑……帝谓大郎、二郎曰："今日之行，在卿两将（后略）。"……乃部勒所将骑兵马左右军，大郎领左军，拟屯其东门，二郎将右军，拟断其南门之路……遂平霍邑。[①]

进军至黄河东岸龙门县顿军逗留未渡河之时，冯翊贼帅孙华自河西来归附，《大唐创业起居注》卷二：

> （义宁元年八月）仍命华先济，为西道主人，华大悦而去。

[①] 《大唐创业起居注笺证》，第94—97页。

仍命左右统军王长谐、刘弘基并左领军大都督府长史陈演寿等，率师次华而渡，据河西岸，以待大兵。①

先遣渡河兵力，仍是左、右军各出一部，左军长史陈演寿亦俱渡，大约以左军为主。稍后当华阴令李孝常以永丰仓来附，形势焕然一变，李渊遂全师西渡②；渡河之后，义师主力一分为二，左、右军之任务与目标乃各有侧重。《大唐创业起居注》卷二：

（义宁元年九月）丙寅，遣世子陇西公将司马刘文静、统军王长谐姜宝谊窦琮诸军数万人屯永丰仓，守潼关，备他盗，慰抚使人窦轨等受节度焉。遣燉煌公率统军刘弘基、长孙顺德、杨毛等诸军数万人往高陵道，定泾阳、云阳、武功、盩厔、鄠诸县等，慰抚使人掾殷开山等受节度焉。③

按，李世民率"统军刘弘基、长孙顺德、杨毛等诸军数万人"即右三军经长安东北边之高陵道④定长安北郊、西郊、南郊之泾阳、云阳、武功、盩厔、鄠诸县，从渭北西进略地再自西而南围逼京师；李建成率"统军王长谐、姜宝谊、窦琮诸军数万人"即左三军屯守永丰与潼关，在长安以东镇捍，待李世民右军基本略定长安近郊之

---

① 《大唐创业起居注笺证》，第112—113页。

② 李孝常华阴之叛，保证了李渊军粮供应及赈济饥荒稳定民心之需要，使李渊据永丰定关中东向而争天下之战略得以迅速实施。可参汪篯《武则天》与《唐室之克定关中》二文（均收入《汪篯汉唐史论稿》）、艾冲《隋唐永丰仓考论》（《陕西师范大学学报》1997年第2期）及拙撰《隋末粮仓与群雄盛衰》（《魏晋南北朝隋唐史资料》第20辑，武汉大学文科学报编辑部，2003年）等有关论述。

③ 《大唐创业起居注笺证》，第124页。

④ 《史记》卷一〇二《张释之传》"上行出中渭桥"条司马贞《索隐》云："案今渭桥有三所：一所在城西北咸阳路，曰西渭桥；一所在东北高陵道，曰东渭；其中渭桥在古城之北也。"（第2755页。）辛德勇先生云："因高陵为东渭桥北重镇，唐人亦称此路为高陵道。"辛德勇：《隋唐时期长安附近的陆路交通——汉唐长安交通地理研究之二》，《中国历史地理论丛》1988年第4期，第161页。

后方自渭南合围京师。

李建成左军之所以受东向镇捍之任，与李孝常有关。《大唐创业起居注》卷二：

> （义宁元年九月丙辰）李孝常据永丰仓，遣子弟妹夫窦轨等送款，仍便应接河西关上兵马。①

李孝常妹夫窦轨，即李建成麾下左三统军之一窦琮之兄。窦轨父恭、祖炽、曾祖略，李渊正室窦氏（即太穆皇后）父毅、祖岳、曾祖略②；即窦轨与太穆皇后窦氏为同曾祖之从兄妹，由此可见窦轨窦琮兄弟与李渊之特殊关系，所谓"家即涂山，姻连渭沕……姻连帝家"③是也。故李渊进至河东时，窦轨聚众来归。《旧唐书》卷六一《窦威附兄子轨传》：

> 义兵起，轨聚众千余人，迎谒于长春宫，高祖见之大悦，降席握手，语及平生，赐良马十匹，使掠地渭南。轨先下永丰仓，收兵得五千人。从平京城。④

《日藏弘仁本文馆词林校证》卷四五九《洛州都督窦轨碑铭》：

---

① 《大唐创业起居注笺证》，第119页。
② 《周书》卷三〇《窦炽传》："父略……子茂嗣。茂有弟十三人，恭、威最知名……炽兄子毅。毅字天武，父岳，早卒……毅第二女即唐太穆皇后。"（第517—522页）《北史》卷六一《窦炽传》略同，不具引。又《新唐书》卷九五《窦威传》："父炽……太穆皇后，其从兄弟女也……炽兄子轨，字士则。父恭……轨弟琮。"（第3844—3846页）《旧唐书》卷六一《窦威传》略同，唯其谓窦威乃"太穆皇后从父兄也"（第2364页），则大谬，当以《新唐书·窦威传》所记"太穆皇后，其从兄弟女也"为是，《旧唐书》本卷校勘记〔二〕已指出此点（第2372页）。《日藏弘仁本文馆词林校证》卷四五九《洛州都督窦轨碑铭》所记窦轨先世亦可为佐证："曾祖略……祖炽……父某（按，应为"父恭"，讳而不书名）。"第197页。
③ 《日藏弘仁本文馆词林校证》卷四五九《洛州都督窦轨碑铭》，第197—199页。
④ 《旧唐书》，第2365页。

军次蒲城，便仗剑请谒，太上皇见公大悦，言及平生，备献诚款……命公为渭南道大使，招抚得以便宜从事。取永丰之粟，甚汉卒之食敖仓；下华阴诸县，同周师之据修武。既有宿饱之资，仍成搤喉之业。又占募英勇五万余人从入京师，翊成大业。①

李渊在大军入关之前使窦轨"掠地渭南""为渭南道大使"，即委以经营、接应之重任，所谓"轨先下永丰仓，收兵得五千人"即其显著成效，虽有所夸张，不过在李孝常归降过程中，窦轨起到重要作用则可想见。窦轨为李孝常之妹夫，李渊为窦轨之妹夫，故李孝常之以华阴及永丰仓来降时，先遣窦轨送款，盖窦轨于双方皆关系亲密，居中联络最为合适②。

窦琮早与李世民有嫌隙③，又为李建成左三统军之一，窦轨则始终与建成关系较为亲密，大约轨、琮兄弟皆亲建成而于世民较疏。李孝常、窦轨等所接应之河西关上兵马，当即随孙华渡河之义师先遣，而前已论及此先遣部队虽左、右军各出一部但以左军为主。义师先与李孝常、窦轨等会合之部队以建成左军麾下为主，窦轨、窦琮兄弟于李建成、李世民兄弟间又颇有亲疏之别，故建成受命屯守永丰、潼关当东面重任，实有人事契合之因素在内。

李世民右军受命西进略取京郊诸县，则与其姊平阳公主有关。《旧唐书》卷五八《柴绍附平阳公主传》：

---

① 《日藏弘仁本文馆词林校证》，第198页。

② 汪篯："窦轨乃高祖窦后之从祖兄弟，而为李孝常妹夫，盖窦、李皆高祖之亲戚……窦轨去官居家而聚兵从龙于永丰，岂即营居于华阴欤？……永丰仓更是河渭转漕、米粮屯聚之中心，尤具军事、经济两方面之价值，是皆兵家之所必争，而唐室并于短期中垂手不战而得之，若无戚谊种种因缘，又何从至此邪？"前揭《唐室之克定关中》，收入《汪篯汉唐史论稿》，第473—474页。

③ 《旧唐书》卷六一《窦琮传》："大业末，犯法，亡命奔太原，依于高祖。琮与太宗有宿憾，每自疑。太宗方搜罗英杰，降礼纳之，出入卧内，其意乃解。"第2367页。

平阳公主,高祖第三女也,太穆皇后所生。义兵将起,公主与绍并在长安……绍即间行赴太原。公主乃归鄠县庄所,遂散家资,招引山中亡命,得数百人,起兵以应高祖。时有胡贼何潘仁聚众于司竹园,自称总管,未有所属。公主遣家僮马三宝说以利害,潘仁攻鄠县,陷之。三宝又说群盗李仲文、向善志、丘师利等,各率众数千人来会。时京师留守频遣军讨公主,三宝、潘仁屡挫其锋。公主掠地至盩厔、武功、始平,皆下之。每申明法令,禁兵士无得侵掠,故远近奔赴者甚众,得兵七万人。公主令间使以闻,高祖大悦。及义军渡河,遣绍将数百骑趋华阴,傍南山以迎公主。时公主引精兵万余与太宗军会于渭北,与绍各置幕府,俱围京城,营中号曰"娘子军"。京城平,封为平阳公主,以独有军功,每赏赐异于他主。①

按,李渊起兵晋阳,其家人、戚属如女平阳公主、女婿段纶、从弟神通等亦在长安附近聚兵呼应,于李渊之平关中甚有襄助②,其中尤以平阳公主招合群盗何潘仁、李仲文、向善志、丘师利及李渊从弟神通等"得兵七万"最为突出。而平阳公主之夫,即李世民右军长史兼马军总管柴绍,显然柴绍、平阳夫妻二人与世民关系较密。故义军渡河后迅速派遣柴绍迎公主,"时公主引精兵万余与太宗军会于渭北"。平阳公主与世民右军既会合,又因柴绍为右军长史之关系,世民受命自渭北西略、再转而南下至渭南便顺理成章,其所以先依次而取长安北、西、南三面之高陵、泾阳、云阳、武功(以上四县在渭北)、盩厔、鄠(以上二县在渭南)等县以逼京城,亦与平阳公主势力与影响遍及此数县不无关系。

当然,平阳公主之例只是较为显著而已,事实上,李渊家族于

① 《旧唐书》,第2315页。
② 参前揭汪篯《唐室之克定关中》文中有关论述。

长安周边，尤其渭北地区颇具潜力与影响①。故平阳公主与李世民姊弟会师于渭北，世民进军始于渭北，世民亦为渭北道行军元帅②，此前于渭北经营之渭北道副使殷开山，此时继续担任慰抚使人并受世民节度，至于此前之渭北道大使刘弘基则本为世民右三统军之一。李世民自渭北西略、南下，一路所经，皆李氏家族（包括平阳公主）影响所及之地，故进展相当顺利，实力迅速增长，其崛起之势遂愈趋明显而难于阻挡。

义师渡河入关之后破京师之前，建成左军、世民右军战略重心已分东南、西北，及至渭南会师后攻取长安之役，亦是建成主东南、世民主西北③。东南、西北各有侧重之部署，对于左、右军实力之扩展壮大（相当程度上即李建成、李世民各自实力之扩展壮大）之影响有显著差异。建成左军屯永丰及其后合围长安，自然有部分归附兵力来合④，但较之先受命略定长安附近之世民右军则远远不如，盖

---

① 汪篯："唐室庄宅之所在，今可考者有同州、武功、高陵三处……除同州一地外，其余各地皆在长安附近渭北地区，唐室于此一区域潜力之大自可推知。"前揭《唐室之克定关中》，收入《汪篯汉唐史论稿》，第478—479页。

② 李世民为渭北道行军元帅之事，屡见于史，如《旧唐书》卷五八《唐俭传》与《殷峤传》、卷七八《于志宁传》等等。又，此时李建成李世民兄弟势力相侔，各当重任，弟世民既为渭北道行军元帅，兄建成依常理论自应对应为渭南道行军元帅；但建成主要屯于渭南，行军掠地非其主要职责，领军西进亦相当之晚，故推测此时本无渭南道行军元帅之设，所以史书毫无记载，倒与后来玄武门之变后唐室史臣对建成早年功业与地位种种隐晦删削无甚关系。

③ 《大唐创业起居注笺证》卷二："（十月）辛卯，命二公各将所统兵往为之援。京城东面、南面，陇西公主之；西面、北面，燉煌公主之。"第139页。

④ 如李孝常、窦轨所统，《旧唐书》卷六一《窦轨传》："义兵起，轨聚众千余人，迎谒于长春宫，高祖见之大悦，降席握手，语及平生，赐良马十匹，使掠地渭南。轨先下永丰仓，收兵得五千人。"（第2365页）《洛州都督窦轨碑铭》云："又占募英勇五万余人从入京师，翊成大业。"（《日藏弘仁本文馆词林校证》，第198页）此时窦轨为慰抚使人受李建成节度，所募得人自然归于建成；当然，所谓"五万余"之数未必完全属实，很可能有所夸张，当然也有可能此五万余人即建成新获之全部兵力。又如段纶，《册府元龟》卷七六六《总录部·攀附》："段纶，仕隋为左亲卫。隐太子见而悦之，妻以琅琊长公主……及义兵西迈，纶于蓝田聚结兵马，得万余人迎接大军。"（第9107页上）段纶与李建成亲近，所据蓝田在渭水以南、长安东南，而攻取长安之役即建成主东南面，故可推测段纶之兵力当会于建成。

其西进与世民会师于长安城外实在太晚①,收纳人马之机会甚少。入关分兵后,各路势力竞相归附,《大唐创业起居注》卷二:

> 先是,帝从弟赵兴公神通起兵鄠县,有众数千,闻义旗渡河,遣使迎帝。又贼帅李仲文遣兄仲威送款……蓝屋贼帅何潘儿、向善志等,亦各率众数千归附。宜君贼帅刘旻又率其党数千人降。帝并以不次封,遣书劳之,仍令各于当界率众,便受敦煌公部署。旬日间,京兆诸贼,四面而至,相继归义,罔有所遗……(九月)乙亥,敦煌公至蓝屋,所过诸县及诸贼界,莫不风驰草靡,裹粮卷甲,唯命是从。遣使启帝,请期日赴京……令敦煌公率新附诸军,自鄠县道屯长安故城。②

"新附诸军"基本归于李世民统率。《旧唐书》卷一《高祖纪》:

> (大业十三年七月)癸丑,发自太原,有兵三万……冬十月辛巳,至长乐宫,有众二十万。③

《新唐书》卷五〇《兵志》:

> 发自太原,有兵三万人。及诸起义以相属与降群盗,得兵二十万。④

---

① 《大唐创业起居注笺证》卷二:"(九月)乙亥,燉煌公至蓝屋……遣使启帝,请期日赴京……乃命陇西公量简仓上精兵,自新丰道趋长乐离宫。令燉煌公率新附诸军,自鄠县道屯长安故城……冬十月辛巳,帝至灞上,仍进营停于大兴城春明门之西北,与陇西、燉煌等二公诸军二十余万众会焉。"(第134—137页)按,九月乙亥李渊命建成于永丰仓引兵西发,十月辛巳李氏父子兄弟会于春明门外,其间仅仅相隔六日。

② 《大唐创业起居注笺证》,第125—134页。

③ 《旧唐书》,第3—4页。

④ 《新唐书》,第1324页。

《大唐创业起居注》卷二：

> （大业十三年）冬十月辛巳，帝至灞上，仍进营，停于大兴城春明门之西北，与陇西、敦煌等二公诸军二十余万众会焉。①

按，自李渊起兵至围长安，数月间军队迅速由三万扩至二十万，其中多数即李世民率右军自渭北西略所得"新附诸军"。《旧唐书》卷二《太宗纪上》：

> 太宗以前军济河，先定渭北。三辅吏民及诸豪猾诣军门请自效者日以千计，扶老携幼，满于麾下。收纳英俊，以备僚列，远近闻者，咸自托焉。师次于泾阳，胜兵九万，破胡贼刘鹞子，并其众。留殷开山、刘弘基屯长安故城。太宗自趣司竹，贼帅李仲文、何潘仁、向善志等皆来会，顿于阿城，获兵十三万。②

《资治通鉴》卷一八四隋恭帝义宁元年（617）：

> （九月）壬申，进屯冯翊。世民所至，吏民及群盗归之如流，世民收其豪俊，以备僚属，营于泾阳，胜兵九万……世民引兵趣司竹，李仲文、何潘仁、向善志皆帅众从之，顿于阿城，胜兵十三万。③

李渊、李建成、李世民父子合围长安时，有兵二十万，其中十三万为世民所统右军，再除去李渊自领之少部分，则初与世民右军势均之建成左军此时仅当右军一半左右。又左右军初置时，世民右

---

① 《大唐创业起居注笺证》，第 137 页。
② 《旧唐书》，第 23 页。
③ 《资治通鉴》，第 5758—5759 页。

军长史柴绍兼马军总管，马军之重要性自不待言①，此后直至世民登帝位以前之唐高祖武德年间，任马军总管者有秦琼②，任马军副总管者有李君羡③，任左一马军总管者有程知节④，任左内马军副总管者有失名之庞某⑤，此数人无一例外皆隶于世民并为其心腹；笔者推测，自柴绍兼领马军总管始，至玄武门之变前，马军实际上一直附属于右军⑥、由李世民所控制，世民之所以战多能胜屡摧强敌，应与马军之助力不无关系。若推论不误，则李氏兄弟会师围长安城时，世民不止军队数量约当建成两倍左右，更独拥马军，战力于数量对比之外更有加成，兄弟二人之军事实力相距悬远。

除军队充实壮大之外，收罗人物亦同时进行，唐初有名之功臣、重臣相当部分即于此时归附于李世民，此从世民以渭北道行军元帅而开府置佐之情形可见一斑。如《旧唐书》卷五八《唐俭传》：

---

① 参汪篯：《唐初之骑兵——唐室之扫荡北方群雄与精骑之运用》，收入《汪篯汉唐史论稿》。

② 《旧唐书》卷六八《秦叔宝传》："高祖令事秦府，太宗素闻其勇，厚加礼遇。从镇长春宫，拜马军总管。"第 2502 页。

③ 《新唐书》卷九四《李君羡传》："秦王引置左右，从破宋金刚于介休，加骠骑将军，赐以宫人、缯帛。从讨王世充，为马军副总管。"第 3836—3837 页。

④ 《旧唐书》卷六八《程知节传》："授秦王府左三统军。破宋金刚，擒窦建德，降王世充，并领左一马军总管。"第 2503 页。

⑤ 《左武候将军庞某碑》："（武德五年）蒙授秦王府左三翊卫府右车骑将军。七年，授秦王左一副护军。其年，又补左内马军副总管。九年六月，以业遇艰难，效彰忠款，蒙授左卫副率。其年七月，诏授右骁卫将军。其年九月，改封安化郡开国公……贞观元年七月，诏授左武候将军……以贞观二年六月某日遘疾，薨于雍州长安县之安仁里宅，春秋卅有五。"（《日藏弘仁本文馆词林校证》卷四五三，第 161—162 页）按，此庞某虽失其名，然在玄武门之变中作用颇为重要，故武德九年六月后竟然短短三月内连迁二职（左卫副率、右骁卫将军）并封安化郡开国公，此时年仅三十三，实可称为唐太宗之心腹；可惜其人贞观二年年三十五即薨，可谓英年早逝，以致事迹湮没史传无闻，赖此《文馆词林》所收之碑得以略知其事迹。其于武德七年所任之"左内马军副总管"，称谓颇为古怪，其他文献无所见，很可能即左军内马军副总管之意，若属实，则益可证实马军始终附属于世民之右军（后改称左军）。

⑥ 当然，唐初李世民所统称左军，如前举世民属下程知节任左一马军总管、庞某任左内马军副总管之例。大概武德初李建成立为太子后，原世民右军改称左军，原建成左军则主要由齐王元吉统领并改称右军。

太宗为渭北道行军元帅，以俭为司马。①

同书同卷《殷峤传》：

殷峤字开山……太宗为渭北道元帅，引为长史。②

同书卷六五《长孙无忌传》：

少与太宗友善，义军渡河，无忌至长春宫谒见，授渭北道行军典签。③

同书卷六六《房玄龄传》：

会义旗入关，太宗徇地渭北，玄龄杖策谒于军门，温彦博又荐焉。太宗一见，便如旧识，署渭北道行军记室参军。④

同书卷七八《于志宁传》：

高祖将入关，率群从于长春宫迎接……太宗为渭北道行军元帅，召补记室，与殷开山等参赞军谋。⑤

渭北道行军元帅府中，长史殷开山、司马唐俭，唐初定太原元勋得以恕二死或一死之十七功臣（包括李世民在内），此二人皆在列；记室参军房玄龄、于志宁，典签长孙无忌，此三人皆唐初历仕

---

① 《旧唐书》，第2305页。
② 《旧唐书》，第2311页。
③ 《旧唐书》，第2446页。
④ 《旧唐书》，第2460页。
⑤ 《旧唐书》，第2693页。

数朝赫赫有名之重臣。短暂、临时性之渭北道行军元帅府属吏,既有元从,更多新附,可谓英贤荟萃。此外李世民入关后所获如杜如晦、丘行恭等后来之名臣[1],所在多有,无需一一列举。

自义宁元年(617)九月丙寅李渊父子渡河入关之初分兵之后,当建成以左军屯守永丰、势力扩张有限之际,世民率右军自渭北而西、而南,于长安城外略地收众,各方势力纷纷来附,军队规模急剧扩大,英雄豪杰竞相投诚,谋臣猛将充溢麾下。待同年十月辛巳会师长安城春明门外之时,短短半月之间(九月丙寅十八日,至十月辛巳初四日[2],相距十五日),原本大致处于均势之建成所领左军与世民所领右军,实力对比已发生重大变化,而世民有绝对之优势;人物网罗方面,世民亦占得先机,唐初创业功臣之骨干,多数已入世民府中。由此而言,唐初储位之争绵历九年,其间李世民遭遇无数危局而能坚持抗衡,并于武德九年(626)六月四日发动玄武门之变取得最终胜利,其中天时人事包括侥幸与偶然等因素难于一一究其轻重,但推源溯始,则不能不谓李世民之崛起深系于晋阳起兵时左右军之分置与入关之初左右军之分兵。

三　结论

《大唐创业起居注》、新旧《唐书》等极力突出李世民取长安定关中之功业,于李建成之事迹颇多隐没;但若非建成率左军屯守永丰、潼关,保粮仓不失并力拒关东之隋师与群雄,使世民右军西进无后顾之忧,则世民建功绝不能如此迅速。李渊曾谓“密今适所以为吾拒东都之兵,守成皋之扼,更求韩、彭,莫如用密”[3],以李密为己之韩、彭,殊不知其二子建成、世民间情势相类,建成亦可谓

---

① 参《旧唐书》卷六六《杜如晦传》、卷五九《丘行恭传》。
② 日干支之确定,据陈垣《二十史朔闰表》,中华书局1962年版,第83页。
③ 《旧唐书》,第2220页。

世民之韩、彭矣①。李唐创业之过程中，李建成之功勋不可谓不重，加以嫡长及后来被立为太子之身份，本应在唐初武德年间皇位争夺中具有相当优势，但事实却不然，盖李世民崛起过于迅速，势力过于坐大。长安尚未破，隋室尚未亡，而李世民已为后来李氏兄弟之储位之争积累了雄厚军事与政治资本。总而言之，李世民之崛起，肇因于晋阳起兵时左、右军之分置，转折于义师入关后分兵东守西进之战略。待以右军为主力攻取长安后，世民功高权重隐然已凌驾建成之上，唐初玄武门之变中李建成之失败与李世民之成功并非历史之意外，相当程度上乃是事势发展之必然。

李氏兄弟入关之初分兵之时，李建成率左军屯守永丰、潼关当东面重任，颇有人事契合之因素而与李孝常有关。李孝常，则系隋开皇十七年与谋废太子勇有关之刘居士案中重要人物，为忠于太子勇者，隋末待机而动，其以永丰、华阴降于李渊于当时局势有重要影响，其人其家族与隋末唐初之政治变迁亦有密切联系。而如本章所论，太子勇余党李孝常与李建成李世民兄弟之分兵及李世民之崛起有直接或间接之关联，从此意义而言，亦可谓隋代之皇位传承影响及于唐代之皇位传承；其中因缘与隐秘及因事异时移而致之新变化，本书下章将集中予以讨论。

---

① "韩、彭"，谓汉初名将韩信、彭越。楚汉相争之时，二人率军在山东拒项羽、平诸国，对于汉高祖之成大业有莫大功勋。故李渊以之喻李密。隋末李密之活动对于李唐之助力甚大，如汪篯先生云："李密之捍御东都，断隋归路，其有助于李唐之速据关中，则为不可忽视之事……若无李密之捍蔽，则唐室之席卷泾渭必不能甚速。而薛举崛起金城，距京亦近，如能同达长安城下，则天下之事诚未易可知矣。"《唐室之克定关中》，收入《汪篯汉唐史论稿》，第 469 页。

第 七 章

从开皇到贞观：李孝常家族与
隋至唐初政局

隋炀帝大业十四年（隋恭帝义宁二年，618）三月，正当隋末大乱方炽、起兵太原之李渊已入据长安并立炀帝孙代王侑为恭帝时，炀帝于江都为其幸臣宇文化及及党羽所弑，史称"江都弑逆"；唐太宗贞观元年（627）十二月，义安王李孝常等于长安企图发动政变，但为唐王朝所预先察觉和镇压，是为李孝常谋逆事件。隋末江都弑逆与唐初李孝常谋逆两大政治事变，前后相隔九年，主谋者各不相同，看似无甚瓜葛，但重读旧史，仍可发觉其间疑窦重重，颇有相关联之处，而前后联系之关键即在于李孝常及其家族；本章即拟结合有关史料，在前贤研究成果基础上①，以江都弑逆和李孝常谋逆两

---

① 李孝常谋逆事件，前人关注不多，笔者所见，有胡守为《关于武则天生年的几段史料札记》之"二、武士彟在什么时候任利州都督"对李孝常谋逆地点与时任官职有简要讨论（《中山大学学报》1962年第3期，第96—97页）。李训亮、谢元鲁《贞观初年唐太宗宫禁防卫体系的构建与道德重建—以唐太宗颁布的惩处隋末叛臣的三道诏书为例》一文认为："李孝常必与禁军有着很深的联系，故此次谋逆作乱必对太宗产生深刻影响，亦当成为太宗颁布三道诏书的现实原因。"（《西南民族大学学报》2005年第6期，第174页）仇鹿鸣《新见〈姬揔持墓志〉考释——兼论贞观元年李孝常谋反的政治背景》则依据新出土唐高宗麟德二年《姬揔持墓志》，考论李孝常谋反背景，认为："（李孝常谋反）需要放在玄武门之变后的唐廷中枢政情演变的延长线上来加以考量……大体可以判断整个李孝常家族的政治倾向都偏向于高祖及太子一党。"（《唐研究》第17卷，北京大学出版社2011年版，第231—241页）以上三家所论，均有其合理性和启发意义，遗憾之处在于，均未能将李孝常谋逆与隋末江都弑逆联系考察和对李孝常在隋至唐初政治中的重要影响予以深入研究。

事件为中心，展开对李孝常家族与隋至唐初政局之研究，并就隋至唐初皇位传承、舆论调整、政治演进等提出某些看法，以期相关问题之进一步廓清和解决。

一　李孝常家族与隋唐嬗替：以隋末江都弑逆事件为中心

《隋书》卷四《炀帝纪下》：

> （义宁）二年三月，右屯卫将军宇文化及，武贲郎将司马德戡、元礼，监门直阁裴虔通，将作少监宇文智及，武勇郎将赵行枢，鹰扬郎将孟景，内史舍人元敏，符玺郎李覆、牛方裕，千牛左右李孝本、弟孝质，直长许弘仁、薛世良，城门郎唐奉义，医正张恺等，以骁果作乱，入犯宫闱。上崩于温室，时年五十。①

江都弑逆以宇文化及为首，关于事件肇因及谋划经过，在《隋书》卷八五《宇文化及传》有详细记述：

> 是时李密据洛口，炀帝惧，留淮左，不敢还都。从驾骁果多关中人，久客羁旅，见帝无西意，谋欲叛归。时武贲郎将司马德戡总领骁果，屯于东城，风闻兵士欲叛，未之审，遣校尉元武达阴问骁果，知其情，因谋构逆。共所善武贲郎将元礼、直阁裴虔通互相扇惑曰："今闻陛下欲筑宫丹阳，势不还矣。所部骁果莫不思归，人人耦语，并谋逃去。我欲言之，陛下性忌，恶闻兵走，即恐先事见诛。今知而不言，其后事发，又当族灭我矣。进退为戮，将如之何？"虔通曰："上实尔，诚为公忧

① 《隋书》，第93页。

之。"德戡谓两人曰:"我闻关中陷没,李孝常以华阴叛,陛下收其二弟,将尽杀之。吾等家属在西,安得无此虑也!"虔通曰:"我子弟已壮,诚不自保,正恐旦暮及诛,计无所出。"德戡曰:"同相忧,当共为计取。骁果若走,可与俱去。"虔通等曰:"诚如公言,求生之计,无以易此。"因递相招诱。又转告内史舍人元敏、鹰扬郎将孟秉,符玺郎李覆、牛方裕,直长许弘仁、薛良,城门郎唐奉义,医正张恺等,日夜聚博,约为刎颈之交,情相款昵,言无回避,于座中辄论叛计,并相然许。时李孝质在禁,令骁果守之,中外交通,所谋益急。赵行枢者,乐人之子,家产巨万,先交智及,勋侍杨士览者,宇文甥,二人同告智及。智及素狂悖,闻之喜,即共见德戡,期以三月十五日举兵同叛,劫十二卫武马,虏掠居人财物,结党西归。智及曰:"不然。当今天实丧隋,英雄并起,同心叛者已数万人,因行大事,此帝王业也。"德戡然之。行枢、薛良请以化及为主,相约既定,方告化及。化及性本驽怯,初闻大惧,色动流汗,久之乃定。[①]

据上引史文,宇文化及徒党谋叛因缘有二:其一,李密据有洛口,炀帝不敢西归,从行将士多关中人,家属在西,久客思归而欲归不能;其二,李孝常以华阴叛,炀帝收其二弟欲杀之,从行将士惧遭孝常二弟同样之命运,故相率谋叛。所谓"李密据洛口",指瓦岗军李密此时已占据东都洛阳巩县东洛口仓并筑城为根本,与坚守洛阳之隋将王世充相持,但此时东都尚为隋守,李密与王世充亦互有胜负,若此时炀帝率众西归与王世充会合,李密能否自保都存疑问,故谓炀帝惧李密而不敢西归应不尽然,即使有所关系恐怕也不

---

① 《隋书》,第1888—1889页。

是主因①；笔者认为，促使炀帝不敢西归并激成江都弑逆之关键在于"李孝常以华阴叛"。所谓"李孝常以华阴叛"，即炀帝大业十三年（617）九月华阴令李孝常以永丰仓叛归李渊事，此对李渊顺利入关、速定关中乃至隋末总体局势皆有深刻影响②。

李渊自大业十三年五月太原起兵，至十一月入长安，其间在河东逗留甚久，考其缘由，乃因在隋末大饥荒之背景下极为关键之粮食问题未能解决③。事实上，这一问题始终影响着李渊进军。我们先考察一下河东之形势。隋末饥荒，河东亦未能免。《隋书》卷四三《杨子崇传》："（大业末）出为离石郡太守……时百姓饥馑，相聚为

① 有关隋末洛口仓地望及李密据仓与王世充相持事，可见参王伊同《隋黎阳、河阳、常平、广通、兴洛、回洛六仓考》，收入《王伊同学术论文集》，中华书局 2006 年版，第 172—173 页；前揭拙撰《隋末粮仓与群雄盛衰》，《魏晋南北朝隋唐史资料》第 20 辑，第 85—87 页。

② 永丰仓在隋末的重要意义，前人已有指出，如汪篯《武则天》云："唐能取得天下的重要原因之一，是手里掌握了粮食，而李孝常就是华阴令，掌握永丰仓，唐高祖兵临黄河，李孝常降了唐。他的投降，使唐得到永丰仓的大批存粮。"又《唐室之克定关中》云："永丰仓更是河渭转漕、米粮屯聚之中心，尤具军事、经济两方面之价值，是皆兵家之所争。"以上两文均收入《汪篯汉唐史论稿》。艾冲《隋唐永丰仓考论》（《陕西师范大学学报》1997 年第 2 期）云："永丰仓是河渭转漕粮米屯聚中心，具有重大的军事意义，故成为兵家必争之要地。"又前揭拙撰《隋末粮仓与群雄盛衰》一文对李孝常华阴之叛与李渊入关及江都弑逆事件之关系有详细讨论，本章以下有关李孝常华阴之叛的讨论多与之同，但亦有所增删。

③ 隋末大乱，海内纷纭，群雄并起，其原因固出多端；而水旱相荐、赋役繁兴所致之连年饥荒，即为其中重要因素之一。隋末饥荒与农民起义之关系，汪篯《关于隋末农民大起义的发源问题》（收入《汪篯汉唐史论稿》）已有所论述，但仅限于山东地区。事实上，不仅山东地区，河南、江淮、关中、河东等全国各地饥荒均相当严重，如《隋书》卷二四《食货志》："自燕、赵跨于齐、韩，江、淮入于襄、邓，东周洛邑之地，西秦陇山之右，僭伪交侵，盗贼充斥。宫观鞠为茂草，乡亭绝其烟火，人相啖食，十而四五……是时百姓废业，屯集城堡，无以自给。然所在仓库，犹大充牣，吏皆惧法，莫肯拯救，由是益困。初皆剥树皮以食之，渐及于叶，皮叶皆尽，乃煮土或捣藁为末而食之。其后人乃相食。"（第 673—688 页）《隋书》卷七〇《李密传》记李密说翟让之言："蝟毛竞起，海内饥荒。"（第 1627 页）同卷史臣曰："皆苦于上欲无厌，下不堪命，饥寒交切，救死萑蒲。"（第 1635 页）民饥无食，天下大乱，群雄因之竞起，其大者，山东则李密，河南则王世充，河北则窦建德，河东则李渊，及江都弑逆之宇文化及。群雄既因饥荒而起，解决粮食供应乃首要问题：一方面，需要保证军粮供给；另一方面，需要赈济饥民以收拾民心。

盗。"①《隋书》卷六五《王仁恭传》:"(大业末)领马邑太守……于时天下大乱,百姓饥馁。"② 离石、马邑俱属河东,河东地区之饥荒由此可见一斑。

大业十三年七月癸丑(五日),李渊率军发自太原,挥师西进,直指长安③。《大唐创业起居注》卷二:

> 壬戌(十四日),霖雨甚,顿营于贾胡堡。去霍邑五十余里,此县西北抗汾水,东拒霍太山,守险之冲,是为襟带。西京留守代王遣骁将兽牙郎将宋老生,率精兵二万拒守。又遣左武侯大将军屈突通将辽东兵及骁果等数万余人据河东,与老生相影响。仍命临汾以东诸郡,所在军民城守。④

隋室在河东的布置,显然是利用当时饥荒,实行重兵屯守、坚壁清野的战略,以待唐军粮乏。同书同卷续云:

> 于时秋霖未止,道路泥深。帝乃命府佐沈叔安、崔善为等间遣羸兵往太原,更运一月粮,以待开霁。⑤

此时军中有退兵之议,同书同卷:

> 时有流言者云:突厥欲与武周南入,乘虚掩袭太原。帝集文武官人及大郎、二郎等而谓之曰:"(前略)诸公意谓何?"议者以"老生、突厥相去不遥,李密谲诳,奸谋难测。突厥见

---

① 《隋书》,第1215页。
② 《隋书》,第1535—1536页。
③ 李渊进军路线及日程主要依据温大雅《大唐创业起居注》,并参考新旧《唐书》、《资治通鉴》,除疑难之处外不另出注;又日干支之推定,参据陈垣先生之《二十史朔闰表》,亦不一一注出。
④ 《大唐创业起居注笺证》,第72页。
⑤ 《大唐创业起居注笺证》,第73页。

利则行，武周事胡者也。太原一都之会，义兵家属在焉。愚夫
所虑，伏听教旨。"帝顾谓大郎、二郎等曰："尔辈如何？"对
曰："（前略）今来禾菽被野，人马无忧，坐足有粮，行即得
众……雨罢进军，若不杀老生而取霍邑，儿等敢以死谢。"……
丙子（二十八日），太原运粮人等至……（八月）辛巳（三日）
旦，发引，取傍山道而趋霍邑……帝谓大郎、二郎曰："（前
略）唯恐老生怯而不战，闭门城守，其若之何？"①

退兵之议表面因为惧突厥、武周掩袭太原，主要则为军中粮乏
之故，观遣沈叔安、崔善为等专返太原运粮即可知②。建成、世民等
所谓"今来禾菽被野，人马无忧，坐足有粮"，若非安慰李渊之语，
即为史官夸饰之辞，而非实情。太原粮到后之五日即引师趋霍邑，
军粮供应之重要性由此可见。但太原所运之粮仅够一月之需，故李
渊唯恐老生守城不战。下霍邑后，"癸巳（十五日），至于龙门
县"③。此时唐军已临黄河，但并未即行渡河而仍逗留于河东，颇值
玩味。盖此时粮食供应仍依赖太原，若贸然入关，不仅难以保证军
粮供应，亦无以赈济饥民以稳定关中局势。解决此问题之关键，则
在于取得华阴之永丰仓。

永丰仓为关东、河东漕粮转运入关再至京师之枢纽，即所谓
"漕关东及汾、晋之粟，以给京师"者④，意义相当特殊，其得失紧
紧关系着时局之变化。隋末群雄，自大业九年（613）杨玄感起兵，
即已注意及此。《隋书》卷七〇《杨玄感传》：

---

① 《大唐创业起居注笺证》，第91—94页。
② 《旧唐书》卷一《高祖纪》云："（大业十三年七月）丙辰，会师次灵石县，营于
贾胡堡……会霖雨积旬，馈运不给，高祖命旋师，太宗切谏乃止。"（第3页）卷二《太
宗纪上》亦云："大军西上贾胡堡……会久雨粮尽，高祖与裴寂议，且还太原，以图后
举。"第22页。
③ 《大唐创业起居注笺证》，第105页。
④ 《隋书》卷二四《食货志》，第683页。

　　复请计于(李)子雄,子雄曰:"东都援军益至,我师屡败,不可久留。不如直入关中,开永丰仓以拯贫乏,三辅可指麾而定。据有府库,东面而争天下,此亦霸王之业。"会华阴诸杨请为向导,玄感遂释洛阳,西图关中。①

　　按,杨玄感认同李子雄取永丰定关中之策,故释洛阳而西图关中,只是中途贻误、进展不顺,永丰未下而已为追兵所败②。当李渊起兵后,说其取永丰仓以定关中者不乏其人,高祖亦深以为然。《旧唐书》卷五九《任瓌传》:

　　义师起,瓌至龙门谒见……瓌曰:"(前略)鼓行整众,入据永丰,虽未得京城,关中固已定矣。"高祖曰:"是吾心也。"③

同书卷一八五上《良吏·薛大鼎传》:

　　义旗初建,于龙门谒高祖,因说:"请勿攻河东,从龙门直渡,据永丰仓,传檄远近,则足食足兵。既总天府,据百二之所,斯亦扪背扼喉之计。"高祖深然之。④

同书卷五三《李密传》记李渊得李密合纵同盟之书后云:

　　我得入关,据蒲津而屯永丰,阻崤函而临伊、洛,吾大事

---

　　① 《隋书》,第1618页。
　　② 《隋书》卷七〇《杨玄感传》:"宇文述等诸军蹑之。至弘农宫,父老遮说玄感曰:'宫城空虚,又多积粟,攻之易下。进可绝敌人之食,退可割宜阳之地。'玄感以为然,留攻之,三日城不下,追兵遂至……玄感大败……自知不免,谓(弟)积善曰:'事败矣。我不能受人戮辱,汝可杀我。'积善抽刀斫杀之。"第1618—1619页。
　　③ 《旧唐书》,第2323页。
　　④ 《旧唐书》,第4787页。

济矣。①

李渊挥师进至黄河边而迟疑不渡，即因未取永丰仓之故。当李孝常以华阴来叛、永丰仓为李渊所有之后，形势即焕然一变。

《大唐创业起居注》卷二：

> （大业十三年九月）丙辰（八日）……华阴县令李孝常据永丰仓，遣子弟妹夫窦轨等送款，仍便应接河西关上兵马……帝曰："吾未济者，正须此耳，今既事办，可以济乎！"乃命所司以少牢祀河。庚申（十二日），率诸军以次而渡。②

自八月癸巳始临河至九月庚申渡河，唐军已滞留二十七天；而自七月丙子太原所运一月粮到军至九月丙辰，已历四十天，正是军粮紧缺之时，李孝常以永丰仓来叛，其意义之重大不言而喻。四日之后，李渊即率军渡河，入据永丰以定关中而争天下之战略得以迅速实施。《大唐创业起居注》卷二：

> 丙寅（十八日），遣世子陇西公将司马刘文静、统军王长谐姜宝谊窦综诸军数万人屯永丰仓，守潼关，备他盗……庚午（二十二日），南过永丰仓……帝至仓所劳军，见箱廪填实，铭题数多，喜谓从者曰："千里远来，急于此耳。此既入手，余复何论。食之与兵，今时且足，信出于己久行。诸将俱谨备守，无为他虑。"未下马，仍开仓大赈饥民。③

李渊一方面遣重兵屯守永丰仓（太原起兵分左右共六统军，李

---

① 《旧唐书》，第2221页。
② 《大唐创业起居注笺证》，第119页。
③ 《大唐创业起居注笺证》，第124—132页。

建成所率三统军当为左军,即全部兵力之一半),并亲至劳军;另一方面,"未下马,仍开仓大赈饥民",急切之情见于其行。永丰既为唐守,局势乃急转直下。《大唐创业起居注》卷二:

> 旬日间,京兆诸贼四面而至,相继归义,罔有所遗。商农工贾,各安其业。京城留守代王及尚书卫文昇、将军阴世师、京兆丞骨仪等,以帝威德遐振,民愿所从,恐京邑之人,一旦去尽,乃闭门拒守,运粮入宫。①

至此,如之前任瓌对李渊进策时所谓之"入据永丰,虽未得京城,关中固已定矣",终于变成现实,李渊得以避免重蹈杨玄感败亡之覆辙,李唐帝业迈出关键一步。

华阴之叛既使李渊顺利入关,也从两方面促成宇文化及江都弑逆之举。其一,断绝炀帝西归之望,使炀帝与从行将士之间产生矛盾。李孝常大业十三年九月戊午(十日)以华阴叛,据《隋书》卷四《炀帝纪下》:

> (大业十三年)九月己丑,帝括江都人女寡妇,以配从兵。②

是年九月己酉朔,无己丑,此处干支纪日有误,《资治通鉴》卷一八四隋恭帝义宁元年有见于此,乃云:

> 九月,悉召江都境内寡妇、处女集宫下,恣将士所取。③

按,九月有己巳(二十一日),在戊午后十一天,丑、巳形近,

① 《大唐创业起居注笺证》,第126页。
② 《隋书》,第93页。
③ 《资治通鉴》,第5751页。

故己丑当为己巳之误。如此则炀帝"括江都人女寡妇，以配从兵"在李孝常叛后。又《大唐创业起居注》卷三云：

> 炀帝知唐据有西京，过江计定，仍先分骁果往守会稽，诳之云往东吴催米，故化及等因之而作难。①

可以认为，九月戊午，李孝常以华阴叛，永丰、潼关为唐守，炀帝入关无望，乃决意经营江南，遂有九月己巳括江都女妇以配从兵之举。

其二，华阴之叛使炀帝怒而收禁李孝常两弟并欲杀之，导致欲谋逃归将士之恐惧进而图谋叛逆。前引《隋书》卷八五《宇文化及传》云：

> （司马德戡）共所善武贲郎将元礼、直阁裴虔通互相扇惑曰："今闻陛下欲筑宫丹阳，势不还矣。所部骁果莫不思归，人人耦语，并谋逃去……进退为戮，将如之何？"虔通曰："上实尔，诚为公忧之。"德戡谓两人曰："我闻关中陷没，李孝常以华阴叛，陛下收其二弟，将尽杀之。吾等家属在西，安得无此虑也！"……时李孝质在禁，令骁果守之，中外交通，所谋益急。②

炀帝西归无望，从行将士则思归；又见炀帝以李孝常叛而收其二弟欲杀之，而惧遭孝常二弟同样之命运，故相率谋叛，酿成江都弑逆。又，因李孝常华阴之叛而遭炀帝收系之孝常二弟，亦参与弑逆事件。孝常二弟之名史未明言，据前引"陛下收其二弟""时李孝质在禁，令骁果守之"及"右屯卫将军宇文化及……千牛左右李

---

①　《大唐创业起居注笺证》，第178页。
②　《隋书》，第1888—1889页。

孝本、弟孝质……等，以骁果作乱，入犯宫闱"等语，可知被炀帝所收禁之李孝常二弟即直接参与弑逆事件之宇文化及党羽千牛左右李孝本、李孝质兄弟①。

如上所论，李孝常华阴之叛使炀帝西归无望，激化炀帝与从行关中将士的矛盾，从而导致江都弑逆且李孝常二弟李孝本、李孝质均参与其事，可以说，尽管隋末江都弑逆有多方面之因素，但李孝常兄弟三人却是促成事件发生之直接和主要推动者。

无论大业十三年（617）九月李孝常华阴之叛还是随后义宁二年（618）三月江都弑逆，李孝常兄弟均站在炀帝之对立面，那么，李氏兄弟此种政治抉择究竟因何而来？笔者认为，当与隋文帝太子杨勇被废黜有关。如本书此前所论，隋文帝开皇二十年（600）太子杨勇被废，但文帝谋废太子之举措在此之前已在逐步进行，尤其开皇十七年（597）刘居士案，更是废黜太子之重要一步；太子勇与居士党关系非常，即刘居士集团为忠于太子勇之公卿子弟武力集团②。

刘居士案发时，"公卿子弟坐居士除名者甚众"③，但这些公卿子弟极少见载于史，刘居士以外，我们仅能发现两人之名，即李孝常与陈政。《隋书》卷六四《陈茂附子政传》：

> 少养宫中，年十七，为太子千牛备身。时京师大侠刘居士重政才气，数从之游。（李）圆通子孝常与政相善，并与居士交结。及居士下狱，政及孝常当从坐。④

---

① 李孝常、李孝本、李孝质为兄弟三人，此点汪篯先生早已简要指出："家属在西之将吏，亦鉴于李孝常以永丰仓降唐致其弟孝本、孝质得罪被系事，而惧祸谋叛……李孝本、李孝质兄弟则为京兆泾阳人，其父圆通少给使隋文帝家，因致显宦。"汪篯：《宇文化及之杀炀帝及其失败》，收入《汪篯汉唐史论稿》，第531—535页。

② 详细讨论请参本书第五章《隋乱唐兴：太子勇之废黜与隋唐间政局变迁》。

③ 《资治通鉴》，第5557页。

④ 《隋书》，第1509页。

又同书同卷《李圆通附子孝常传》：

> 子孝常，大业末，为华阴令。①

陈政以太子千牛备身为居士党，李孝常虽未明言其与太子关系，但以其功臣子身份及与居士、陈政交结之事实，亦可推论其为太子之党；而且从众多公卿子弟牵涉刘居士案却仅有陈政、李孝常明确见于记载来看，陈政、李孝常当系忠于太子杨勇之刘居士集团的重要成员。另据新出唐高宗麟德二年《姬揔持墓志》：

> 夫人讳揔持，河南人也……曾祖肇，魏使持节、龙骧将军、假辅国将军、朔州总管，驸马都尉，神水郡开国公，周侍中、雍州牧、东阳郡开国公……祖威，隋右卫率，敦煌、龙泉二郡太守，骠骑将军、司农卿、右光禄大夫，汾源良公……父权，随尚舍直长，通乐府鹰扬郎将、朝请大夫……年甫十四，量越成人，时有英贤，来求淑媛。义安王孝常第六子、太子左千牛、上大将军义余，恃潘杨之戚，慕齐秦之偶，籍彼良媒，祈诸作配。逮乎三星已见，百两云迎，和若瑟琴，坚同胶漆……忽于贞观年始，王坐刘裕身亡，夫人缘此入宫，寻蒙保傅。②

可知李孝常入唐后，其子李义余娶姬威孙女姬揔持，而此姬威，即隋文帝太子勇东宫幸臣，唐初两家之联姻，很可能亦源于两人均

---

① 《隋书》，第 1508 页。

② 《姬揔持墓志》，图版收入齐运通主编《洛阳新获七朝墓志》，中华书局 2012 年版，第 84 页；录文见前揭仇鹿鸣《新见〈姬揔持墓志〉考释——兼论贞观元年李孝常谋反的政治背景》。

曾为太子勇党成员①。

明了李孝常与太子杨勇之特殊关系后，隋末李孝常及其二弟李孝本、李孝质种种不利炀帝之举动即可得以合理解释：李孝常兄弟三人俱非炀帝纯臣，推其叛逆之由，则与太子勇有关，孝常为太子勇党刘居士集团成员，颇疑孝本、孝质亦太子勇党②。又，《隋书》卷六四《陈茂附子政传》：

> 宇文化及之乱也，以为太常卿。后归大唐，卒于梁州总管。③

陈政与李孝常俱属刘居士集团重要成员亦即为太子勇之党，史书虽未明确记载陈政是否参与江都弑逆，但其弑逆事件后被宇文化及委任为太常卿之高官，故推测亦应属于宇文化及阵营而反对炀帝，此与李孝常兄弟在隋末的政治态度一致并可互相印证。

综合以上所论，笔者认为，隋文帝开皇十七年与废黜太子勇有关之刘居士案，表明李孝常系太子勇之党羽，由此导致李孝常在隋炀帝大业十三年以华阴叛归李渊，从而使李渊解除粮草之忧顺利入关，李渊据永丰以定关中而争天下之战略得以迅速实施；同时，华阴之叛断绝炀帝西归之望，激化炀帝与从行将士间矛盾，促成江都弑逆之发生且李孝常二弟亦直接参与。炀帝江都遇弑后，隋室之中

---

①　《隋书》卷四五《文四子·房陵王勇传》："晋王又令段达私于东宫幸臣姬威，遗以财货，令取太子消息，密告杨素。于是内外喧谤，过失日闻。段达胁姬威曰：'东宫罪过，主上皆知之矣，已奉密诏，定当废立。君能告之，则大富贵。'威遂许诺……是时姬威又抗表告太子非法。"（第1233—1234页）按，姬威为晋王所胁迫而告发太子勇，更多系太子被废已成定局情形下自保行为，所以入唐以后，李孝常与姬威两家仍来往亲密以至联姻而不以为嫌。

②　炀帝所以容忍孝常兄弟且以孝本、孝质为千牛左右，亦有其苦衷。因居士党实为公卿子弟武力集团即隋室之少壮力量，乃当时举足轻重之势力，炀帝虽立，太子勇虽废，文帝虽曾打击此集团，然隋不亡则其根基在，炀帝惟有优容甚至倚重之。《隋书》卷二五《刑罚志》所载炀帝诏书正反映其优容之举措："诸犯罪被戮之门，期已下亲，仍令合仕，听预宿卫近侍之官。"第716页。

③　《隋书》，第1509页。

坚力量随之瓦解，在李渊已入长安挟幼主以总朝政之情势下，忠于隋室者亦再无所依凭，李渊关中之地位更形稳固，李唐统治初步确立。可以说，李孝常兄弟在隋唐嬗替过程中具有举足轻重之地位与作用，故而李孝常在入唐后受到极高礼遇与特殊封赏，但是，时局变化难料，随李世民在唐初储位之争中最终战胜李建成、李元吉而登上皇位，贞观年间李孝常及其家族命运又发生重大转折。

二 李孝常家族与唐初政局：以李孝常 谋逆事件为中心

李孝常入唐后以华阴归附之功，颇受尊崇与礼遇。《北史》卷七五《李圆通附子孝常传》：

> 武德初，以应义旗功，封义安王。①

《唐会要》卷六五《宗正寺》：

> 其年（武德元年）十二月六日，义安郡王李孝常赐属籍宗正寺。②

《旧唐书》卷一《高祖纪》：

> （武德元年十二月）丁丑（七日），封上柱国李孝常为义安王。③

---

① 《北史》，第 2573 页。
② 宋·王溥：《唐会要》，上海古籍出版社 2006 年版，第 1348 页。
③ 《旧唐书》，第 8 页。赐属籍宗正在封义安王前一天，参上条《唐会要》引文，所谓"义安郡王李孝常"乃以其后所封言之；赐属籍当为封王之预备，因宗室封王则属寻常，由此益可见李孝常华阴之叛之特殊意义及唐室之煞费苦心。

《册府元龟》卷三八四《将帅部·褒异》：

> 李孝常，隋末为华阴令，率兵守永丰仓，阴图附义，以仓城来降。拜为左卫大将军，从平薛仁果，力战有功。高祖又念以其仓归义，手敕褒美，进爵义安王，邑三千户，着属籍宗正。高祖临朝，每赐同榻而坐，其宠遇如此。①

唐初功臣，除宗室封王及割据之群雄来附为笼络安抚而赐姓封王之外②，例不封王，即使太原创业元勋如裴寂、刘文静亦仅封国公③。李孝常既非宗室又出身微贱，既非割据之群雄又无赫赫之功名，先蒙属籍宗正已不寻常，属籍次日封义安王更是唐初仅见之例外，且得"高祖临朝，每赐同榻而坐"之宠遇。唐高祖李渊如此格外优待李孝常，正是李孝常华阴之叛于隋末局势造成重大影响之反映。

但是，李孝常所受礼遇仅维持至高祖武德年间。当武德九年（626）六月四日玄武门事变、秦王李世民诛杀太子建成及齐王元吉、迫使高祖禅位之后，李孝常及其家族命运骤然转折，唐太宗贞观元年（627）十二月，李孝常即以谋逆被诛。作为唐初政治中一件大事，李孝常谋逆在文献中记载却甚少。《旧唐书》卷二《太宗纪上》：

> （贞观元年十二月）戊申，利州都督义安王孝常、右武卫将

---

① 《册府元龟》，第4567页上。

② 如《旧唐书》卷五六《杜伏威传》："伏威请降。高祖遣使就拜东南道行台尚书令、江淮以南安抚大使、上柱国，封吴王，赐姓李氏，预宗正属籍。"（第2268页）同书同卷《罗艺传》："武德三年，奉表归国，诏封燕王，赐姓李氏，预宗正属籍。"第2278页。

③ 裴寂封魏国公，刘文静封鲁国公，参《旧唐书》卷五七《裴寂传》、《刘文静传》。

军刘德裕等谋反，伏诛。①

《资治通鉴》卷一九二唐太宗贞观元年：

> （十二月）戊申，利州都督李孝常等谋反，伏诛。孝常因入朝，留京师，与右武卫将军刘德裕及其甥统军元弘善、监门将军长孙安业互说符命，谋以宿卫兵作乱。安业，皇后之异母兄也。②

《文苑英华》卷八七五载唐·李峤《攀龙台碑》：

> 利州都督、义安郡王孝常称乱剑南，扇动夷落，孝常诛死，余党分窜，劫掠未息，朝廷患之。③

最详之记述见于《册府元龟》卷九二二《总录部·妖妄》：

> 李孝常，隋兵部尚书圆通之子。高祖时为利州都督，每以佃猎为务。太宗嗣位，表请入朝，因留京师。其子义宗坐劫盗被诛，因此怨望，与刘德裕等阴图不轨，其子义立谓其友人蔡悍曰："我常从齐王游猎，与王相失道，傍见一老母，眉发皓然。我问王所在，答曰：'汝即王也。'因忽不见。"鄠县丞李延曰："往于太和谷得一石，其状如龟，外有秊圆，郭中有常字。又新钱文曰：'开元通宝。'此即圆通之子孝常之符命也。"有刘文赞者又言："卫元高诗云'天道自常'，此则孝常之谶矣。"德裕乃与孝常之甥统军元宏善及监门将军长孙业，谋以入直之夜，勒兵以起大事，尊李孝常为帝。德裕，武德初自洛阳

---

① 《旧唐书》，第33页。
② 《资治通鉴》，第6039页。
③ 宋·李昉等编：《文苑英华》，中华书局1966年版，第4618页上。

归国，为秦王府库直骑，历护军、太子左内率，迁为将军，与孝常通谋，克日将反。其子孝本又谓贺娄善积曰："我父好酒豁达，有汉高之风，手握禁兵，而左骁卫大将军刘宏基、右骑卫大将军长孙顺德、郎将元律、城门郎韦元整等，深亲善。今起大事，啸命必成，不宜屈于人下。"刘文赞亦奖成其事。德裕曰："我生日有异，当汝请。又大业初童谣曰：'白杨树下一池水，决之则是刘，不决则为李。'但李在未决之前，刘居已决之后，明知李氏以后，天下当归我家，当为决之，顺天之命耳。"后谋泄，及其党羽皆伏诛，死者十二人。①

　　李孝常谋逆事件大致梗概如此，有关具体细节及李孝常与同党刘德裕所存在之竞争关系，本章不拟深究，而是主要探讨李孝常之所以谋逆之原因。论者已经指出，李孝常谋逆原因在于李孝常家族政治倾向偏于高祖及隐太子建成一党，即与玄武门之变有关②，此点我们表示基本赞同；但是，李孝常家族为何偏向李建成一党？李孝常谋反对于贞观年间政治走向产生何种影响？对以上问题，笔者将加以重点关注和层层剖析。

　　李孝常家族入唐后政治倾向偏向隐太子建成一党，既有现实因素，也有历史渊源。李孝常以华阴降后，李渊兵分两路：一路以李建成率左军屯守永丰仓与潼关并与东面来袭之隋将屈突通激战③，一

---

　　①　宋·王钦若等编：《宋本册府元龟》（全四册），中华书局1989年版，第3659页上—下。按，中华书局影印明本《册府元龟》（全十二册），本条叙事后半段错乱过甚，文不可读，故不引（《册府元龟》，中华书局1960年版，第10888页下—10889页上）。

　　②　前揭仇鹿鸣《新见〈姬揔持墓志〉考释—兼论贞观元年李孝常谋反的政治背景》。

　　③　《旧唐书》卷五九《屈突通传》："义兵起，代王遣通进屯河东。既而义师济河，大破通将桑显和于饮马泉，永丰仓又为义师所克。通大惧，留鹰扬郎将尧君素守河东，将自武关趋蓝田以赴长安。军至潼关，为刘文静所遏，不得进，相持月余。通又令显和夜袭文静，诘朝大战，义军不利。显和纵兵破二栅，惟文静一栅独存，显和兵复入栅而战者往覆数焉。文静为流矢所中，义军夺气，垂至于败。显和以兵疲，传餐就食，文静因得分兵以实二栅。又有游军数百骑自南山来击其背，三栅之兵复大呼而出，表里奋击，显和军溃，仅以身免，悉虏其众，通势弥蹙。"第2320—2321页。

路以李世民率右军西进略定关中①。李建成既屯永丰，则以永丰（华阴）来附之李孝常当隶其麾下，因此李孝常当与李建成而非李世民关系更亲密。另一方面，李建成立为太子后，其东宫官属竟有不少与前朝隋文帝太子杨勇关系颇深，《新唐书》卷二〇一《文艺上·袁朗传》：

> 武德初，隐太子与秦王、齐王相倾，争致名臣以自助。太子有詹事李纲、窦轨、庶子裴矩、郑善果、友贺德仁、洗马魏征、中舍人王珪、舍人徐师谟、率更令欧阳询、典膳监任璨、直典书坊唐临、陇西公府祭酒韦挺、记室参军事庾抱、左领大都督府长史唐宪。

其中太子建成东宫官中直典书坊唐临，据《旧唐书》卷八五《唐临传》：

> 唐临，京兆长安人，周内史瑾孙也。其先自北海徙关中。伯父令则，开皇末为左庶子，坐谄事太子勇诛死……武德初，隐太子总兵东征，临诣军献平王世充之策，太子引直典书坊，寻授右卫率府铠曹参军。宫殿废，出为万泉丞。

唐临伯父令则，为隋太子勇宠臣，勇废时被诛②，而且，参与隋末江都弑逆之唐奉义，很可能即唐令则之子③。又左领大都督府长史

---

① 详细讨论请参本书第六章《李世民之崛起：隋末李渊起兵左右军考略》。

② 《隋书》卷四五《文四子·房陵王勇传》："太子左庶子唐令则，策名储贰，位长宫僚，谄曲取容，音技自进，躬执乐器，亲教内人，赞成骄侈，导引非法……凡此七人，为害乃甚，并处斩，妻妾子孙皆悉没官。"第1237页。

③ 《新唐书》卷七四下《宰相世系表四下》唐氏条载唐（令）则子二人：推贤字尚直，让德字后己。（第3237—3238页。）以名、字推之，奉义可能即令则另一子而史缺载，唐令则为太子勇之左庶子，勇废时被杀，若奉义为令则子，则恰能解释奉义何以预于江都弑逆。

唐宪,曾为隋太子勇东宫左勋卫,勇废时罢归①。又太子詹事窦轨为李孝常妹夫,而李孝常前已论证其为隋太子勇党羽。显然,李建成东宫属僚有相当部分与隋太子勇有着直接或间接之关联,亦即有史可考之太子勇余党入唐以后多投入李建成麾下,此系李孝常家族之政治立场偏于隐太子建成之历史渊源。

隋太子勇余党入唐后倾向于李建成,又与隋末李渊起兵后对隋炀帝与太子勇所持不同态度有关。李渊起兵时及起兵后,多次公开指责隋文帝废嫡(太子勇)立庶(炀帝),其同情太子勇而贬斥炀帝之态度相当鲜明②,如《大唐创业起居注》卷一载发晋阳誓众文谓:

> (隋文帝)轻易元良,废守器之长,立不才之庶,兆乱之萌,于是乎在。③

又同书同卷其后记裴寂对李渊云:

> 文皇传嗣后主,假权杨素,亡国丧家,其来渐矣。民怨神怒,降兹祸乱,致天之罚,理亦其宜。"④

又《旧唐书》卷五七《刘文静传》:

> 因遣文静使于始毕可汗,始毕曰:"唐公起事,今欲何为?"

---

① 《新唐书》卷八九《唐俭附弟宪传》:"仕隋为东宫左勋卫。太子废,罢归。不治细行,好驰猎,藏亡命,所交皆博徒轻侠。高祖领太原,颇亲遇之,参与大议。义师起,授正议大夫,置左右,尤所信倚。"第3760页。

② 李渊此种态度,一方面因为在隋末政治混乱之时反对炀帝具有舆论优势,另一方面当与隋末太子勇余党多逃亡晋阳集结于李渊麾下有关,关于此点请参本书第五章《隋亡唐兴:太子勇之废黜与隋唐间政局变迁》相关论述。

③ 《大唐创业起居注笺证》卷二,第63页。

④ 《大唐创业起居注笺证》卷一,第45页。

文静曰："皇帝废冢嫡，传位后主，致斯祸乱。唐公国之懿戚，不忍坐观成败，故起义军，欲黜不当立者。"①

自隋末李渊以反对隋文帝废嫡立庶、"欲黜不当立者（指炀帝）"为号召举起反隋大旗之后，李渊就在其反隋事业中一定程度上建立了对于隋文帝、炀帝父子之道义优势，而以后唐王朝同情太子勇之政治表态不会亦不能轻易改变，盖此种姿态正是标榜李渊晋阳起兵正当性及隋室覆亡必然性之冠冕堂皇理由。因此，在唐初官修之《隋书》中，贬斥隋文帝废嫡、炀帝夺嫡与同情太子勇成为叙述基调，如《隋书》卷二《高祖纪下》"史臣曰"：

听哲妇之言，惑邪臣之说，溺宠废嫡，托付失所。灭父子之道，开昆弟之隙，纵其茅斧，翦伐本枝。坟土未干，子孙继踵屠戮，松槚才列，天下已非隋有，惜哉。迹其衰怠之源，稽其乱亡之兆，起自高祖，成于炀帝，所由来远矣，非一朝一夕。其不祀忽诸，未为不幸也。②

同书卷四《炀帝纪下》"史臣曰"：

矫情饰貌，肆厥奸回，故得献后钟心，文皇革虑，天方肇乱，遂登储两。③

同书卷四五《文四子传》"史臣曰"：

房陵资于骨肉之亲，笃以君臣之义，经纶缔构，契阔夷险，抚

① 《旧唐书》，第2292页。
② 《隋书》，第55—56页。
③ 《隋书》，第95页。

军监国，凡二十年。虽三善未称，而视膳无阙。恩宠既变，谗言间之，顾复之慈，顿隔于人理，父子之道，遂灭于天性。隋室将亡之效，众庶皆知之矣。《慎子》有言曰："一兔走街，百人逐之，积兔于市，过者不顾。"岂其无欲哉？分定故也。房陵分定久矣，高祖一朝易之，开逆乱之源，长觊觎之望……自古废嫡立庶，覆族倾宗者多矣，考其乱亡之祸，未若有隋之酷。《诗》曰："殷鉴不远，在夏后之世。"后之有国有家者，可不深戒哉！①

李渊起兵伊始即孜孜于指斥隋文帝废嫡立庶并以之作为舆论与道义优势，必然会对现实政治起到明显引导，从而在某种意义上可以说，隋太子勇余党入唐后政治立场倾向李建成（李渊嫡长子，太子，皇位之正当继承者）而非李世民（次子，秦王，阴谋夺嫡者），乃是一种必然。

因李渊指斥隋文帝废嫡立庶、否定隋炀帝承统之合法性，所以在炀帝于江都遇弑后，李渊对参与江都弑逆之宇文化及逆党的态度与当时另外两大政治势力之领袖窦建德、李密迥然不同。与宇文化及同谋弑逆者十八人，加弑杀炀帝者三人②，则宇文化及逆党可考者

① 《隋书》，第 1246—1247 页。
② 按，《隋书》卷六五《赵才传》云："才尝对化及宴饮，请劝其同谋逆者一十八人杨士览等酒，化及许之。才执杯曰：'十八人止可一度作，勿复余处更为。'诸人默然不对。"（第 1541 页）故同谋弑逆者应为宇文化及等十九人，《隋书》卷四《炀帝纪下》已列出十六人之名：宇文化及、司马德勘、元礼、裴虔通、宇文智及、赵行枢、孟秉、元敏、李覆、牛方裕、李孝本、李孝质、许弘仁、薛世良、唐奉义、张恺。又据《隋书》卷八五《宇文化及传》："遣令狐行达弑帝于宫中。"（第 1890 页。）及《通志》卷一六四《宇文述附子化及传》："令果毅郎将马文举将帝出江都门，以示群贼，复将入宫，帝曰：'我有何罪致此？'文举数其五罪，使令狐达与骁果于弘达牵顿使坐，以练布缢帝于寝殿。"（宋·郑樵：《通志》，中华书局 1987 年版，第 2660 页中—下）则弑杀炀帝之人为马文举、令狐行达、于弘达三人。合预谋者与弑杀者共二十二人。《旧唐书》卷三《太宗纪下》贞观七年正月戊子诏列二十人之名：宇文化及、宇文智及、司马德戡、裴虔通、孟景、元礼、杨览、唐奉义、牛方裕、元敏、薛良、马举、元武达、李孝本、李孝质、张恺、许弘仁、令狐行达、席德方、李覆，不及赵行枢与于弘达，当因其早死且无后或子孙湮没无闻。

共二十二人：宇文化及、宇文智及、司马德戡、裴虔通、孟景、元礼、杨览、唐奉义、牛方裕、元敏、薛世良、元武达、李孝本、李孝质、张恺、许弘仁、席德方、李覆、赵行枢、马文举、令狐行达、于弘达。此二十二人先后有十二人被杀：一，元敏为预谋替炀帝复仇之隋将沈光所杀①；二，司马德戡、赵行枢、李孝本及张恺四人因内部分裂为宇文化及所杀②；三，于弘达为李密执送越王侗而被杀③；四，宇文化及、宇文智及、元武达、孟秉、杨士览及许弘仁等六人为窦建德擒获而被杀④。除去为隋将沈光所杀之元敏与因内讧而被杀之司马德戡、赵行枢、李孝本、张恺等五人外，其余七人均直接或间接死于窦建德、李密之手，可见窦建德与李密虽起兵反隋，但对宇文化及逆党则仍视为乱臣贼子杀无赦。与窦建德、李密相反，入唐之宇文化及逆党可考者，无一被诛且除元礼外均受到优待：二十二人除已知如上十二人被杀外，其余十人中李孝质、席德方、李覆、马文举、令狐行达五人去向、生死不明，其余裴虔通、元礼、唐奉义、牛方裕、薛世良五人均入唐；入唐后，裴虔通"授徐州总管，转辰州刺史，封长蛇男"，唐奉义为"广州都督府长史"，牛方裕为"莱州刺史"，薛世良为"绛州刺史"，仅元礼受唐官爵情况不明⑤。

因李渊以反对隋文帝废嫡立庶、"欲黜不当立者"为号召起而反隋并代隋建唐，从而使李唐王朝将指斥隋炀帝而同情太子勇之政治态度在唐初得到坚决贯彻，无论在唐初官修《隋书》中对隋开皇易储事件之评价还是在唐室对宇文化及逆党之优待中均得以体现；正

① 《隋书》卷六四《沈光传》。
② 《隋书》卷八五《司马德戡传》、《宇文化及传》。
③ 《隋书》卷七〇《李密传》。
④ 《隋书》卷八五《宇文化及传》。
⑤ 《旧唐书》卷二《太宗纪上》贞观二年（628）六月辛卯诏及七月戊申诏，诏文详见下文稍后所引。又，在对待、处置宇文化及逆党态度上，李渊与窦建德、李密有显著差异，此点韩乐学《李渊与江都"弑逆事件"关系的探讨》一文已有揭示，《华中师范大学学报》1992年第1期，第85页。

是在此种舆论与政治导向下,包括李孝常在内的太子勇余党入唐后政治立场倾向于李建成。

李孝常家族因现实因素与历史因缘,入唐后政治立场倾向于李建成,其在唐高祖武德年间家族保持崇高地位,但随玄武门之变发生、秦王李世民在与太子李建成储位之争中获胜之后,李孝常家族之处境变得微妙而尴尬,前引《册府元龟》卷九二二《总录部·妖妄》所谓李孝常"太宗嗣位,表请入朝,因留京师",当系李孝常因受到太宗李世民猜忌而谋自保之举动。但是两者之间的疑忌与矛盾终于无法化解,贞观元年(627)十二月李孝常谋逆事件由此发生。谋逆事件被镇压之后,唐初盛极一时之李孝常家族急遽衰落,但是谋逆事件却为贞观朝政治调整提供了切入点①。

唐太宗系通过弑兄(李建成)杀弟(李元吉)而登帝位,比之前代隋炀帝夺嫡有过之而无不及,自然太宗也和炀帝一样面临着如何处置前太子旧党之棘手问题。隋末炀帝因太子勇旧党(李孝常为关键人物)之反叛而终遭江都被弑,有此前车之鉴,太宗自会苦心思量如何避免隐太子建成余党之反噬,镇压作为隋废太子杨勇旧党之李孝常正是对隐太子建成余党的极佳警诫,隐含着即使是唐室兴起功臣也终将为党于旧主、不顾现实君臣关系而受到惩处。以此为契机,镇压李孝常谋逆事件后不过半年,太宗又对武德年间颇受优待之宇文化及逆党进行政策调整,数年间先后发布三道严厉诏令。《旧唐书》卷二《太宗纪上》:

(贞观二年六月)辛卯,上谓侍臣曰:"君虽不君,臣不可

---

① 甚至,笔者揣测,谋逆乃李孝常无法回避之结局。诚然,李孝常家族政治倾向是招致太宗李世民猜忌之原因,但是,仅仅猜忌并不足迫使李孝常走上谋逆之路,玄武门之变后太宗宽待东宫、齐府旧僚之记载史书屡载且传为佳话;促成李孝常谋逆之更深层或者说更根本原因,或在于通过弑兄而立之太宗需要调整甚至重建道德标准以维护和确保政治秩序之稳定,而李孝常因其与隋唐两代被废或被杀之太子之特殊关系,而成为太宗眼里最合适之惩处对象。所以,所谓李孝常贞观元年谋逆可能系太宗蓄意促成。当然,此点目前仅仅是一种大胆想象,现有材料不足以证明。

以不臣。裴虔通，炀帝旧左右也，而亲为乱首。朕方崇奖敬义，岂可犹使宰民训俗。"诏曰：天地定位，君臣之义以彰；卑高既陈，人伦之道斯著。是用笃厚风俗，化成天下。虽复时经治乱，主或昏明，疾风劲草，芬芳无绝，剖心焚体，赴蹈如归。夫岂不爱七尺之躯，重百年之命？谅由君臣义重，名教所先，故能明大节于当时，立清风于身后。至如赵高之殒二世，董卓之鸩弘农，人神所疾，异代同愤。况凡庸小竖，有怀凶悖，遐观典策，莫不诛夷。辰州刺史、长蛇县男裴虔通，昔在隋代，委质晋藩，炀帝以旧邸之情，特相爱幸。遂乃志蔑君亲，潜图弑逆，密伺间隙，招结群丑，长戟流矢，一朝窃发。天下之恶，孰云可忍！宜其夷宗焚首，以彰大戮。但年代异时，累逢赦令，可特免极刑，除名削爵，迁配驩州。秋七月戊申，诏："莱州刺史牛方裕、绛州刺史薛世良、广州都督府长史唐奉义、隋武牙郎将高元礼，并于隋代俱蒙任用，乃协契宇文化及，构成弑逆。宜依裴虔通，除名配流岭表。"①

同书卷三《太宗纪下》：

（贞观）七年春正月戊子，诏曰："宇文化及弟智及、司马德戡、裴虔通、孟景、元礼、杨览、唐奉义、牛方裕、元敏、薛良、马举、元武达、李孝本、李孝质、张恺、许弘仁、令狐行达、席德方、李覆等，大业季年，咸居列职，或恩结一代，任重一时；乃包藏凶愿，罔思忠义，爰在江都，遂行弑逆，罪百阎、赵，衅深枭獍。虽事是前代，岁月已久，而天下之恶，古今同弃，宜置重典，以励臣节。其子孙并宜禁锢，勿令齿叙。"②

----

① 《旧唐书》，第34—35页。
② 《旧唐书》，第42页。

三道诏令之主旨在于强调"君虽不君，臣不可以不臣"之君臣观，并以此为准绳，将有功于唐但却为隋炀帝逆臣之宇文化及党羽裴虔通等五人及其子孙予以谴责与重处，从而缓和因其不光彩登上帝位而带来之政治困境，一定程度上维护和确保现实政治秩序之稳定。

贞观元年（627）十二月，唐太宗借所谓谋逆诛杀李孝常，镇压其家族与党羽，对忠于隐太子建成之残余势力作出严厉警告。贞观二年（628）六月、七月与七年（633）正月，唐太宗针对原本颇受唐室礼遇之宇文化及逆党及其子孙连发三诏进行严惩，对直至武德年间唐王朝一直坚持之指斥隋炀帝而同情太子勇之政治态度做了相当调整，对己身类似于当年炀帝而惨烈更甚之夺嫡行为进行一定程度之辩护。但是，以上种种警告、调整和辩护并不是也不能公然否认之前的旧政策与观念，因为李唐创业之初正是以反对"废嫡立庶"为号召。而且，在封建皇位传承中，嫡庶之争与君臣之义往往是一对无法完全调和之矛盾。即使在太宗三道诏令颁布之后数年方修成之《隋书》中（《隋书》纪、传修成于贞观十年，636），唐初指斥隋文帝废嫡立庶的观念仍然得到贯彻，前文已具有引述；可见，唐太宗有关君臣关系及隋末叛臣之政策调整仍然遭到史官反对，此应与《隋书》主持修撰者魏征本系隐太子建成东宫旧部有关，而魏征正是唐初以骨鲠著称之名臣，又凭着传统上不容置疑之严嫡庶之别之名分大义，太宗对之亦无可奈何。因此，太宗因夺嫡带来之困境难以轻易去除，相应之政治与舆论调整尚需继续进行，贞观二十年（646）重修《晋书》即与之相关。

唐太宗一代英主，眼光深邃，对史书非常重视，于修史以服务现实政治之手段亦相当熟悉。如《贞观政要》卷七《文史》：

贞观初，太宗谓监修国史房玄龄曰："比见前后《汉史》载录扬雄《甘泉》《羽猎》，司马相如《子虚》《上林》，班固

《两都》等赋，此既文体浮华，无益劝诫，何假书之史策？其有上书论事，词理切直，可裨于政理者，朕从与不从皆须备载。"①

贞观十四年，太宗谓房玄龄曰："朕每观前代史书，彰善瘅恶，足为将来规诫。不知自古当代国史，何因不令帝王亲见之？"对曰："国史既善恶必书，庶几人主不为非法。止应畏有忤旨，故不得见也。"……太宗见六月四日事，语多微文，乃谓玄龄曰："昔周公诛管、蔡而周室安，季友鸩叔牙而鲁国宁，朕之所为，义同此类，盖所以安社稷，利万民耳。史官执笔，何烦有隐？宜即改削浮词，直书其事。"②

唐太宗强行改变当代国史不令帝王亲见之传统，亲自干预修史，人所熟知，无待多论。其见国史有关六月四日事（即玄武门之变）之记载而不满，虽称"宜即改削浮词，直书其事"，然既以"安社稷，利万民"为玄武门之变定性，史臣又何敢直书？不过顺帝意"直书"而已。但是，如前所论，贞观十年修成之《隋书》，其中有关隋代开皇年间晋王夺嫡之论调对于太宗确实相当不利。在此背景下，贞观二十年，唐太宗下诏重修《晋书》③。《册府元龟》卷五五

① （唐）吴兢：《贞观政要》，上海古籍出版社1978年版，第222页。

② 《贞观政要》，第223—224页。

③ 重修《晋书》有政治上之考量与现实中之需要，陈寅恪先生早已敏锐指出："唐以前诸家《晋书》，可称美备。而太宗复重修之者，其故安在？昔汉世古文经学者于《左氏春秋》中窜入'汉承尧后'之文，唐代重修《晋书》特取张轨为同类陪宾，不以前凉西凉列于载记，而于八七《凉武昭王传》中亦窜入"士业子重耳脱身奔于江左，仕于宋，后归魏为恒农太守"一节，皆藉此以欺天下后世。夫刘汉经师，李唐帝室，人殊代隔，迥不相关。而其择术用心，遥遥符应，有如是者，岂不异哉！"（陈寅恪：《李唐士族之推测》"（己）唐太宗重修晋书及敕撰士族志之推论"，收入《金明馆丛稿二编》，生活·读书·新知三联书店2001年版，第332页）陈先生所论，笔者当然赞同；今之所论，在前贤基础上稍加补充引申而已。又，贞观十七年，唐太宗废太子承乾，改立晋王李治为太子，可谓主动行废嫡立庶之举，亦难免物议而有解释与辩护之需要，此亦应为贞观二十年诏令重修《晋书》背景之一。附记：唐修《晋书》时间，历来颇有争议，笔者主要参考中华书局1974年《晋书》点校本之《出版说明》及赵俊《唐修＜晋书＞时间考》（《史学史研究》1984年第3期）而取贞观二十年始修、二十二年成书之看法。

六《国史部·采撰》载此诏，其中云：

> 大矣哉，盖史籍之为用也……宜令修国史所更撰《晋书》，铨次旧闻，裁成义类，俾夫湮落之诰，咸使发明。①

太宗明确提出"大矣哉，盖史籍之为用也"，对于重修《晋书》可谓相当重视和寄予厚望。《晋书》重修以房玄龄为首，亦题云御撰。《旧唐书》卷六六《房玄龄传》：

> 寻与中书侍郎褚遂良受诏重撰《晋书》，于是奏取太子左庶子许敬宗、中书舍人来济、著作郎陆元仕刘子翼、前雍州刺史令狐德棻、太子舍人李义府薛元超、起居郎上官仪等八人，分功撰录……太宗自著宣、武二帝及陆机、王羲之四论，于是总题云御撰。②

又《唐会要》卷六三《史馆上·修前代史》：

> （贞观）二十年闰三月四日，诏令修史所更撰《晋书》……于是司空房玄龄、中书令褚遂良、太子左庶子许敬宗掌其事……其太宗所著宣、武二帝及陆机、王羲之四论，称制旨焉。房玄龄已下，称史臣。③

《晋书》所以题御撰，乃因"太宗自著宣、武二帝及陆机、王羲之四论"。陆机著名文学家，王羲之著名书法家，唐太宗附庸风雅故为之作论，无甚深意；宣帝司马懿乃曹魏擅权专政之臣、晋室创业

---

① 《册府元龟》，第 6681 页下—6682 页上。
② 《旧唐书》，第 2463 页。
③ 《唐会要》，第 1288 页。

奠基之主，唐太宗为之作论评其功过，不足深论；最可注意者，乃在于唐太宗为晋室开国之君武帝所作之论。兹先全录《晋书》卷三《武帝纪》卷末唐太宗御撰之论如下：

> 制曰：武皇承基，诞膺天命，握图御宇，敷化导民，以佚代劳，以治易乱。绝缣纶之贡，去雕琢之饰，制奢俗以变俭约，止浇风而反淳朴。雅好直言，留心采擢，刘毅、裴楷以质直见容，嵇绍、许奇虽仇雠不弃。仁以御物，宽而得众，宏略大度，有帝王之量焉。于时民和俗静，家给人足，聿修武用，思启封疆。决神算于深衷，断雄图于议表。马隆西伐，王濬南征，师不延时，獯虏削迹，兵无血刃，扬越为墟。通上代之不通，服前王之未服。祯祥显应，风教肃清，天人之功成矣，霸王之业大矣。虽登封之礼，让而不为，骄泰之心，因斯以起。见土地之广，谓万叶而无虞；睹天下之安，谓千年而永治。不知处广以思狭，则广可长广；居治而忘危，则治无常治。加之建立非所，委寄失才，志欲就于升平，行先迎于祸乱。是犹将适越者指沙漠以遵途，欲登山者涉舟航而觅路，所趣逾远，所尚转难，南北倍殊，高下相反，求其至也，不亦难乎！况以新集易动之基，而无久安难拔之虑，故贾充凶竖，怀奸志以拥权；杨骏豺狼，苞祸心以专辅。及乎宫车晚出，谅闇未周，藩翰变亲以成疏，连兵竟灭其本；栋梁回忠而起伪，拥众各举其威。曾未数年，纲纪大乱，海内版荡，宗庙播迁。帝道王猷，反居文身之俗；神州赤县，翻成被发之乡。弃所大以资人，掩其小而自托，为天下笑，其故何哉？良由失慎于前，所以贻患于后。且知子者贤父，知臣者明君；子不肖则家亡，臣不忠则国乱；国乱不可以安也，家亡不可以全也。是以君子防其始，圣人闲其端。而世祖惑荀勖之奸谋，迷王浑之伪策，心屡移于众口，事不定于己图。元海当除而不除，卒令扰乱区夏；惠帝可废而不废，终使倾覆洪基。夫全一人者德之轻，拯天下者功之重，弃一子

者忍之小，安社稷者孝之大；况乎资三世而成业，延二暗以丧之，所谓取轻德而舍重功，畏小忍而忘大孝。圣贤之道，岂若斯乎！虽则善始于初，而乖令终于末，所以殷勤史策，不能无慷慨焉。①

　　唐太宗之论晋武帝，洋洋洒洒数百言，除起首稍论其承基开国之功业外，绝大多数篇幅则对其进行严厉抨击，抨击之重心则在于对武帝立惠帝为太子并传位惠帝持彻底否定之态度，谓武帝："建立非所，委寄失才……良由失慎于前，所以贻患于后。且知子者贤父，知臣者明君。子不肖则家亡，臣不忠则国乱……惠帝可废而不废，终使倾覆洪基。夫全一人者德之轻，拯天下者功之重，弃一子者忍之小，安社稷者孝之大……所谓取轻德而舍重功，畏小忍而忘大孝。圣贤之道，岂若斯乎。"按，晋惠帝为武帝嫡长子，武帝传位惠帝，本是合乎历代被奉为圭臬之嫡长继承制度之正当行为。唐太宗一反常情，断然推翻皇位传承中嫡长继承之基本原则，旗帜鲜明地提出选择储君应依据拯天下之重功、安社稷之大孝②，几乎等同于太宗为自己夺嫡登位而作之自辩状，不过借论晋代之事而发出、借帝王之威著之于史而已。贞观十年（636），曾系隐太子建成东宫旧臣之魏征主持修成之《隋书》，于隋代文帝废嫡、炀帝夺嫡之举大加鞭挞，

---

①　《晋书》，第81—82页。

②　《陈书》卷四《废帝纪》卷末"史臣曰"评陈宣帝之夺侄废帝（陈文帝之嫡长子）而以弟继兄之事："临海虽继体之重，仁厚儒弱，混一是非，不惊得丧，盖帝挚、汉惠之流也。世祖知神器之重，谅难负荷，深鉴尧旨，弗传宝祚焉。"（《陈书》，中华书局1972年版，第71页）同书卷五《宣帝纪》卷末"史臣曰"再论其事云："高宗器度弘厚，亦有人君之量焉。世祖知冢嗣仁弱，弗可传于宝位，高宗地居姬旦，世祖情存太伯，及乎弗愈，大事咸委焉。"（《陈书》，第100页）按，《陈书》与《隋书》一样成于贞观十年，"史臣"即姚思廉；思廉，唐太宗亲信，其数数论及陈代文帝至宣帝时皇位传承之事势亦不以嫡长为然、而以所谓"器度"即能力为标准，故对陈宣帝夺嫡之举大加赞扬，显然深谙贞观年间之局势、深符唐太宗之心意，可谓《晋书·武帝纪》御撰史论之先声，与隐太子李建成东宫旧臣魏征主撰之《隋书》严词批判隋文帝废冢嫡、隋炀帝夺嫡之立场迥然有别。

坚决维护皇位传承之嫡长继承原则①；贞观二十二年（648），唐太宗多年亲信之房玄龄主持修成并由唐太宗御撰部分史论之《晋书》，则对晋武帝传位惠帝之事严辞批判，以不问嫡庶、专重事功之功业论对抗嫡长继承原则。其间差异，主要因前者符合隋末李渊起兵反隋以来至唐武德年间之政治形势及嫡长继承之传统观念，也隐含魏征维护旧主隐太子建成之意，后者则迎合夺嫡登位之太宗调整舆论、巩固统治之现实需要，并隐晦而曲折地反映出隋至唐初政局之变迁。明乎此，则对李孝常及其家族自隋开皇至贞观年间反复起落可有更深切之理解：个体之遭逢际遇虽敌不过时代之洪流，然其立场与选择则往往能在一定程度上影响历史之走向；李孝常及其家族之命运令人同情与叹息，其对隋唐之际历史发展之推动作用则毕竟不会完全湮没。

---

① 钱大昕《十驾斋养新录余录》卷中"隋五行志多谠言"条赞扬《隋书·五行志》多谠言（正直之言），所举三例之二例即为批判隋炀帝之记事。（钱大昕著、杨勇军整理：《十驾斋养新录》，上海书店出版社 2011 年版，第 415 页）翻检《隋书》卷二二、二三《五行志》，可发现多记文帝废储与炀帝夺嫡之事，议论之间与《隋书》纪传略近。今本《隋书》十志三十卷，成书颇为复杂，《史通》卷十二《外篇·古今正史》云："太宗以梁、陈及齐、周、隋氏并未有书，乃命学士分修……仍使秘书监魏征总知其务，凡有赞论，征多预焉。始以贞观三年创造，至十八年方就，合为《五代纪传》，并目录凡二百五十二卷。书成，下于史阁。唯有十志断为三十卷，寻拟续奏，未有其文。又诏左仆射于志宁、太史令李淳风、著作郎韦安仁、符玺郎李延寿同撰。其先撰史人，唯令狐德棻重预其事。太宗崩后，刊勒始成。其篇第虽编入《隋书》，其实别行，俗呼为《五代史志》。"（唐·刘知几著、清·浦起龙通释、王煦华整理：《史通通释》，上海古籍出版社 2009 年版，第 345 页）《唐会要》卷六三《史馆上·修前代史》："显庆元年五月四日，史官修梁陈齐周隋《五代史》三十卷，太尉无忌进之。"（第 1288 页）《旧唐书》卷七九《李淳风传》："（贞观）十五年，除太常博士。寻转太史承，预撰《晋书》及《五代史》，其《天文》、《律历》、《五行志》皆淳风所作也。"（《旧唐书》，第 2718 页）按，今本《隋书》之志，系通梁陈齐周隋五代而作，本名《五代史志》，唐太宗贞观年间命魏征等修五代史，五代史成时，志大概粗具规模而未毕功，至高宗显庆元年方正式奏上；其中《五行志》部分，《旧唐书·李淳风传》谓李淳风所作，笔者以为，李淳风精于五行天文之学，《五行志》主要成于其手应无问题，但此志体例很可能魏征监修五代史时已初定，尤其其中对于隋代文帝炀帝之间皇位传承之批判更可能与魏征有关。

三 结论

李孝常于隋文帝开皇十七年牵涉入与废黜太子勇有关之刘居士案，自此以后直至唐初，李孝常家族与隋唐间政局变迁有着特殊而密切的关联。隋末李渊晋阳起兵西进至黄河东岸后，李孝常以永丰仓来归，既使李渊得以顺利入关，也间接导致江都之变炀帝被弑。因在李唐兴起中所建立的功勋，李孝常家族入唐后颇受优待，但是随玄武门之变发生、秦王李世民诛杀其兄李建成而执政，李孝常家族及作为发动江都之变核心成员之宇文化及逆党，其地位与处境产生了微妙变化，并最终导致贞观初年的李孝常谋逆事件，而李孝常谋逆事件又为贞观年间政治调整提供了切入点。可以说，李孝常及其家族从开皇到贞观之盛衰变化，与隋唐两朝之皇位传承与争夺均密切相关，反映隋至唐初政治局势和政治观念的演变，既是观察隋至唐初历史进程之一个具体而微、见斑窥豹之窗口，也是体现皇位传承与中古政治复杂关系之一个极富典型意义之缩影。

余　论

皇位传承与中古时代特质

　　本书以中古皇权政治发展为主线，以皇位传承为焦点，对相关重要政治事件、政局变迁等做出新的阐释，以此反映中古政治文化的变迁及意义。在研究具体展开中，本书主体分为七章或者说七个相互关联之专题，各章主要内容和基本观点简要归纳如下。

　　第一章《南北与胡汉：两晋南北朝"皇太弟"考略》：与皇位传承中兄终弟及密切相关之皇太弟名号，滥觞于西晋末，其出现与惠帝无后的特殊情势、当时政治乱局及司马氏创业阶段兄弟相继有关。西晋以后，皇太弟名号在南北发展有所不同：在北方，流行于十六国，消失于北魏，至北齐、北周时又有所出现；在南方，东晋南朝均无所谓皇太弟名号，影响也趋于式微。在南方与北方分别为汉族与胡族政权统治之大背景下，皇太弟名号在南、北发展的差异反映了南北不同的政治路径、民族传统与文化色彩，其在南北同趋于消歇之结局也表明中古民族融合、文化发展不可逆转的大趋势。

　　第二章《萧墙之变：北齐高洋所谓"殷家弟及"试释》：高洋所谓"殷家弟及"乃高氏储位继承之关键，高氏储位继承之"殷家弟及"传统源远流长，自高欢执东魏朝政至北齐承光元年为北周所灭，其储位继承之形式以兄终弟及为主；高氏储位继承屡行"殷家弟及"，与娄后之影响有关，更与高氏在胡化与汉化间之困境有关，高氏诸帝矛盾于传子与传弟之间，表明高氏在汉化与胡化间之艰难取舍，此亦为了解在北朝末期民族关系紧张之背景下高氏汉化之曲折过程提供一新视角；高氏"殷家弟及"盛行并伴随残酷之政治斗争，引起高氏皇族兄弟叔侄间之猜忌与残杀，而此与高齐之衰亡亦有所关联。

第三章《祖宗与正统：北齐宗庙变迁与皇位传承》：北齐高氏统治时期，皇位传承存在着子继与弟及之深刻矛盾，其宗庙变迁则反映此种矛盾之发展与变化并关涉皇权政治之盛衰。自文宣至武成统治前期，北齐宗庙建设基本上保持了稳定与延续性，表明高齐前期兄终弟及之继承方式尽管不能从制度上得到公开承认或确认，但是弟及观念在北齐统治阶层尤其是高氏皇族内部被认可和在皇权传递中被践行。武成后期围绕宗庙及与宗庙有关之配飨所进行的系列举措，对于确保后主顺利承统继位自然有其贡献；然而，武成构建新皇统之努力遭到其他皇族宗支反对，从而导致皇族内部分裂，成为北齐后主时期政治乱局重要原因之一。

第四章《家国之间：北齐宗王政治变迁与末年皇位争夺》：在北朝后期民族关系复杂、民族融合继续深入的背景下，北齐高氏王朝在文化上的矛盾即胡化与汉化间之艰难取舍与曲折反复，决定了皇权政治演进中的连绵冲突和皇权在冲突中趋于衰弱的路向，并集中反映在皇帝及其家族围绕皇位传承而展开的残酷斗争中；无论北齐的宗庙变迁、宗王政治盛衰还是恩幸政治的兴起，都不是孤立的现象，而是彼此勾连、共同呈现了高齐皇族与皇帝在家国之间的困境与冲突，亦为我们理解北齐之衰亡提供了重要线索。

第五章《隋乱唐兴：太子勇之废黜与隋唐间政局变迁》：隋代情形与北齐类似，皇位传承问题亦未能妥善解决，其中关键，则在于开皇二十年文帝废黜皇太子杨勇、改立晋王杨广，从而为帝国统治埋下隐患，为李唐代兴遗留机缘。太子勇之支持者，主要为山东势力与公卿子弟；公卿子弟先在文帝与太子斗争中遭受打击，后于炀帝时再被压抑，但其潜在实力不容小视，隋末大乱之际更积极活动，宇文化及江都弑逆与李渊晋阳起兵及顺利入关皆与之有关；山东势力在大业年间继续遭到炀帝严厉打击，汉王谅之乱后炀帝对并州地区控制减弱，晋阳遂成为山东地区反隋势力集结之中心，大业末年山东人士乃纷纷归于李渊麾下，成为晋阳起兵之主力与代隋建唐之重要基础。

第六章《李世民之崛起：隋末李渊晋阳起兵左右军考略》：李世民之崛起，肇因于晋阳起兵时左、右军之分置，转折于义师入关后分兵东守西进之战略。待以右军为主力攻取长安后，世民功高权重隐然已凌驾建成之上，唐初玄武门之变中李建成之失败与李世民之成功并非历史之意外，相当程度上乃是事势发展之必然。太子勇余党李孝常与李建成李世民兄弟之分兵及李世民之崛起有直接或间接之关联，从此意义而言，亦可谓隋代之皇位传承影响及于唐代之皇位传承。

第七章《从开皇到贞观：李孝常家族与隋至唐初政局》：李孝常于隋文帝开皇十七年牵涉入与废黜太子勇有关之刘居士案，自此以后直至唐初，李孝常家族与隋唐间政局变迁有着特殊而密切的关联。隋末李渊晋阳起兵西进至黄河东岸后，李孝常以永丰仓来归，既使李渊得以顺利入关，也间接导致江都之变炀帝被弑。因在李唐兴起中所建立的功勋，李孝常家族入唐后颇受优待，但是随玄武门之变发生，李孝常家族及作为发动江都之变核心成员之宇文化及逆党，其地位与处境产生了微妙变化，并最终导致贞观元年的李孝常谋逆事件，而李孝常谋逆事件又为贞观年间政治调整提供了切入点。

在以上系列个案研究中，笔者梳理有关中古皇位传承之一些焦点人物、事件及政局演变并尽量剖析其背后之制度与文化因素，就北族遗俗与汉家传统如何交互影响、皇帝及其家族在家国之间之困境与冲突、南北发展路径之差异与合流等方面作出一定之揭示。然而我们知道，中古历史之丰富性、多面性与复杂性远远超出我们的考证，甚至也远远超出我们的想象；中古时期各种重要现象、各个特定部分之间的关联性与整体性（无论纵向还是横向）无疑值得加以深入思索和给予适当定位。具体到本书所探究之中古皇位传承领域，则诸如民族因素与门阀因素是否和如何共同作用、从魏晋至唐初皇位传承是否如其他重要方面一样亦存在从分化发展到合流复归之历程、皇位传承如何受制于中古时代之特殊性及反过来又如何参与中古时代特殊性之塑造等一些本书前言已经提出之疑问，仍有待于审慎地做出回答。因此，笔者拟结合前人相关判断和本书此前论述，尝试对皇位传承进行宏观审视与把握，对相关历史进程予以辩证思考与分析，进而将中古时代置于传统中国之大背景下从某一侧面进行一定的整体观照与定位。

一 民族传统与皇位传承

皇位传承及其矛盾主导并推动中古皇权政治之发展变迁，无论王朝内部之治乱相继还是王朝之间之盛衰更迭相当程度上皆受其制约，田余庆先生关于北魏开国史[①]、陈寅恪先生关于唐代政治革命与党派分野[②]、

---

① 田余庆先生以弟及与子继两种继承秩序之竞争为拓跋部落到北魏前期历史之主线，由此将离散部落、后权干政、子贵母死诸重要现象或制度贯通解释，而其流风余韵更几乎影响及于整个北魏时期，如献文帝、孝文帝父子与文明冯太后之三代纠葛及明帝与胡太后之母子恩怨［参见田余庆《拓跋史探》（修订本）］。

② 陈寅恪先生一方面以胡汉关系及关陇集团之成立与演变把握从北魏历北齐北周至隋唐之王朝盛衰与皇权更替，一方面更以政治革命与党派分野作为唐代政治发展之主要脉络，而无论政治革命抑或党派分野，其关键皆系于皇位继承。于后者，先生发人深省地指出："唐代皇位之继承常不固定，当新旧君主接续之交往往有宫廷革命……唐代在'关中本位政策'即内重外轻之情形未变易以前，其政治革命惟有在中央发动者可以成功……然自玄宗末年安史叛乱之后，内外轻重之形势既与以前不同，中央政变除极少破例及极小限制外，大抵不决之于公开战争（唐末强藩与中央政府权臣及阉寺离合之关系构成战乱，其事应列入统治阶级之升降及党派分野范围论之，故凡本书所未能详述者，以义类推之可知也），而在宫廷之内以争取皇位继承之形式出。于是皇位继承之无固定性及新旧君主接续之交，辄有政变发生，遂为唐代政治史之一大问题也。"（陈寅恪：《唐代政治史述论稿》中篇"政治革命及党派分野"，第236—246页）先生又指出："神龙元年正月癸卯（二十日）玄武门之事变，其事自唐室诸臣言之，则易周为唐为中兴复辟；自武则天方面言之，则不过贪功之徒拥立既已指定而未甚牢固之继承储君而已（凡唐代之太子实皆是已指定而不牢固之皇位继承者，故有待于拥立之功臣也）。"（《唐代政治史述论稿》中篇"政治革命及党派分野"，第249页）先生再殷勤论证并指出："本篇中专论唐代皇位继承不固定之事实，则至德宗顺宗之交为止。此后以内廷及外朝之党派关系与皇位继承二端合并论证。……皇位继承之不固定及阉寺党派之竞争二端，与此唐室中兴英王宪宗之结局有关，则无可疑也……穆宗不久即崩，其（笔者按，指敬（见下页）

唐长孺先生关于玄武门之变[①]之典型研究，已经深刻、精辟和极具代表性地揭示了此点。那么，皇位传承问题在中古时代何以如此突出而关键？笔者以为，其深层之主要支撑因素，至少有二：其一，中古民族大迁徙、融合、碰撞、交流背景下之胡汉不同传统，主要影

（接上页）宗）皇位继承权所以幸未动摇也。然观外廷士大夫如李逢吉、刘轲之流俱藉皇储问题互诋其政敌，并牵涉禁中阉寺党魁，则唐代皇位继承之不固定及内廷阉寺党派与外朝士大夫党派互相关系，于此复得一例证矣……至敬宗及绛王悟之被弑害，与夫文宗之得继帝位，均是内廷阉寺刘克明党羽王守澄党竞争下之附属牺牲品及傀儡子耳，亦可怜哉！斯又唐代皇位继承不固定与阉寺党争关系之一例证也……会昌季年内廷阉寺党派竞争之史实无从详知，但就武宗诸子不得继位之事推之，必是翊戴武宗即与李党有连之一派失败，则可决言。于是宣宗遂以皇太叔之名义嗣其侄之帝位，而唐代皇位继承之不固定，观此益可知矣……（宣宗时）阉寺已起族类之自觉，一致对外，与文宗时不同，是以无须亦不欲连接外朝士大夫，以兴党争，盖非复宣宗以前由内廷党派胜败，而致外朝党派进退之先例矣。至于唐代帝位继承之不固定，兹又得一例证……唐代皇帝废立之权既归阉寺，皇帝居宫中亦是广义之模范监狱罪囚。刘季述等之废立不过执行故事之扩大化及表面化耳。唐代皇位继承之不固定，此役乃三百年间最后之结局。"（《唐代政治史述论稿》中篇"政治革命及党派分野"，第258—319页）观陈寅恪先生系统深入发覆之论，则唐代三百年政治之关键与核心在于皇位继承及相关诸问题，可以无疑。

① 唐长孺先生深入剖析唐初李建成李世民兄弟争夺皇位关键之役玄武门之变之背景与后果，敏锐指出："唐高祖鉴于隋炀之覆辙（炀帝因失关中人心而被弑。此非本题所能述，但史实甚显），故亲关中而仇山东……夫以高祖之仇视山东如此，而太宗幕府，故多魏公故将，宜奉太宗为宗主，今姑立一说曰：太宗不得位，则山东人长在压迫之下，故必竭尽全力以谋拥戴，而太宗培植其势力，亦必厚结山东人以自助。建成为对抗计，则亦结纳关中人为其羽翼，玄武门之变，在表面上仅为兄弟之争立，而其内幕实孕有关中致山东之冲突……及玄武门一役，既告功成，太宗为关中集团领袖合法继承人之地位业已确定，则向之拥护建成者丧君有君，自不妨转而拥护太宗，盖太宗初非以山东集团领袖之资格继承也。隋文篡周，唐高代隋，关中人并加拥护，但问其是否关中集团中人物耳。王朝之更易，尚不关心，而况于建成太宗兄弟之争。太宗本身之地位既已改变，其政策乃随之而异，则即位之后，仍以关中领袖姿态，垂衣南面，亲关中而抑山东者，非不可解释也。然太宗亦终不得不修正向来狭隘之关中政策，故一面排斥山东大族，一面亦容纳新人物参加政治……玄武门之变虽仅为继承之争，而影响唐代全部历史与社会阶层者甚大，若溯其远因，则犹是元魏末期关中与山东之争，但以别一方式进行而又有皇位继承问题为之掩蔽，所以不易察觉耳。"（唐长孺：《读陈寅恪唐代政治史述论稿后记》，收入《山居存稿续编》，中华书局2011年版，第320—328页）唐长孺先生认为唐初建成世民兄弟皇位继承之争既"影响唐代全部历史与社会阶层者"，亦是北魏末以来关中与山东之争及诸王朝代兴之延续，可谓拨云见日之卓识，并很大程度上启发与指示笔者思考此较长时期内皇权政治演进问题之方向。又与皇位传承牵连甚深且几乎始终盛行于魏晋至唐初之宗王政治，唐先生对之相当重视并先后多次论及其主要根源于中古门阀统治；关于此点，后文将进一步引证和讨论，暂且不赘。

响北族诸政权；其二，中古兴起和盛行之门阀统治，影响遍及于魏晋至唐初诸政权，且部分地与前述第一点即民族传统因素结合在一起共同发生作用。

我们通常所谓皇位传承，乃是王朝内部代表皇权最高也是唯一统治地位之皇位从旧皇帝到新皇帝之传递继承。由此可见，皇位传承其实也是一种继承关系，只是较为特殊、极为重要和最为稀少。继承关系普遍存在于人类社会不同阶段、不同地区、不同国家、不同阶层，相应之继承制度虽然不会完全一致，但大体上则能相通并有基本类似之发展过程，摩尔根关于人类从蒙昧时代经野蛮时代到文明时代发展过程的研究和恩格斯关于家庭、私有制和国家起源的研究①，早已令人信服地揭示和证明了此点。摩尔根指出：

> 随着财产的大量积蓄并具有永久性，随着私有财产比例的日益扩大，女性世系必然会解体，而男性世系相应地必然会取而代之。这样的一种转变仍然保留继承权于本氏族之内，一如既往，不过，它使子女改属于其父亲的氏族，并使他们优先于同宗的其余亲属。很有可能，在一段时期内，子女与其他同宗亲属共同分享遗产；但是，同宗亲属排斥氏族其他成员这一原则一旦扩大，迟早将导致排除子女以外的同宗亲属，而使子女

① 依摩尔根对人类古代社会发展规律的研究，所谓蒙昧时代、野蛮时代和文明时代这些依序渐进的不同阶段，其标志和分期主要根据食物和经济来源的增加、生产和生活工具及相应技术的进步、语言文字的发展、部落和家庭的演化及国家的出现等，社会进步则包括各种发明和发现体现的智力、政治观念、家族观念和财产观念的发展等主要方面（参［美］路易斯·亨利·摩尔根著，杨东莼、马雍、马巨译：《古代社会》第一编第一章《人类文化的几个发展阶段》、第三章《人类发展进度的比例》，商务印书馆1981年版）。摩尔根《古代社会》一书及观点得到马克思、恩格斯的基本认同和赞扬，恩格斯以之为重要参考撰成唯物史观经典著作《家庭、私有制和国家的起源》，其中关于人类社会分期的看法基本和摩尔根一致（参［德］恩格斯：《家庭、私有制和国家的起源》之"一、史前各文化阶段"、"九、野蛮时代和文明时代"，收入《马克思恩格斯选集》第4卷，人民出版社2012年版）。中华文明史上的三皇五帝大概对应于蒙昧时代和野蛮时代，夏商周三代则已进入文明时代。

独享继承权。再到后来，就是把儿子放到父亲职位的继承人的行列中了。①

在高级野蛮社会，原来由氏族内世袭并由其成员选举产生的各级首领的职位，此时在希腊和拉丁部落中很可能已形成父死子继的惯例。②

恩格斯进而指出：

在一切形式的群婚家庭中，谁是某一个孩子的父亲是不确定的，但谁是孩子的母亲则是确定的……只要存在着群婚，那么世系就只能从母亲方面来确定，因此，也只承认女系……这种只从母亲方面确认世系的情况和由此逐渐发展起来的继承关系叫做母权制。③

根据母权制，就是说，当世系还是只按女系计算的时候，并根据氏族内最初的继承习惯，氏族成员死亡以后起初是由他的同氏族亲属继承的。财产必须留在氏族以内……但是，男性死者的子女并不属于死者的氏族，而是属于他们的母亲的氏族……他们不能继承自己的父亲，因为他们不属于父亲的氏族，而父亲的财产应该留在父亲自己的氏族内。所以，畜群的占有者死亡以后……他自己的子女则被剥夺了继承权。因此，随着财富的增加，财富便一方面使丈夫在家庭中占据比妻子更重要的地位；另一方面，又产生了利用这个增强了的地位来废除传统的继承制度使之有利于子女的原动力。但是，当世系还是按母权制来确定的时候，这是不可能的。因此，必须废除母权制，而它也就被废除了……这样就废除了按女系计算世系的办法和

---

① 摩尔根：《古代社会》，第343—344页。
② 摩尔根：《古代社会》，第555页。
③ 恩格斯：《家庭、私有制和国家的起源》，收入《马克思恩格斯选集》第4卷，第49—50页。

母系的继承权，确立了按男系计算世系的办法和父系的继承权……"借更改名称以改变事物，乃是人类天赋的决疑法！于是就寻找一个缝隙，当实际利益提供足够的推动力时在传统的范围以内打破传统。"（马克思语）因此，就发生了一个不可救药的混乱，这种混乱只有通过向父权制的过渡才能消除。①

习惯地由同一家庭选出他们的后继者的办法，特别是从父权制实行以来，就逐渐转变为世袭制，他们最初是耐心等待，后来是要求，最后便僭取这种世袭制了；世袭王权和世袭贵族的基础奠定下来了……这样，我们就走到文明时代的门槛了。②

笔者之所以不厌其烦地摘引前贤经典判断，主要目的在于尽量清晰地展现如下一种事实或者说规律：随着从母权制向父权制之过渡，相应的继承方法或制度亦发生变化，主要走向乃是继承范围愈趋于缩小和继承人选愈趋于固定（后期兄弟继承可能比较常见，但父子继承至少已经萌芽），世袭王权由此渐渐滋生和日益强大，文明时代随之来临。人类社会早期继承制度发展状况大致如此，并在世界各地区各民族历史上得到相当印证，如摩尔根和恩格斯上述著作中重点讨论之北美易洛魁人、阿兹特克人，欧洲希腊人、罗马人、凯尔特人和斯拉夫人，澳洲一些土著部落，太平洋群岛夏威夷人，等等。进入文明时代以后，继承制度更趋精密和明确，兄终弟及终究要为父死子继所取代，如辜燮高先生关于古代英国、日本和中国历史上兄终弟及制与父死子继制、两种继承制度斗争与发展过程之比较研究③。作为世界文明体系中成熟度和连续性格外突出之中国古

---

① 恩格斯：《家庭、私有制和国家的起源》，收入《马克思恩格斯选集》第 4 卷，第 64—65 页。

② 恩格斯：《家庭、私有制和国家的起源》，收入《马克思恩格斯选集》第 4 卷，第 181 页。

③ 参见辜燮高《从继承制看马克白斯在苏格兰历史上的地位》，《世界历史》1981 年第 6 期；《苏格兰、日本、英格兰和中国的兄终弟及制》，《世界历史》1983 年第 1 期。

代文明，历史上之继承制度（包括最重要之王位继承制度）当然也经历了由兄弟继承向父子之间嫡长继承发展之过程，如王国维先生、张光直先生和前述辜燮高先生之研究所揭示①。大体上，中国古代自上古以下，三皇五帝传说时期王位主要由公推禅让而出，夏商时期王位传承以兄弟相继为主并辅之以传子，西周时代王位传承则确立传子之相当高级和完善形态即嫡长世及之制，自此以后为历代王朝所主要遵循和为后世儒家所鼓吹和坚持，中古时代之魏晋经南朝宋齐梁陈至隋唐诸朝自然亦是如此。然而，西晋末年以后之北方十六国北朝诸政权，则呈现较为特殊之情形。唐长孺先生指出："由于晋末动乱和北方少数族政权的建立，北方封建社会的发展走上了一条特殊道路，从而与直接继承汉末魏晋传统的南朝出现了显著的差异。"② 此种特殊与差异体现在诸多方面，其中当然亦包括皇权政治中极为重要之皇位传承。

---

① 王国维："殷以前无嫡庶之制……以颛顼以来诸朝相继之次言之，固已无嫡庶之别矣。一朝之中，其嗣位者亦然。特如商之继统法，以弟及为主，而以子继辅之，无弟然后传子……舍弟传子之法，实自周始……由传子之制，而嫡庶之制生焉。夫舍弟而传子者，所以息争也。兄弟之亲本不如父子，而兄之尊又不如父，故兄弟间常不免有争位之事。特如传弟既尽之后，则嗣立者当为兄之子欤？弟之子欤？以理论言之，自当立兄之子；以事实言之，则所立者往往为弟之子。此商人有中丁以后九世之乱，而周人传子之制，正为救此弊而设也。然使于诸子之中可以任择一人而立之，而此子又可任立其欲立者，则其争益甚，反不如商之兄弟长幼相及者犹有次第矣。故有传子之法，而嫡庶之法亦与之俱生……所谓'立子以贵不以长，立適以长不以贤'者，乃传子法之精髓。"（王国维：《殷周制度论》，收入王国维：《观堂集林》，《王国维全集》第 8 卷，第 304—306 页）王国维先生之论，固已抉出殷、周继承制度之差别及各自主要特征，此后虽诸家更有发挥和推进，具体或细微方面亦有所争议，而观堂先生谓殷及以前以兄终弟及为主、周及以后以嫡长继承为本之基本判断则得到较为一致之认同。张光直先生之研究则将殷商王位继承制度进一步清晰化："（1）商代的政权为一个子姓的王族所掌握。王族里与王位有关的成员，在仪式上分为甲乙丙丁戊己庚辛壬癸十种，我们故称之为天干群。……（2）十个天干群彼此结合分为两组，且称之为 A 组和 B 组。甲群和乙群显然属于 A，丁群显然属于 B，各为该组政治势力的核心。……（3）王位继承法则之最严格执行的只有两条。第一条是王位不在同一天干群内传递。第二条是，王位如留在同组之内，则新王一定要是老王的同辈，即兄弟辈；如传入另外一组，则必须是由晚一辈的人承继。换言之，传弟同组，传子异组。"张光直：《论王亥与伊尹的祭日并再论殷商王制》，收入张光直《中国青铜时代》，第 227—228 页。

② 唐长孺：《魏晋南北朝隋唐史三论》，第 473 页。

西晋末年，政局动荡不安，朝廷孱弱无力，原主要居于华夏东北、北及西北边境地带之匈奴、羯、鲜卑、氐、羌等北族陆续进入中原腹地并纷纷建立政权，史称十六国；十六国后期，鲜卑拓跋部所建立之北魏逐渐统一北方，至北魏末期又分裂为东魏北齐与西魏北周，史称北朝。匈奴、鲜卑等北族，从历史长远来看，自然在不断与汉族之接触中逐渐融合同化并成为中华民族之一分子，但民族融合并非一蹴而就，而是在较长时期内缓慢又坚定地推进。当北族进入中原之初，社会发展尚处较为落后之阶段（当然此种"落后"只是相对而言，事实上任何民族包括汉族在其发展历程中也必然经历较为落后之阶段，只是先后不同而已），一般属于部落或部落联盟时代，故在与汉族社会频繁而深入之接触中自然互相受到影响和产生交流，此种武力之外文化上之影响和交流显然以汉文化为主导和主流①。对北族而言，新的更先进的、同时也是本来就受历史与社会发展规律所要求的文化主要成为学习和接纳之对象，旧的不合时宜的部落传统则其去就变得艰难，又新旧之调适本非易事，从而在整体进步之趋势下难免产生碰撞和矛盾甚至反复②。在北族由部落而国家之转型与演进过程中，至关重要之君位传承就成为各方势力角逐之焦点，而呈现复杂之面貌；加之诸北族各自情形不一、进入中原之时间有所先后、面临之环境有所差异、所取立场也不尽相同等因素，更加剧君位传承之复杂程度。

---

①　汤因比："在军事边界蛮族一侧集聚的精神力量主要来自堤坝所保护的文明宝库，只有微不足道的极小部分是来自境外蛮族自身贫乏的社会遗产……把蛮族挡在门外的文明社会深刻地影响和改变了蛮族的精神。"（［英］阿诺德·汤因比著，［英］D·C·萨默维尔编，郭小凌、王皖强、杜庭广、吕厚量、梁洁译：《历史研究》，上海人民出版社2010年版，第709—711页）汤因比主要讨论的是古代欧洲的情况，对于其所谓"蛮族"即较落后民族也带有一种固执的偏见，但其所揭示的较落后民族与较先进文化接触时主要是前者深受后者影响之一般规律则相当准确，值得重视和借鉴。

②　汤因比："蛮族主动开始有选择地效仿文明社会。他们的主动性表现在，他们在效仿所接纳的文明要素时，总是掩饰效仿对象令人不快的来源……境外蛮族靠近边界时会产生不适的反应，文明迸发出来的精神力量有如狂风暴雨，越过边界，把境外蛮族原有的原始经济和制度打得七零八落。"汤因比：《历史研究》，第710—717页。

在上述社会转型背景之下，如本书第一章所论，十六国诸政权中皇太弟名号较为流行，皇位传承普遍经历了兄终弟及与父死子继之重重矛盾与冲突，并或者在矛盾与冲突中走向分裂与衰败（如匈奴刘氏、羯石氏、賨李氏、鲜卑慕容氏），或者在矛盾与冲突尚未较好解决时主要因其他因素而覆灭（如氐苻氏、羌姚氏），或者在付出沉重代价、历经种种探索后基本解决矛盾与冲突并步入更具活力之发展轨道（如鲜卑拓跋氏）①。北魏道武帝以后，皇位传承中父死子继传统基本确立、兄终弟及现象基本消失，汉制取代原来的胡制，拓跋鲜卑由部落向国家、由胡化而汉化的历史进程初步完成，北魏也愈趋强盛并最终统一北方，结束十六国之局面，开启北朝之历史②。

北朝后期，承六镇鲜卑胡化潮流而起之东魏北齐高氏政权，兄终弟及与父死子继之矛盾重又尖锐，皇位传承极不稳定，皇位争夺极其残酷，终于在皇族内部连绵冲突与严重内耗之下不可避免地走向衰亡。同期之西魏北周宇文氏政权，虽同承六镇鲜卑胡化潮流而起，但创业奠基者宇文泰因应形势之需要、随顺时代之潮流，施行陈寅恪先生所谓关中本位政策，凝聚胡汉一体之关陇集团，以行

---

① 汤因比："效仿邻近大一统国家的君主政治，往往会形成并非依据部落法律而是凭借军事威望的不负责任的王权……蛮族征服者在衰亡的大一统国家疆域内建立的后继国家的命运表明，蛮族幼稚的政治才能孕育出来的这些粗糙的产物不足以承担和解决大一统强国的政治家都难以应付的重任和难题。"（汤因比：《历史研究》，第710—718页）参考汤因比的论述，笔者认为，中古中国的北族进入中原建立政权时所面临的"难以应付的重任和难题"，主要和突出地表现在皇位传承上；十六国政权中绝大多数在混乱中走向衰亡，往往与此深有关系，而作为少数例外代表之北魏则采取果断和适当的汉化政策，尤其在皇位传承上坚决地确立父死子继新传统，从而基本克服此种困境。

② 汤因比："一个成功入侵的文明必须付出的社会代价在于，被侵略者的异族文化渗入到入侵社会内部无产者的生活之中，相应扩大了离心离德的无产者与自以为大权在握的少数人之间本已存在的精神隔阂。"（汤因比：《历史研究》，第805页）北魏显然是十六国诸政权中汉化较为成功之典范，然而也难免付出一定代价，北魏后期六镇军民与洛阳权贵之间各方面的悬隔终致六镇变乱而使北魏陷入衰败之境（参见万绳楠整理《陈寅恪魏晋南北朝史讲演录》之"第十七篇、六镇问题（附魏齐之兵）"之"（三）六镇起兵的原因"）。但从长远和整体而言，北魏全面汉化终究代表历史之主流，于中古中国民族融合与国家统一之大业亦有相当助力，无疑值得肯定和赞扬。

《周礼》为旗帜，基本确立传子之主导地位，宇文氏皇位传承虽有所矛盾但尚为可控，内部较为团结，国势蒸蒸日上，故能转弱为强吞并北齐，继北魏之后再次统一北方。

二　门阀统治与皇位传承

十六国北朝诸政权主要系北族所建立，其皇位传承深受汉族与北族双方面民族传统之影响，而呈现复杂面貌。两晋南朝诸王朝及大一统之隋唐帝国，则均系汉族所建立，基本沿袭汉魏以来之传统，嫡长世及之皇位传承制度无所更改亦未受外力之强烈冲击，依常理而论，两晋南朝与隋唐皇位传承应较平稳缓和。然而事实却不尽然，尽管皇位传承整体上矛盾不如十六国北朝之剧烈，但较之汉魏以前和唐以后则显突出，某些时段更是相当尖锐。其中原因，主要应与中古盛行之门阀统治有关，唐长孺先生早已在《西晋分封与宗王出镇》一文中指出：

> 值得注意的是，像西晋那样用宗室，如《晋书·八王传序》所说的"或出拥旄节，莅岳牧之荣；入践台阶，居端揆之重"的情况，既不见于秦汉，也不见于唐以后，但却在不同程度上通行于南北朝，甚至延续到唐初。前人议论，通常认为西晋重任宗室是有鉴于曹魏禁锢宗王，"思改覆车"，这当然是一个重要原因。但是经过"八王之乱"的教训，为什么刘宋、齐、梁和北魏却没有鉴晋的"覆车"而继续任用皇子和宗室入辅出镇呢？北朝如果诿之部落遗风，那么南朝又怎样解释呢？我想这是否可能与这一历史时期的政权结构有关？人所共知，当时高踞于政权上层的是门阀贵族，西晋政权结构是以皇室司马氏为首的门阀贵族联合统治。皇室作为一个家族驾于其他家族之上，皇帝是这个第一家族的代表以君临天下，因而其家族成员有资格也有必要取得更大权势以保持其优越地位。西晋以后，除了

> 东晋皇帝在流离之余，十分衰弱，无法争取强大权势以外，南北诸皇朝纵使其皇室本非高门如南朝，或出于鲜卑如北朝，其政权结构依然以皇室为首的门阀贵族联合统治，皇室作为联合统治中的第一家族驾于其他家族之上的基本特征并没有变化，重用宗室的政策就得延续下去。这种情况与门阀统治共始终恐怕不是偶然。①

后来唐先生又多次强调此点，基本看法大致不变，同时也表明先生对此问题之重视②。门阀统治相当程度上制约着魏晋至唐初政权结构与政治发展③，重用宗室即是其显著表现；而我们知道，中古皇位传承与争夺中，宗王往往乃是积极参与者和对皇权构成某种威胁。由此而言，中古时代显著存在而又主要作为影响皇位传承之不利因素之宗王政治，很大程度上就是皇权自身放任和纵容之结果；此种

---

① 唐长孺：《西晋分封与宗王出镇》，收入《魏晋南北朝史论拾遗》，中华书局 2011 年版，第 141—142 页。

② 唐长孺："这种重用宗室子弟特别是以之充当握有重兵的地方军政长官的现象，既不见于秦汉，也不见于唐以后，大致萌芽于曹魏，显著于西晋，下延至南北朝乃至唐初基本未变。如果说西晋重用宗室还在于思改曹魏孤立的覆车，那么经过八五之乱的教训，为什么宋齐梁和北朝诸帝却没有鉴晋之弊，而继续重用皇子宗室入辅出镇呢？我认为问题的症结还在于贵族政权之下，皇室作为第一家族凌驾于其他家族之上，皇帝作为这个第一家族的代表君临天下，其家族成员有资格也有必要取得更大权势以保持其优越地位。门阀贵族政权之重用宗室，其基础仍然是以王室为首的中央集权。""曹操、曹丕都力图恢复统一的专制主义集权制。司马炎建立晋皇朝，也是努力加强中央集权，他在当时形势下使皇室成员充任朝廷宰辅，特别是充任拥有地方军政大权的都督，以使皇族凌驾于所有其他士族豪门之上，巩固司马氏的统治，本质上是加强皇权，削弱地方势力及各士族的重大措施。"唐长孺：《魏晋南北朝隋唐史三论》，第 50、459 页。

③ 黄永年："武德年间秦王李世民和皇太子李建成、齐王李元吉之间的矛盾斗争，这同时仍继续体现了李世民和高祖李渊之间的矛盾斗争。这种性质的矛盾斗争，并非开始于李氏父子兄弟，最迟在南北朝时已经出现了。这是因为门阀制度产生以来，高门大族结党争权，从而在皇室内部太子和诸王也相应地形成各个政治小集团……而都以取得最高权力登上帝位为其共同争夺的标的。远的不说，李渊等目睹的隋文帝杨坚、太子杨勇、晋王杨广父子兄弟间就曾为此展开过一场惨酷的斗争。李渊、李世民以及建成、元吉间的斗争也同样是遵循此规律来进行。"黄永年：《六至九世纪中国政治史》，第 128—129 页。

看似古怪和矛盾之政策，根源如唐长孺先生所论在于门阀统治，也就意味着，门阀统治、宗王政治基本上和皇位传承问题伴其始终，其间利弊不可一概而论。

王夫之云：

> 魏削宗室而权臣篡，晋封同姓而骨肉残，故法者非所以守天下也；而怀、愍陷没，琅邪复立国于江东者几百年，则晋为愈矣。天下者，非一姓之私也……然而三代王者建亲贤之辅，必欲享国长久而能无夺……晋武之不终也，惠帝之不慧也，怀、愍之不足以图存，元帝之不可大有为也；然其后王敦、苏峻、桓温相踵以谋逆，桓玄且移天步以自踞，然而迟之又久，非安帝之不知饥饱，而刘裕功勋赫奕，莫能夺也。谓非大封同姓之有以维系之乎？宋文帝宠任诸弟，使理国政、牧方州，虑亦及此；而明帝诛夷之以无遗，萧道成乃乘虚而攘之……然则以八王之祸咎晋氏之非，抑将以射肩请隧咎文昭武穆之不当裂土而封乎？法不可以守天下，而贤于无法。①

船山先生首先指出"魏削宗室而权臣篡，晋封同姓而骨肉残"，可见无论抑削宗室还是崇重宗室皆有其深弊，中古皇权政治下如何安排宗室之权位几乎始终是一个两难之问题。然而其后，王夫之在比较权衡之后得出结论：晋封同姓优于魏削宗室，合乎先王规制之"大封同姓之有以维系"之法"贤于无法"，即重任宗室仍是维护统治之必要措施。循此而发，王夫之对南北朝残害宗室尤甚之诸帝王如刘宋孝武帝、明帝、萧齐明帝、陈文帝、北齐武成帝等作出严厉

---

① 王夫之：《读通鉴论》卷十一《晋·一》，中华书局 1975 年版，第 297—298 页。

抨击，谓其害国以至亡国①。帝王之优待重用宗室者，其逻辑大概即类似于船山先生之论，自然也合乎儒家主流之观念，根本旨意在于拱卫皇室、制衡异姓大臣以防国家倾覆②；至于门阀统治盛行之中古时代，如唐长孺先生所指出"皇室作为一个家族驾于其他家族之上，皇帝是这个第一家族的代表以君临天下，因而其家族成员有资格也有必要取得更大权势以保持其优越地位"，宗王政治更形突出自然不难理解。然而，即使在中古时代，即使重用宗室有其必要性和一定积极意义，但其干乱皇位传承、引发内部纷争之种种危害也始终难以完全避免，甚且有时极为剧烈地爆发而导致严重后果（如西晋八王之乱、十六国后赵石虎末年诸子之争、刘宋义嘉之乱、本书所论北齐末年内乱、隋文帝废黜太子勇事件），故对宗室用而又疑、削而又复，如此矛盾循环并成为皇权政治之常态，无论南北胡汉，皆难避免。

　　两晋南朝至隋唐诸政权，因门阀统治盛行，皇位传承深受宗王政治之影响，内争、内乱时有发生，但与兄终弟及和父死子继间矛

---

①　如《读通鉴论》卷十五《宋孝武帝·一》："孝武以藩王起兵，而受臣民之推戴，德望素为诸王所轻，不自安也；于是杀铄，诛义宣，忍削本枝，以快其志……（江夏王义恭）以希合孝武未言之隐，剥削诸王以消疑忌……而违心以行颠倒之政，引君以益其慝，敛众怨以激其争，而后天理亡，民彝绝，国亦以危矣。"（王夫之：《读通鉴论》，第438页）同书同卷《宋明帝·一》："杀机动于内，祸乱极于外……帝与子勋争立，而尽杀孝武二十八子，是石虎之所以歼其种类者……明帝据非所有，逞惎毒以殄懿亲，宁养假子而必绝刘氏之宗……孝武忌同姓亦至矣，子业虐诸父亦酷矣，其后高湛、陈蒨相踵以行其残忍，皆不能再世。"（王夫之：《读通鉴论》，第446页）同书卷十六《齐明帝·一》："明帝之凶悖，高、武之子孙，杀戮殚尽而后止。"（王夫之：《读通鉴论》，第469页）又赵翼亦对南朝宋齐诸帝屠戮宗室之恶行加以统计和批判，参赵翼：《廿二史札记》卷十一"宋子孙屠戮之惨"条、卷十二"齐明帝杀高武子孙"条。

②　《白虎通疏证》卷四《封公侯》："王者立三公、九卿、二十七大夫，足以教道照幽隐，必复封诸侯何？重民之至也。善恶比而易知，故择贤而封之，以著其德，极其才。上以尊天子，备蕃辅。下以子养百姓，施行其道。开贤者之路，谦不自专，故列土封贤，因而象之，象贤重民也。""何以言诸侯继世？以立诸侯象贤也。大夫不世位何？股肱之臣任事者也。为其专权擅势，倾覆国家。"（汉·班固撰、清·陈立疏证、吴则虞点校：《白虎通疏证》，中华书局1994年版，第133、145—146页）王国维先生概括封建制之主要作用，可谓简明扼要："有封建子弟之制，而异姓之势弱，天子之位尊。"《殷周制度论》，收入王国维：《观堂集林》，《王国维全集》第8卷，第316页。

盾并无多少牵连，汉儒传统之嫡长继承制度并未动摇；十六国北朝诸政权皇位传承，一方面因民族传统而深受胡汉纠葛之影响，兄终弟及和父死子继之冲突此起彼伏，另一方面因门阀统治而亦深受宗王政治之影响，宗王参与或助长皇位争夺较为常见，故二者交混，整体上问题更为突出，政权兴灭更为频繁。可以说，从两晋十六国南北朝至隋唐，南北胡汉诸政权或多或少皆受皇位传承问题之困扰。

在北朝后期民族融合接近尾声、门阀统治相对趋于衰弱和南北统一趋势逐渐明显之背景下，在经历诸多教训和形势发生某些变化之后，如何尽量妥善地处理和解决皇位传承问题（即使受制于皇权政治本身的局限很难完全解决），就成为时代和历史赋予之重任，落在较后起王朝之肩上。笔者认为，中古皇位传承问题之相对妥善处理和解决，如同其在中古长期存在一样，亦非短期可以毕其功，而有摸索渐进之过程；此过程，大致上始于西魏北周宇文氏统治时期关陇集团之形成，中经隋及唐初之波折，再到唐太宗贞观年间基本完成。

三 从魏晋到唐初：皇位传承与中古时代特质

如前所论及，西魏北周宇文氏政权，施行关中本位政策，凝聚胡汉一体之关陇集团，以行《周礼》为旗帜基本确立传子之主导地位，宇文氏皇位传承相对而言较为有序和可控，内部较为团结；至于宗王政治，其实在西魏恭帝三年（556）宇文泰死后至北周武帝建德元年（572）诛宇文护时止，宇文氏权柄主要操于宇文泰之侄宇文护之手，但此期朝政较为平稳，大规模内乱亦未发生，可谓宗王参政之正面意义远大于负面影响，且其后武帝亲政更压抑防范宗室。总而言之，宇文氏政权在关中本位政策总体大政之下，皇位传承未深受北族传统影响，虽受宗王政治影响而能基本保持稳定，固宜其崛起而统一北方。可惜武帝英年早逝，继立之宣帝荒淫及且亦早逝，故政移于出自关陇集团之外戚杨坚而建立隋朝。隋文帝崇树诸子,诸王或据大功(如晋王杨广以元帅之名平陈),或拥强兵(如汉王杨谅总统山东五十二州),自然难免觊觎之心,加以文帝及独孤皇后之猜忌与偏爱,终致开皇年间废嫡立庶之祸,其余三王(秦王杨俊、蜀王杨秀、汉王杨谅)亦先后被废被杀,可谓对于皇位传承问题之处理相当失败。故二世而亡,李唐代兴,其间自有深厚因缘,本书第五、六、七章具有论述。而困扰中古历朝已久之皇位传承问题之解决,终于在唐初迎来迫切需要与具备良好契机。

且不说历代皇位争夺及相应动荡混乱,唐太宗近所闻见甚至部分亲历之隋太子勇被废、炀帝江都遇弑及唐初玄武门之变,其事实之残酷与影响之深刻,以太宗之雄才伟略远见卓识自当深有所鉴深感戚戚,势必筹谋施策加以调整,以巩固自身及李唐长远之统治。又贞观年间,帝国一统,国势强盛,民心思定,西晋末十六国以来北方之民族问题已基本消弭,魏晋以来南北普遍之门阀贵族历经冲击兼自身逐渐腐朽已难成气候,太宗自属一代英主,诸大臣人才济济,凡此种种,亦为太宗之政治调整提供了良好外部条件。如本书第七章所论,贞观元年(627)李孝常谋逆,不管其真相如此,总之乃是太子勇被废以来隋唐间政局变迁之余波,与太宗本身关联甚密,故太宗之政策调整即借此事件而逐渐展开。

镇压李孝常谋逆事件后不过半年,唐太宗针对原本颇受唐室礼遇之宇文化及逆党及其子孙连发三诏进行严惩,对直至武德年间唐王朝一直坚持之指斥隋炀帝而同情太子勇之政治态度做了相当调整,对己身类似于当年炀帝而惨烈更甚之夺嫡行为进行一定程度之辩护。而调整之核心在于贞观二十年(646)重修《晋书》。在《晋书·武帝纪》之御撰史论中,太宗针对惠帝为白痴太子之特殊情形,避开皇位传承中嫡长继承之基本原则,倡言储君之选择应依据拯天下之重功、安社稷之大孝,以不问嫡庶、专重事功之功业论对抗传统之嫡长继承原则。太宗之御撰史论,不仅是为玄武门之变弑兄登位而作之自辩状,也是对历代所遵循之皇位传承制度作出了相当调整。太宗虽不公开反对父死子继,但一定情形下可抛开嫡长承统原则束缚之意则明白可见（当然，其中也可能含有为贞观十七年（643）废太子李承乾改立晋王李治为太子而辩护之意味）。事实上，太宗对于兄终弟及亦隐晦表示过某种认可。在此之前，贞观十年（636）由太宗亲信姚思廉负责修成之《陈书》已经提出类似论调。《陈书》卷四《废帝纪》卷末"史臣曰"评陈宣帝之夺侄陈废帝（陈文帝之嫡长子）之位而以弟继兄之事：

> 临海虽继体之重，仁厚儒弱，混一是非，不惊得丧，盖帝挚、汉惠之流也。世祖知神器之重，谅难负荷，深鉴尧旨，弗传宝祚焉。①

同书卷五《宣帝纪》卷末"史臣曰"再论其事云：

> 高宗器度弘厚，亦有人君之量焉。世祖知家嗣仁弱，弗可传于宝位，高宗地居姬旦，世祖情存太伯，及乎弗念，大事咸委焉。②

又《旧唐书》卷七一《魏征传》：

> （贞观）十二年，礼部尚书王珪奏言："三品以上遇亲王于涂，皆降乘，违法申敬，有乖仪准。"……太宗曰："国家所以立太子者，拟以为君也。然则人之修短，不在老少，设无太子，则母弟次立。以此而言，安得轻我子耶？"征曰："殷家尚质，有兄终弟及之义；自周以降，立嫡必长，所以绝庶孽之窥觎，塞祸乱之源本，有国者之所深慎。"于是遂可珪奏。③

---

① 《陈书》，第 71 页。
② 《陈书》，第 100 页。
③ 《旧唐书》，第 2558—2559 页。

　　此贞观十二年（638）太宗与魏征之对话，太宗"设无太子"之语暗含太子可废之意，又言无太子时兄弟可相及，故魏征强调嫡长继承原则加以回答。总之，对与隋太子杨勇和唐太子建成皆有关联之李孝常及参与隋末江都事变之宇文化及余党进行严惩，通过御撰《晋书·武帝纪》史论公开提出功业论隐隐对抗嫡长继承原则并部分地对后者予以否定或者说做出补充①。

　　自西魏历周隋至唐前期，统治阶级皆为陈寅恪先生所谓关陇集团，李唐出自关陇集团核心家族，可谓关陇新门阀之代表而居帝位，政治地位崇高，社会地位亦不低②；山东、江南、代北等旧门阀历经风吹雨打趋于衰落，其政治地位与门户盛衰主要取决于关陇集团（唐长孺先生则称之为武川系贵族集团）③；隋代以来，科举制渐渐兴起，至唐代更成为朝廷选拔人才和新兴地主阶级入仕之最重要途径④。凡此种种，意味着中古时代长期盛行的门阀统治已经大为削弱

　　① 唐太宗主张之特殊情形下皇位继承功业论（功业大致上也相当于贤能），至少在儒家理论中亦可找到部分依据，尽管不是主流。如张星久老师指出："在最高权力的继承和转移问题上，本来基于'公天下'理想，把传贤奉为圭臬的。《韩诗外传》说，'五帝官天下，三王家天下。官以传贤，家以传子'，就是把传贤与传子作为区别两种政治境界、即'王道'（官天下）与'帝道'（家天下）的主要依据……如果按照儒家理想中'官天下'的传贤制度，皇位继承应该是'不私一姓'，而后世普遍采行的嫡长子继承制显然属于'家天下'之法，明显不符合儒家的'传贤'理想。"张星久：《"圣王"的想象与实践——古代中国的君权合法性研究》，上海人民出版社2018年版，第207—208页。
　　② 参见陈寅恪先生《唐代政治史述论稿》《隋唐制度渊源略论稿》有关关陇集团及西魏至唐代统治阶级变迁升降之论述。
　　③ 唐长孺："大抵从南北朝后期以来，旧门阀的衰弱是一种历史倾向，尽管有的已经衰弱，有的正在衰落；有的衰弱得急遽，有的衰弱得缓慢。旧门阀日益脱离乡里，丧失他们固有的或者说使他们得以成为门阀的地方势力，不论江南、关中、山东和代北诸系，无不如此……西魏北周以至隋唐中央政权的权力核心是武川系贵族集团，因而隋唐间各地旧门阀的门户盛衰决定于与武川系集团的亲疏关系。"唐长孺：《魏晋南北朝隋唐史三论》，第364页。
　　④ 唐长孺："唐代中叶以后政治上最活跃的人物是科举出身特别是进士科出身的人物。进士地位优越，过去士族在经济、政治、文化上的特权和优越地位，逐渐为进士出身者所取代。由世袭性的门阀地主阶级专政转向以科举制为杠杆的更广泛的非世袭性地主阶级专政，这是和封建社会后期土地转移加速、商品经济发展的形势相适应的。"唐长孺：《魏晋南北朝隋唐史三论》，第389页。

和将要退出历史舞台，意味着皇权之进一步加强，过分崇重宗室以维持皇室第一家族之地位已无太大必要。在此种背景下，唐太宗对于中古时代盛行之宗王参政现象亦进行一定干预与调整并取得相当成效。

《晋书》卷五九《八王传·序》：

> 自古帝王之临天下也，皆欲广树藩屏，崇固维城。……洎乎周室，粲焉可观，封建亲贤，并为列国。当其兴也，周召赞其升平；及其衰也，桓文辅其危乱。故得卜世之祚克昌，卜年之基惟永。……爰及暴秦，并吞天下，戒衰周之削弱，忽帝业之远图，谓王室之陵迟，由诸侯之强大。于是罢侯置守，独尊诸己，至乎子弟，并为匹夫……事不师古，二世而灭。汉祖勃兴，爰革斯弊。于是分王子弟……然而矫枉过直……逾越往古……然虽克灭权偪，犹足维翰王畿。洎成哀之后，戚藩陵替，君臣乘兹间隙，窃位偷安。光武雄略纬天，慷慨下国，遂能除凶静乱，复禹配天……宗支继绝之力，可得而言。魏武忘经国之宏规，行忌刻之小数，功臣无立锥之地，子弟君不使之人，徒分茅社，实传虚爵，本根无所庇荫，遂乃三叶而亡。
>
> 有晋思改覆车，复隆盘石，或出拥旄节，莅岳牧之荣；入践台阶，居端揆之重。然而付托失所，授任乖方……机权失于上，祸乱作于下……胡羯陵侮，宗庙丘墟，良可悲也。
>
> 夫为国之有藩屏，犹济川之有舟楫，安危成败，义实相资……向使八王之中，一藩繄赖……则外寇焉敢凭陵，内难奚由窃发！纵令天子暗劣，鼎臣奢放，虽或颠沛，未至土崩……西晋之政乱朝危，虽由时主，然而煽其风，速其祸者，咎在八王，故序而论之，总为其传云耳。①

---

① 《晋书》，第1589—1590页。

主要因应唐太宗需要而重修之《晋书》，特意将西晋末参与八王之乱之"八王"聚为一卷，并在卷首之序中对自西周以来历代封建宗室之举措与得失作出系统总结与评价（唐以前正史中首次），对八王乱晋亡国作出严厉批评，鉴戒之意甚为明显，很可能也是太宗之意之体现。对于封建宗室之总体看法则可归纳为：封建维城之制，自古所有，不宜废弃；宗室过抑或过纵皆足以亡国，故需取中间路线，不纵不抑。回顾中古时代常见之宗室乱政和屠戮宗室，应该说此种中间路线较为合适，事实上也得到较好执行。《旧唐书》卷六〇《宗室·淮安王神通传》：

> 贞观元年，拜开府仪同三司，赐实封五百户。时太宗谓诸功臣曰："朕叙公等勋效，量定封邑，恐不能尽当，各自言。"神通曰："义旗初起，臣率兵先至，今房玄龄、杜如晦等刀笔之人，功居第一，臣且不服。"上曰："（前略）今计勋行赏，玄龄等有筹谋帷幄定社稷功，所以汉之萧何，虽无汗马，指纵推毂，故功居第一。叔父于国至亲，诚无所爱，必不可缘私滥与勋臣同赏耳。"……初，高祖受禅，以天下未定，广封宗室以威天下，皇从弟及侄年始孩童者数十人，皆封为郡王。太宗即位，因举宗正属籍问侍臣曰："遍封宗子，于天下便乎？"尚书右仆射封德彝对曰："（前略）先朝敦睦九族，一切封王，爵命既隆，多给力役，盖以天下为私，殊非至公驭物之道。"太宗曰："朕理天下，本为百姓，非欲劳百姓以养己之亲也。"于是宗室率以属疏降爵为郡公，唯有功者数人封王。①

《新唐书》卷七八《宗室传》卷末：

> 始，唐兴，疏属毕王，至太宗，稍稍降封。时天下已定，

---

① 《旧唐书》，第2341—2342页。

帝与名臣萧瑀等喟然讲封建事，欲与三代比隆，而魏征、李百
药皆谓不然……百药称帝王自有命，历祚之短长不缘封建……
而颜师古独议建诸侯，当少其力，与州县杂治，以相维持。然
天子由是罢不复议。①

唐太宗抑宗室中元勋功臣淮安王神通之实封在房、杜等文臣之
下，普降唐高祖以来宗室之封爵，从诸臣多数之意见不复议封建之
事，其言亦有云"朕理天下，本为百姓，非欲劳百姓以养己之亲
也"，皆可见对宗室并无过分优待②；又自贞观以后，李唐诛夷宗室
和宗室干预朝政之事均极少见。宗室既少干朝政，又基本不为祸百
姓，且多能子孙繁衍保其平安，则李唐宗室乃中古以来难得一见之
正面特例。中古时代宗室积极参与皇位争夺、乱政害国或惨遭屠戮
之常见现象，至唐太宗贞观年间调整宗室政策之后基本得以消弭，
尽量避免了中古时代过崇宗室或苛虐宗室之两大弊端。其所以能至
于此，太宗功不可没。王夫之云："乃魏之削诸侯者，疑同姓也；晋
之授兵宗室以制天下者，疑天下也。疑同姓而天下乘之，疑天下而
同姓乘之。"③ 太宗之政策，可谓既不疑同姓，亦不疑天下，待之以
平常，处之以公道，而宗室与天下皆得其所、皆受其益。

总之，唐太宗提出功业论作为皇位继承一般原则之补充，将宗
室尽量地从皇位继承纷争中解脱出来，从而使唐代皇位继承得以尽
量减少破坏性和灾难性后果。陈寅恪先生指出唐代皇位继承权往往
不固定（笔者按，此种情形显然受太宗功业论之影响），皇位继承往
往通过中央革命（安史乱前）或宫廷政变（安史乱后）而实现，不
决之于公开战争，意谓范围与影响一般可控，不致社会与人民横受

---

① 《新唐书》，第 3537 页。
② 《新唐书》卷七〇上《宗室世系表上》："唐有天下三百年，子孙蕃衍，可谓盛
矣！其初皆有封爵，至其世远亲尽，则各随其人贤愚，遂与异姓之臣杂而仕宦，至或流
落于民间，甚可叹也。"第 1955 页。
③ 王夫之：《读通鉴论》卷十一《晋·九》，第 304—305 页。

战乱之苦①。

曹魏创设九品中正制度以后，门阀士族逐渐兴起，门阀统治遂成中古皇权政治之常态；西晋末动乱以后，匈奴、羯、鲜卑、氐、羌等北族纷纷进入中原，十六国北朝诸北族政权在其无论是主动还是被动之接受汉文化影响过程中，均面临不同民族传统如何调适之难题。两晋历十六国南北朝至隋唐，历朝皇位传承问题均较为突出、重要与复杂，一定程度上可以说，皇位传承及其矛盾主导并推动中古皇权政治之发展变迁，王朝内部之治乱相继和王朝之间之盛衰更迭相当程度上皆受其制约。之所以形成此种明显有别于此前和此后时代之局面，则与中古时代特殊性质有关，主要即民族传统与门阀统治两大因素深刻影响中古皇位传承。随着时代之演进和形势之变化，在南北朝后期，困扰中古历朝已久之皇位传承问题进入逐步调整和适当解决之轨道，最终在唐初贞观年间随着太宗系列具针对性之举措和政策调整而得以基本缓和并进入新阶段、呈现新风貌。所谓新阶段新风貌，既不是对传统之完全回归也不是对传统之彻底割裂，而是在汉魏传统和中古漫长时期内历史演进所积累之经验和教训之基础上，将皇位传承之方式加以一定之补充或改进，将皇位传承之不利影响尽量控制在一定之范围，从而使储君、皇族与国家在皇位传承中之命运纠葛、利益冲突达到某种平衡，相较于中古常见之皇位争夺导致血流成河、国破家亡，可谓一种历史性进步。

魏晋南北朝隋至唐初是中国历史上一特殊时期，其发展路径与整体面貌与之前秦汉、之后唐宋皆有明显差异，本书前言所提及之陈寅恪先生隋唐制度三源说、唐长孺先生南朝化理论及楼劲先生魏晋至唐初周期说，皆从不同角度不同程度上体现此点。在此约四百年较长时期内，历史演进有其内在连续性和周期性。此种连续性和周期性可能存在于社会不同重要层面与方面，但不管存在于何处，终究要通过相关人物和事件具体地体现出来，只是有待于我们不断

---

① 参陈寅恪：《唐代政治史述论稿》中篇"政治革命及党派分野"。

地探索、归纳和发现。此种连续性和周期性意味着其所属时代有特定之问题和需要寻觅相应之出路，当特定之问题持续发展演化、出路渐渐清晰和形成之际，则新的时代即将来临。此种连续性和周期性意味着其所属时代既连接着此前和此后时代，也不同于此前和此后时代，而是在继承前代之基础上，结合此时代之新因素，加以不断地调整、适应与探索，重新确立适当身份和重新形成某种面貌，并成为历史继续向前发展之起点和基础。本书所关注和讨论之皇位传承问题，一直存在于从秦汉到明清整个中国古代皇权政治时代，但其在魏晋至唐初期间之具体表现，受到一些在汉以前和唐以后都不存在或至少不典型之特殊因素（主要是中古门阀统治、胡汉不同传统）之影响和制约，从而具有独特风格和反映历史进步，并在此过程中也参与塑造中古时代特殊性质和成为中古时代特殊性质之一部分。

参考文献

一 古代文献（按书名音序排列）

汉·班固撰，清·陈立疏证，吴则虞点校：《白虎通疏证》，中华书局 1994 年版。

北京图书馆金石组编：《北京图书馆藏中国历代石刻拓本汇编》，中州古籍出版社 1989 年版。

唐·李百药：《北齐书》，中华书局 1972 年版。

唐·李延寿：《北史》，中华书局 1974 年版。

宋·王钦若等编：《册府元龟》，中华书局 1960 年版。

唐·姚思廉：《陈书》，中华书局 1972 年版。

汉·公羊寿传，（汉）何休解诂，（唐）徐彦疏，浦卫忠整理，杨向奎审定：《春秋公羊传注疏》，北京大学出版社 1999 年版。

唐·温大雅撰，仇鹿鸣笺证：《大唐创业起居注笺证》，中华书局 2022 年版。

清·王夫之：《读通鉴论》，中华书局 1975 年版。

汉·班固：《汉书》，中华书局 1962 年版。

赵超：《汉魏南北朝墓志汇编》，天津古籍出版社 2008 年版。

南朝宋·范晔：《后汉书》，中华书局 1965 年版。

唐·房玄龄等：《晋书》，中华书局 1974 年版。

后晋·刘昫等：《旧唐书》，中华书局 1975 年版。

傅亚庶校释：《孔丛子校释》，中华书局 2011 年版。

唐·姚思廉:《梁书》,中华书局 1973 年版。

清·孙希旦:《礼记集解》,中华书局 1989 年版。

汉·郑玄注、(唐)孔颖达疏、龚抗云整理、王文锦审定:《礼记正义》,北京大学出版社 1999 年版。

齐运通主编:《洛阳新获七朝墓志》,中华书局 2012 年版。

南朝梁·萧子显:《南齐书》,中华书局 1972 年版。

唐·李延寿:《南史》,中华书局 1975 年版。

清·钱大昕著,方诗铭、周殿杰校点:《廿二史考异》,上海古籍出版社 2004 年版。

清·钱大昕著,杨勇军整理:《十驾斋养新录》,上海书店出版社 2011 年版。

清·赵翼著,王树民校证:《廿二史札记校证》,中华书局 1984 年版。

韩理洲等辑校编年:《全北齐北周文补遗》,三秦出版社 2008 年版。

唐·许敬宗编,罗国威整理:《日藏弘文本文馆词林校证》,中华书局 2001 年版。

晋·陈寿撰:《三国志》,中华书局 1959 年版。

清·孙星衍:《尚书今古文注疏》,中华书局 2004 年版。

北魏·崔鸿撰,(清)汤球辑补,聂溦萌、罗新、华喆点校:《十六国春秋辑补》,中华书局 2020 年版。

清·王鸣盛著,黄曙辉点校:《十七史商榷》,上海书店 2005 年版。

汉·司马迁:《史记》,中华书局 1959 年版。

唐·刘知几著、(清)浦起龙通释、王熙华整理:《史通通释》,上海古籍出版社 2009 年版。

宋·王钦若等编:《宋本册府元龟》,中华书局 1989 年版。

南朝梁·沈约:《宋书》,中华书局 1974 年版。

唐·魏征等:《隋书》,中华书局 1973 年版。

宋·李昉等编:《太平御览》,中华书局 1960 年版。

宋·宋敏求编:《唐大诏令集》,中华书局 2008 年版。

周绍良主编：《唐代墓志汇编》，上海古籍出版社 1992 年版。

宋·王溥：《唐会要》，上海古籍出版社 2006 年版。

唐·李林甫等撰、陈仲夫点校：《唐六典》，中华书局 1992 年版。

唐·杜佑撰，王文锦、王永兴、刘俊文、徐庭云、谢方点校：《通典》，中华书局 1988 年版。

宋·郑樵：《通志》，中华书局 1987 年版。

北齐·魏收：《魏书》，中华书局 1974 年版。

宋·李昉等编：《文苑英华》，中华书局 1966 年版。

王连龙：《新见北朝墓志集释》，中国书籍出版社 2015 年版。

宋·欧阳修、宋祁：《新唐书》，中华书局 1975 年版。

北齐·颜之推撰、王利器集解：《颜氏家训集解》，中华书局 1993 年版。

唐·吴兢：《贞观政要》，上海古籍出版社 1978 年版。

清·孙诒让：《周礼正义》，中华书局 1987 年版。

唐·令狐德棻：《周书》，中华书局 1971 年版。

宋·司马光：《资治通鉴》，中华书局 1956 年版。

二　今人著述（按作者音序排列）

（一）著作

岑仲勉：《隋书求是》，商务印书馆 1958 年版。

岑仲勉：《隋唐史》，中华书局 1982 年版。

陈戍国：《魏晋南北朝礼制研究》，湖南教育出版社 1995 年版。

陈寅恪：《金明馆丛稿初编》，生活·读书·新知三联书店 2001 年版。

陈寅恪：《金明馆丛稿二编》，生活·读书·新知三联书店 2001 年版。

陈寅恪：《隋唐制度渊源略论稿》，生活·读书·新知三联书店 2009 年版。

陈寅恪：《唐代政治史述论稿》，生活·读书·新知三联书店 2009

年版。

陈垣：《二十史朔闰表》，中华书局 1962 年版。

程维荣：《中国继承制度史》，东方出版中心 2006 年版。

[德] 恩格斯：《家庭、私有制和国家的起源》，收入《马克思恩格斯选集》第 4 卷，人民出版社 2012 年版。

[日] 谷川道雄著、李济沧译：《隋唐帝国形成史论》，上海古籍出版社 2004 年版。

郭善兵：《中国古代帝王宗庙礼制研究》，人民出版社 2007 年版。

韩昇：《隋文帝传》，人民出版社 1998 年版。

[美] 亨利·富兰克弗特著，郭子林、李岩、李凤伟译：《王权与神祇》，上海三联书店 2007 年版。

黄永年：《六至九世纪中国政治史》，上海书店出版社 2004 年版。

姜望来：《谣谶与北朝政治研究》，天津古籍出版社 2011 年版。

李凭：《北魏平城时代》（修订本），上海古籍出版社 2011 年版。

刘驰：《六朝士族探析》，中央广播电视大学出版社 2000 年版。

楼劲：《北魏开国史探》，中国社会科学出版社 2017 年版。

楼劲：《六朝史丛札》，南京大学出版社 2022 年版。

罗新：《黑毡上的北魏皇帝》，上海三联书店 2022 年版。

罗新：《漫长的余生：一个北魏宫女和她的时代》，北京日报出版社 2022 年版。

吕春盛：《北齐政治史研究——北齐衰亡原因之考察》，台湾大学出版委员会 1987 年版。

吕思勉：《两晋南北朝史》，上海古籍出版社 1983 年版。

吕思勉：《隋唐五代史》，上海古籍出版社 1984 年版。

[德] 马克斯·韦伯著、王容芬译：《儒教与道教》，广西师范大学出版社 2008 年版。

[德] 马克斯·韦伯著，康乐、简惠美译：《宗教社会学》，广西师范大学出版社 2011 年版。

毛汉光：《中国中古政治史论》，上海书店出版社 2002 年版。

缪钺：《读史存稿》，三联书店 1963 年版。

［美］路易斯·亨利·摩尔根著，杨东莼、马雍、马巨译：《古代社会》，商务印书馆 1981 年版。

牛致功：《李渊建唐史略》，陕西人民出版社 1983 年版。

谭其骧主编：《中国历史地图集》，中国地图出版社 1982 年版。

［英］阿诺德·汤因比著，［英］D. C. 萨默维尔编，郭小凌、王皖强、杜庭广、吕厚量、梁洁译：《历史研究》，上海人民出版社 2010 年版。

唐长孺：《山居存稿续编》，中华书局 2011 年版。

唐长孺：《魏晋南北朝史论拾遗》，中华书局 2011 年版。

唐长孺：《魏晋南北朝隋唐史三论》，中华书局 2011 年版。

田余庆：《拓跋史探》（修订本），生活·读书·新知三联书店 2011 年版。

万绳楠整理：《陈寅恪魏晋南北朝史讲演录》，黄山书社 1987 年版。

汪篯：《汪篯汉唐史论稿》，北京大学出版社 2017 年版。

王国维：《观堂集林》，《王国维全集》第 8 卷，浙江教育出版社、广东教育出版社 2010 年版。

王伊同：《王伊同学术论文集》，中华书局 2006 年版。

王怡辰：《东魏北齐的统治集团》，文津出版社 2006 年版。

王仲荦：《魏晋南北朝史》（下册），上海人民出版社 1980 年版。

［日］尾形勇著，张鹤泉译：《中国古代的“家”与国家》，中华书局 2010 年版。

姚薇元：《北朝胡姓考》，中华书局 2007 年版。

袁祖亮：《中国古代人口史专题研究》，中州古籍出版社 1994 年版。

张光直：《中国青铜时代》，生活·读书·新知三联书店 2013 年版。

张伟国：《关陇武将与周隋政权》，中山大学出版社 1993 年版。

张星久：《“圣王”的想象与实践——古代中国的君权合法性研究》，上海人民出版社 2018 年版。

周良霄：《皇帝与皇权》，上海古籍出版社 2014 年版。

周一良：《魏晋南北朝史论集》，商务印书馆 2020 年版。

周一良：《魏晋南北朝史札记》，中华书局 2007 年版。

（二）论文

艾冲：《隋唐永丰仓考论》，《陕西师范大学学报》1997 年第 2 期。

［日］滨口重国：《高齐出自考——高欢の制霸と河北の豪族高乾兄弟の活跃》，《史学杂志》第 49 篇 7、8 号，1961 年。

方亚光：《关于李渊集团入居关中的两个问题》，《齐鲁学刊》1985 年第 3 期。

高明士：《皇帝制度下之庙制系统—以秦汉至隋唐作为考察中心》，《台湾大学文史哲学报》1993 年第 40 期。

辜燮高：《从继承制看马克白斯在苏格兰历史上的地位》，《世界历史》1981 年第 6 期。

辜燮高：《苏格兰、日本、英格兰和中国的兄终弟及制》，《世界历史》1983 年第 1 期。

韩乐学：《李渊与江都"弑逆事件"关系的探讨》，《华中师范大学学报》1992 年第 1 期。

何德章：《高澄之死臆说》，《魏晋南北朝隋唐史资料》第 16 辑，武汉大学出版社 1998 年版。

何德章：《江淮地域与隋炀帝的政治生命》，《武汉大学学报》1994 年第 1 期。

侯旭东：《〈文馆词林〉载"隋文帝令山东卅四州刺史举人敕"考》，《中国史研究》2003 年第 2 期。

胡守为：《关于武则天生年的几段史料札记》，《中山大学学报》1962 年第 3 期。

黄寿成：《北齐高演高湛兄终弟及事考释》，《北大史学》第 15 辑，北京大学出版社 2010 年版。

姜望来：《隋末粮仓与群雄盛衰》，《魏晋南北朝隋唐史资料》第 20 辑，武汉大学文科学报编辑部，2003 年。

姜望来、徐科伟：《高齐皇族促寿现象考略》，《社会科学动态》

2019 年第 6 期。

［日］金子修一：《关于魏晋到隋唐的郊祀、宗庙制度》，刘俊文主
　　编：《日本中青年学者论中国史·六朝隋唐卷》，上海古籍出版社
　　1995 年版。

李训亮、谢元鲁：《贞观初年唐太宗宫禁防卫体系的构建与道德重
　　建——以唐太宗颁布的惩处隋末叛臣的三道诏书为例》，《西南民
　　族大学学报》2005 年第 6 期。

凌郁之：《南宋高庙配享之争考实》，《苏州铁道师范学院学报》
　　2011 年第 4 期。

梁满仓：《魏晋南北朝皇家宗庙制度述论》，《中国史研究》2008 年
　　第 2 期。

牟发松：《旧齐士人与周隋政权》，《文史》2003 年第 1 辑。

牛致功：《从太原留守到建唐称帝的李渊》，《陕西师范大学学报》
　　1981 年第 3 期。

庞骏：《北齐储君制度探论》，《许昌师专学报》2001 年第 1 期。

仇鹿鸣：《新见〈姬捴持墓志〉考释——兼论贞观元年李孝常谋反的
　　政治背景》，《唐研究》第 17 卷，北京大学出版社 2011 年版。

沈睿文：《废太子勇与圆形墓——如何理解考古学中的非地方性知
　　识》，《唐宋历史评论》第 1 辑，社科文献出版社 2015 年版。

孙同勋：《北魏末年与北齐时代的胡汉冲突》，《思与言》2 卷 4 期，
　　1964 年。

汤勤福：《隋文帝废立太子刍议》，《上饶师专学报》1987 年第 1 期。

唐华全：《隋文帝废立太子的原因》，《河北学刊》1991 年第 5 期。

王光照：《隋文献独孤皇后与开皇世政治》，《中国史研究》1998 年
　　第 4 期。

王连龙：《北魏高树生及妻韩期姬墓志考》，《文物》2014 年第 2 期。

王铭：《"正统"与"政统"：拓跋魏"太祖"庙号改易及其历史书
　　写》，《中华文史论丛》2011 年第 2 期。

王瑞来：《配享功臣：盖棺未必论定》，《史学集刊》2011 年第 5 期。

萧璠：《东魏北齐内部的胡汉问题及其背景》，《食货月刊（复刊）》6 卷 8 期，1976 年。

谢伟杰：《何谓"中古"——"中古"一词及其指涉时段在中国史学中的模塑》，《中国中古史集刊》第 2 辑，商务印书馆 2016 年版。

辛德勇：《隋唐时期长安附近的陆路交通——汉唐长安交通地理研究之二》，《中国历史地理论丛》1988 年第 4 期。

徐冲：《"禅让"与"起元"：魏晋南北朝的王朝更替与国史书写》，《历史研究》2010 年第 3 期。

许福谦、刘勇：《北齐诸帝诸王生卒年考》，《山西大学学报（哲学社会科学版）》1999 年第 2 期。

袁良勇：《宋代功臣配享述论》，《史学月刊》2007 年第 5 期。

张承宗、陈学贵：《试论杨坚家庭关系与隋朝的灭亡》，《烟台师范学院学报》1996 年第 4 期。

张金龙：《高欢家世族属真伪考辨》，《文史哲》2011 年第 1 期。

赵俊：《唐修〈晋书〉时间考》，《史学史研究》1984 年第 3 期。

赵克生：《试论明朝太庙的功臣配享及其变动》，《故宫博物院院刊》2005 年第 3 期。

赵永磊：《神主序列与皇位传承：北齐太祖二祧庙的构建》，《学术月刊》2018 年第 1 期。

郑迪：《唐代功臣配享制度初探》，《安庆师范学院学报》2011 年第 7 期。

周双林：《北周赵贵、独孤信事件考论》，《文史》第 31 辑，中华书局 1988 年版。

周双林：《从北齐废立皇后的冲突看北朝皇后的政治作用》，中国魏晋南北朝史学会、大同平城北朝研究会编：《北朝研究》第 2 辑，北京燕山出版社 2001 年版。

邹远志：《略论两晋兄弟相承应否为后议题》，《求索》2008 年第 11 期。

（三）学位论文

赫飞：《十六国南北朝时期太子监国制度研究》，硕士学位论文，西
　　北师范大学，2010 年。

胡胜源：《东魏北齐政治与文化问题新探》，硕士学位论文，新竹清
　　华大学，2004 年。

姜望来：《魏周隋唐关陇集团与山东势力》，硕士学位论文，武汉大
　　学，2005 年。

雷艳红：《唐代君权与皇族地位研究——以储位之争为中心》，博士
　　学位论文，厦门大学，2002 年。

殷磊：《魏晋南北朝社会上层人口平均死亡年龄考》，硕士学位论
　　文，曲阜师范大学，2011 年。